日本全史

（插图本）

陈恭禄 著

中国工人出版社

PREFACE

The history of Japan is of especial importance to China. The proximity of Japan, her racial and cultural affinities with China, the close economic relationships of the two countries, the successes and failures of Japan's recent efforts to modernize herself by the use of Western methods in eastern situations: all these facts demand the attention of every intelligent Chinese to the story of a neighbor's development. For any one who is trying to think clearly concerning the use of modern Western science and institutions in China, Japanese experience is always worth study and should be an important element in the formation of sound opinion and judgment upon such matters. Moreover, the changes of the past seventy five years in Japan can be understood only against the background of her previous history, in which the characteristic customs, institutions, and ideals of her people were evolved.

Unfortunately the history of Japan has been largely ignored in China. A few scraps of information in general textbooks on Eastern Asia; certain works dealing with the Japanese adaptions of Buddhism, of the laws and administrative systems of the Tang dynasty, of the Chinese written language, and of Chinese ethical and philosophical thought; productions of recent years which are filled with violent abuse of Japanese policies but give no understanding of the conditions from which these policies have arisen and translations of unsatisfactory Japanese works, usually written by authors unqualified according to modem historical standards: These are altogether inadequate to furnish to an inquiring Chinese mind the reliable information which ought to be readily available.

The present book is designed to meet the need just described. It is based upon a careful study of the most dependable histories of Japan and the best descriptive work on Modern Japan, those by British and American scholars as well as by Japanese and Chinese. The author is a thorough student of the subject combining an excellent grasp of the main tendencies of Japanese development with careful and accurate attention to the concrete facts on which his general statements are based. His book is the more worthy of interest and confidence, because he is unprejudiced and impartial in his attitude; he seeks neither to blame nor to praise the Japanese, but to tell his readers just what the Japanese have done, and to provide the basis for an intelligent opinion concerning Japan. I predict that this effort will have a lasting and valuable influence in furnishing the first Chinese survey of the whole development of Japan that is both informing and reliable.

M. S. Bates

University of Nanking

May, 1925

自 序

中日关系之重要，二国人民无不知之。日人考察吾国情形，刊行书籍，不知凡几。吾人求一较善之日本史，乃不可得，作者斯书，亦欲少补其缺耳。全书共二十四篇。第一篇，详言日本地位。第二—六篇，略叙民族之由来，社会之演进，帝权之扩张，大化之改革，外戚之专横，武人之消长，耶教之盛衰。其中关于中日交涉，蒙古征伐，丰臣侵韩，多详载之，容或能补本国史之缺遗。第七—十一篇，分述江户幕府之制度，文学，通商，武士及其归政之原因。第十二—二十四篇，记载维新后之内政外交：首述归政后之政策，立宪之运动，宪法之内容，内阁议会之冲突，海陆军之扩充，工商业之发达，经济之状况，外交之政策及中日战争；次载战后藩阀政府，内政发达，外交胜利，日俄交涉及其战争；继叙明治末年国势之膨胀，侵略南满，兼并朝鲜，亲善俄国及日美问题；末言最近时期内之内政外交，及其国内之重要问题。

日史上自民族之迁徙，下迄今日，其间事实，至为繁杂。作者不能一一述之，自有删遗。惟念史者所以记民族间各不相同之演进，若述其一切活动，则与社会学无异，事实上殊不能行。历史学者，取其不同之事实而书之；其目的则将人类已往之知解告知读者，使其深明今日之状况困难所由来，而将有所改革，趋于进步。是以历史书籍之价值，首在其材料之丰富可信；及作者有批评指导之能力，将其所得之史料，慎密选择，编纂无关系之事实，而能贯通，推释其故，使读者明知当日之状况，此历史学者公认之标准也。中国史家，知此者鲜。作者无所凭依，轻于一试，自知其不能如标准所定，惟愿他日有识力较强者能为之耳。

著作之先，颇感困难者，厥为免去成见。中日之恶感已深，吾人尝有排日之思想。历史异于宣传书籍，不能为意气所动，成见所拘；惟当按其事实，不作偏论，此历史学者共守之信条也。作者固非历史学者，但认其义之正当，扫除偏见浮辞，殊不知其能否成功也。其或与读者意见不合，希审思之，自判得失，作者毫无强人从己之意。

所用参考书，多为中日英美学者所著。作者较其所载之事实；核其言论之是非；研求学者之才能知识，著书之目的，著于何时何地，受何影响及有无偏见（间有一二，不能尽知），然后始敢取材。至于评论，毫不为其所拘。其有相同者，或与作者所见相同，皆由作者负责。兹为便利读者购参考书之计，谨将重要书籍，略加批评，胪列于后。其非历史专书及无重要价值者，皆不附录。（杂志除外）

斯书之成，多由于金陵大学历史系主任贝德士教授之指导勉励，承其借书，蒙其批评及作序文。程善之先生校阅草稿半数。吾弟恭祯及同学章德勇君多有赞助，皆深谢之，谨书于此。

民国十四年七月　陈恭禄序于金陵大学

目 录

第一篇 日本之位置与其地理上之影响

日本之位置　日本居太平洋西部，当亚洲大陆之东；北界俄属冈札德加半岛，状如长蛇，蜿蜒而南，迄南洋群岛，长约七千里。中部为日本群岛，岛数约近三千；其大者为虾夷、九州、本州、四国四岛。虾夷在北，中有阿奴（Ainu）土人；今皆驯服，日人迁居其地者日众。南部函馆，昔时美俄商货往来，萃集于此。其南本州，四岛中之最大者，国都东京在焉；地势平衍，民物殷阜，政治、文化之中心也。旧都西京（即京都），僻近西隅，街市整列，名迹林立。横滨、大阪、神户为重要商埠，轮舶麇集。南端下关（即马关），隔海与九州相对。九州海岸屈曲，附近小岛星罗棋布；长崎在其西端，港阔水深，自我国往日东部者率取道于此。九州西北为四国，则四岛中之最小者。九州之南，有琉球群岛，散处海中，若长带形；位当我江苏、浙江、福建之东，为自三省东航者之冲要地；本我属国，惜已并于日本。迤逦而南，至台湾，台湾之西，即澎湖列岛，实我福建门户也；中日战后，亦皆由我国割让于日。虾夷之北，为千岛，与冈札德加半岛遥遥相望；当明治初年，日俄争为己属，交涉久之，乃以库页岛归俄，千岛归日。日俄战争之后，俄又割库页岛南半与之。其地寒冷，居民稀少，而渔业尚盛。本州之西，朝鲜半岛，旧亦我属国也；历中日、日俄两次战争之后，初为日属，一九一〇年，卒归并焉。其面积约当日本群岛之半；由是日本领土，西隔图们江、鸭绿江，而与我为邻。且自日俄战后，我之旅顺大连，由俄转租于日；南满安奉铁道，亦移转而握于日人之手，东三省之主权，不啻与日共之。日本东南，有小笠原群岛，于明治时，日本收为己属。欧战之后赤道北之德属马利亚纳群岛、加罗林列岛，归其管治，日本势力遂益伸入于太平洋中。

日本本部为库页、昆仑两山脉所构成：库页，自北渡海而南，昆仑，自我福建渡海而北，山峦重叠，地势高低往往悬殊。山之最高者曰富士。其巅积雪，一白如银，自海上望之，出没云间；旭日破晓，则现黄金色。太平洋沿海之高峰，多属火山。据近日调查，火山之犹活动者，为数十九，熄灭者，约三百余。每岁地震平均计算，共五百余次，往往毁屋伤人，为害甚烈。一九二三年，东京地震，损失之大，尤属可惊。统计全岛，山地约占面积三分之二，沙砾散布，溶石犹存；可耕之地，不足三分之一。且以地面狭长，河流无曲折之势；高山又直列于中，自高趋下，水流极速，一泻无余，故无舟楫之利。惟火山左近，温泉甚多，沐者可疗癞疾。湖之负盛名者，首推琵琶湖，在西京之东；绿树蓊郁，清波沦漪，游客争集焉。朝鲜台湾亦多山地。朝鲜山巅、犹有火山遗迹，惟久不喷发耳。

日本之气候 日本南部受赤道黑潮之温流，北部受寒带之冰流，中有高山起伏，故气候随地变异。千岛、库页纬度已高，夏短冬长；严寒之日，北风砭骨，玄冰助威。虾夷受冰流影响，地亦苦寒；每当九月之初，西北冷风，自西伯利亚而来，势极凶猛，摧草落叶，地冻水冰，霜雪偕至；直待来春三月，方稍和暖。黑潮自吕宋而来，环绕琉球、九州、四国以至本州。本州东岸，冷风所不能及，气候和煦，冬少冰雪；时有贸易风夹雨而来，一岁之中，降雨常至一百五十余日。西岸则受冷风影响，霜雪较多；中部风为山阻，气候少变。朝鲜南部，天朗气爽，冬令寒甚；汉江冰冻，常逾三月。惟春秋二季，草木畅茂，天气温和，为一岁中之安乐时节；一入夏季，高山蔽风，内地又苦旱热，炙人肌肤。台湾地跨热带，暑期长而寒期短；自四月至十月之间为暑期，气候热甚，寒期略和。又台北山巅，间见白雪；台南暑期，时常阴雨，气候尤热。

日本之物产 物产随气候而异；草木极其繁茂，凡三带植物皆有之。就中虾夷为产麦豆之区；本州重要产品，为米棉丝麦等；九州四国天气和暖，尤宜于米棉烟草。惟土地狭隘，可耕者又少，所产谷类，不足以供养人民；又以不适豢牧，故畜产极不发达。马身颇小，不足以供驰驱；牛仅为耕种之用；羊属尤少；惟犬猫较多。野兽之中，狐狼最夥。朝鲜境内，家畜推鸡犬豖马牛驴为盛，其南部所产者，尤负盛名。山中多虎，力大而猛，人民之居近山者，常为所噬；亦间有猎之以为生者。虎皮丰厚，价值昂贵，肉可以为食，骨可以为药。次于虎者为熊鹿，亦负盛名。农产，米、麦、豆等为输出要品。台湾之地，宜于米茶豆等；近更疏浚水利，开拓荒地，产米之量，岁岁增进。台北各厅，凡斜倾之丘陵，灌溉困难之区，皆为茶园。全岛位置气候，尤适于甘蔗；当局力与援助，设立试验场等，种植日良，出产日多。龙眼、樟脑，亦为本岛重要产品。先是畜产不甚发达；由官吏力为提倡，洋豚、印度牛等，因以输入，蕃殖繁衍，其前途未可量也。

日本之渔农及工商等职业 日本海岸屈曲，小岛林立，而温流又环绕沿海两岸，鳞介之类因而繁盛。人民之居近海岸者，习闻波涛之吼声，惯见舟楫之破浪，幼而游泳，没水取鱼，恬不为怪，故从事于渔业者甚多，渔业遂为重要职业，鱼肉更为家常食品。自明治以来，渔船构造，日益进步；而琉球、台湾、澎湖、库页，鱼产丰富之区，相继收为己有，故业渔者增至一百五十万人以上。此辈习于驾舟，虽在惊波骇浪之中，视之无异于陆居；故有所谓“天生水手”之称，其技能之优，有足多者。又日本自古以农立国，农为重要职业，今耕种者犹多；专治桑蚕茶棉者，数逾百万。惟人口增进极速，而土地有限，苦于不能更事扩充。明治中叶以后，工业益进，作工于工场者日增。欧战时更为发达，贸易额随之俱长，而经商者日益众。

日本之地理与其国民性 日本岛数三千，彼此相距，仅有一水之隔，小舟可以往来；因交通便易，而风俗言语、思想习惯，无大径庭，俨然纯一之民族也。地多湖泊，气候适宜，草木茂美，山川明秀，故人民富于美观，美术图画，殊为发达。其移居于国外者，爱念故乡之心，亦甚坚强。又以其地位孤立海中，惟本州南隅、九州西岸，中隔海峡与朝鲜相对，在昔航海之术未精，异国人民，怵于风涛之险，不易侵入，一姓君主，遂得绳绳相继，居人因有自负之心，颇借以发其忠君爱国之念。然其舟楫亦常往来大陆，我中国之学术、政治、历史、文学、技能，因以输入，明治前之日本，一大陆化之日本也。明治以来，日本与大陆之交涉，日益密切而纠纷，其侵略政策，亦由其地位使之然欤！

日本民族发展问题　前文所云可耕之地，约占全岛三分之一，以此为比例，则日本当推为世界人口最密之国之一。但其殖民之能力，苟以之与英人相较，迥乎不及，故自得台湾朝鲜等地后，政府鼓励殖民，而移居者，寥寥无几。其在美国及澳大利亚者，以黄白人种生活程度之各异，多招仇视。今美国已禁其劳动界入境；人口问题，诚为今日日本最大之问题，亦最难解决之问题也。野心之政治家，固尝欲侵略我中国，垄断其权利；但不过引起吾人之恶感，为全世界所共恶而已。侵略致策，已归失败，其暂可解决者，惟有扩张工业，以工立国之一途；近已从事于此。前谓川流甚急，无舟楫之利，但已利用之发电以制造货物；沙砾山地，亦已培植森林。然仍有不能解决者，工业发达之后，市场必在大陆，民间食物，亦必来自大陆，日人之生命财产，将皆系于大陆民族之手，殊非细事耳。更进而言之，煤、铁、原料三者为工业之母，而日本皆不足，必赖大陆供给，尤以铁与原料为甚；海上输运，则恃海军保护；日本海军，今固甚强，其奈大陆之恶感何？吾人殊惜其不能诚心与中国互助也。

第二篇 佛教输入前之日本

（？—552A.D.）

神武开国之传说　日本第一代神武之开国，在西历纪元前六六〇年[①]，而其最古之历史存于今者，若《古事记》，乃作于纪元后七一二年，《日本书纪》，乃成于七二〇年；由此著述时代以溯前，初无记录，盖日本文字于开国千年后，方由我中国输入也。夫以千余年后之作者，追记上古事迹，其材料自多采之民间相传之神话、迷信，则其价值可想而知。其载开国也，略谓混沌之初，天地之中，忽生一物，状如苇芽，变化为神。神神相继，皆系偶生；中有二神，立于天桥，以矛探海，其矛水滴凝而成岛。二神降居，遂生大洲、山川草木、天照女神（即天照大神）及其弟等。天照之孙，是为神武天皇，女神赐以镜、玉、剑各一，是曰三种神器，为万世一统之征；神武因起东征而开国焉。此类传说，以《古事记》为最多；《日本书纪》且多有取材于《史记》《汉书》者，例如纪元前八八年，天皇诏曰："远方夷狄，不奉正朔。"此不过采我史语，托诸日皇之口以出之。按日本历书，于五五四年，自朝鲜输入；先是国中但以花开为春，叶落为秋，无月无年，安有所谓正朔耶？故欲从其上古历史，研究日本民族之来源，君主威权之生长，与其人民生活之状况，殊不易易。近世学者竭其毕生之力，从事审究骸骨之状态，古物构造之形式，与夫言语风俗之变易，于此问题，但略有所证明。惟近于佛教传入时代，距作史时期不远，其事有可信者。兹分述考古学者之结论，日本社会之演进，以及与大陆之交通，如下。

日本土著　日本之土著，为阿奴种族。考古学者，谓其来自亚洲大陆；或以为虾夷北部与千岛相近，西端与库页岛为邻，风平浪静之时，小舟可通往来，阿奴当由此渡海也。据阿奴传说，岛中尚先有土人，形状短小，穴居野处，后自灭绝。至阿奴之自述其先祖也，则谓亚洲某王，生有三女，幼者与情人，潜渡而至岛中，遂家居焉；此说虽不足信，但与来自亚洲之说吻合。其后生殖益繁，渐徙于气候和煦、草木畅茂、禽兽众多、生活适宜之地，遂衍殖于本州各部。今本州山川湖泊，其地名犹有仍土人之旧者；而北部地中所遗骸骨，一切构造状态，有类今居于虾夷之人。大抵土人身体各部颇为均称，惟略短小；面多须发，有若毛状，古书中或以多发人称之。其生活简陋，以渔猎为主，终日追逐于山林湖泽之中，体力强健，而乐于战斗。方日本民族之东渡也[2]，其人迎战甚力，后卒被驱于本州北部；其降服者，则为奴隶。阿奴云者，土语狗之义也，日人恶之特甚；其后益蹙，遂退居于虾夷。今散居于虾夷、千岛、库页者，不足二十万人，而生活状况，一如昔者。

日本民族　日本民族，盖自亚洲大陆来者，或谓其先居处近西伯利亚；迨后南徙朝鲜半岛，乃为土著所同化，风俗言语，相类者甚多；最后经对马而东渡九州。其东渡也，分两时期：先至者，生活状况与阿奴相近，渐逐土人而北；其后至者，文化较高，生活状况与朝鲜南部之人民相类。日本古墓，尝有绿玉，此类饰品，为上古时代朝鲜半岛之装饰；其短刀武器，相似尤甚。或又谓马来民族，亦尝由琉球北至日本，此说仅根据于古时祭者沐浴于冷水之中，以示清洁虔诚，此俗习见于马来半岛；但不为多数学者所信。至吾人传说，亦谓徐福尝至日本，惟无确证。[3]要之，日本民族，必由数种血胤混合而成，可无疑也。彼等已入岛中，历久战争，乃卒屈服土人。土人中之战败被俘者，固收为奴隶；其不战而服者，亦因而安之。所俘妇女，则没为战士妻妾，多妻制度，乃大盛行，至于汉时犹存。陈寿记其俗曰：“其俗，国大人皆四五妇，下户或二三妇。”斯可见其血胤之杂乱矣。今之日人，犹可分为两类：居于本州北部者，面部宽大，腮骨突出，鼻尖凹下；其在南部与九州四国者，面长鼻高，容貌清秀，身部均称。前者多为贫民，后者多为富商权贵。就全体而言，日本人民甚为短小，男约五尺三寸（英尺），女近四尺十寸。首部伟大，占全身七分之一，而腿部殊短小，此其与吾人不同者。然使易其衣服，而与吾人同行于伦敦、纽约，欧美人尚不能辨别其为华人日人，以日人固黄种也。

开国时之情势　当日人之侵入岛中也，须讲求抵御攻击之法以自卫；且欲战争胜利，必推能战之士以为首领，而人民亦乐于服从。战争经久，则首领之威权愈重；其战胜者，又夺土人土地，而小国酋长之形势以成。其继也，互相攻伐，杀人争地，终于小臣大，弱臣强，斯天皇统一之雏形渐具矣。据日史所载，神武为天照女神之孙，天照时期，犹为神代，相距数世，何能遂使“邑有君村有长各相陵轹”耶？此不过证明所谓神武天皇者仅一酋长之雄耳。迨其战胜，遂乃割裂土地，分封其子弟功臣；若不战而降者，因而存之，其叛逆者，又以兵讨之，于是诸侯奉命惟谨；天皇亦竭力尽其保护之责，诸侯遇敌侵入，辄率其众以助战，凡受斯惠者，常以其地奉皇。承平之时，皇言若令，诸侯有相争夺者，归皇判决，天皇更得利用时机，其曲直时以爱恶衡之；而得直者，复以土地酬皇。皇室之地日增，人民益众，兵力盛张，而威权独尊矣。天皇又自信其为神之子孙，皇族不与臣下为婚姻，官吏不与人民通嫁娶，惟恐渎其先祖，而使他人得沾染其神种。故官吏皆为世袭，而人民自处于被治阶级，习焉相安，遂为明治以前二千余年政治上之金科玉律。

天皇之威权　天皇既以神之子孙自尊，更进而为宗教上之领袖，于是祭社乃为大典。每当新谷登场，天皇则躬临祭祀以答神休。斯时天皇虽判决争讼，而民间并无法律；惟毁田禾、平绝沟洫、抛弃五谷者，谓之逆天；不孝父母、伤害人命者，谓之犯罪。其罚如陈寿所述：“轻者没其妻子，重者灭其门户。”所谓轻重，不过概以习惯为衡。人民又常自以械斗，决定双方之曲直。尤可异者，当四一二年，贵族名称犹杂乱无序。其时贵族中有以神之宗支而争权位者，倾轧益烈。第十九代允恭天皇乃置大锅，中贮沸水，下焚以薪，诏争者置手水中，伤者罪以不道，其事遂寝。至于皇室费用，概取给于人民及诸侯之贡物，人民有为皇室工作之义务，若建筑宫室之类。天皇死后，所有仆役，概杀以殉。新君嗣位，则别筑新宫，若以故皇之灵，犹在宫中，不可不回避者。

古代生活风俗及女子之地位　封建时期，人民隶于诸侯，以渔猎为生。《三国志》载：“草木茂盛，行不见前。人好捕鱼鳆，水无深浅，皆沉没取之。”即此可见其概。迨后生殖繁衍，始从事耕种，但多以奴隶为之。其所植者为稻，史中又载及麦菽之类。其他重要食品，为鸟兽鱼鳖果蔬等；烹调之法已备。其衣服之见于古史者，名目繁多，以桑皮麻属为之。《古事记》载天照女神躬自缫丝，可见其时已有纺织。房屋殊简陋，无窗牖，无烟囱，其形状无异非洲黑人之土屋。家中女子，惟事炊作。婚姻则同姓可以嫁娶，有以异母兄妹为夫妇者。其始，婚时男子居于女家，盖当时女子地位颇高，若天皇亦自托为天照女神之后也。但此不便于男子，不久则降妇以随夫矣；女子地位已低，因而夫可有妾，而妇不许淫妒。生子之时，产妇居于黑暗小室，无人侍问，若以为生子乃不洁之事，遇日光则遭神谴，而侍之者亦不祥。一族之中，主仆之阶级极严。俗尚文身，而以奴仆为尤甚。

神道教之由来　日本民族自以为天神之子孙，其说深入人心；迷信力之大等于犹太人自谓“上帝之选民”，德人自夸为“优秀民族”。学者哈伦（Heorn）谓群雄分立时代，酋长各祀其祖与境内之神祇以祈福免祸，其战胜者因谓之天助，败者亦归之神怒。狡黠之天皇，乃托于至尊至上受人民崇拜之日神而为其后胤，有不服者，辄讨而伐之，卒开帝国之基。一般贵族，更附托于神子神孙。于是日月星辰山川雷电概目为神迹；五谷果实树木花草，皆为神所主宰；水旱疾病，无非触神之怒，苟虔诚祭祀，即可以免。充其类之所至，世间无物非神，信如日人之自夸其国为神国也，而神道乃兴。神道者，崇拜自然界之物，而谓其动静影响皆神之意志所为也。其为教也，无高尚之哲理以陶冶人心；无祈祷之礼节以约束行动；后因天皇建庙而民间效之，庙数乃增。陈寿亦尝记其迷信之事于《三国志》中，引之如下：

> 其行来渡海诣中国，恒使一人……不食肉，不近妇人，如丧人，名之为持衰。若行者吉善，共顾其生口财物；若有疾病遭暴害，便欲杀之，谓其持衰不谨。

古代日本与大陆之关系一　前述日本民族，自朝鲜东渡，其往来情形，无从详考。今所述者，为此时日本与大陆之关系。周初，箕子封于朝鲜（今平壤）；中国文明，因得输入朝鲜之北部。汉时，武帝灭朝鲜，分其地为四郡，遣吏治理其民；中国学术，乃传入朝鲜之南部。日史记二〇〇年（当汉献帝时），熊袭人叛，新罗助之。十四代仲哀天皇率师往讨；其妃神功皇后，从之出征，知新罗之助叛人也，请先伐之，不从。仲哀寻崩于军。妃谋于大臣，秘丧不发，径征新罗。新罗君臣，见其军蔽海而来，大恐，遂乞降，许之。既而高丽百济亦降，皆朝贡于日，三韩遂为属国。后百济尝贡良马，此事未载于韩史，其确否不可知。但据地质学者之说，日本先无驹马，其后来自大陆，此虽不能证明韩之屈服与否，亦可见当时日本与大陆之交通必繁。古史又载百济王遣其子阿直岐入贡，其人精通经典，天皇令皇子从之学经。阿直岐更荐学者王仁至日，献《论语》十卷、《千字文》一卷。贵族子弟因从之游；更有组织学会，深究中国文学历史经书者。斯可见日人渐与中国文化接触，或动其钦仰之心，如陈寿所述“汉时有朝见者”欤？抑或当汉末纷扰之际，学者有避难至日而复归国者，故能道其详欤？历史家有谓中国之商人尝以贸易至日者；细察陈寿之《倭人篇》，其所载事实，虽不能尽信，但于日人风俗生活，述之颇为详晰，非臆想杜撰所能，斯可断中日之间已曾交通往来矣。

古代日本与大陆之关系二　晋末，高句丽、新罗、百济分据朝鲜半岛，鼎足而立，互相攻伐。日人因利乘便，曾于新罗百济之间，据有任那之地，驻军守之。其兵果敢善战；百济逼于强邻，国势衰微，其王故善事日皇，借求援助，朝贡殷勤。新罗惧百济之与日本相亲也，谋之益急，诱任那守将据地以叛；战争乃起。日人数败，而高句丽又侵入百济北部，百济土地，日益穷蹙，几至灭亡，卒赖日本之助以复国。当此纷扰时期，半岛久无宁岁，难民至日者极众。其人多具技能，日人时无工艺，甚敬重之。因归者不愿受诸侯之虐，天皇更恐其为诸侯所用，乃听其组织职业团体，垄断一业，无异于印度阶级制度。凡一团体，必有首领，由天皇委任，而受其保护管辖，终于其身。苟继者无人，则团体自将解散；但解散者少，后且以之纪念皇室之功绩，团体之数骤增。其直接影响，则使技能之士属于天皇，天皇之威权以隆，渐开改革之基。

古代日本与大陆之关系三 宋史载："倭王遣使朝贡，以为安东将军。"日史记："雄略十二年，始建楼阁，遣使于吴索工。后二年，吴人来献女工。"按雄略十二年，为宋明帝泰始四年（西历四六八年），所谓吴者，其指南朝耶？意日人有求于宋，必卑辞厚币，宋因赠之女工，安有所谓献耶？要之，当时日人已颇悉中国情形，岛国与大陆之交通又进一步矣。

【注】

①日本之纪元，明治时定为始于神武，仅行于彼国。我中国历代虽有年号，而又无纪年。故兹采取西历。其纪元后不言西历或并不言纪元后者，省文也。后悉仿此。

②中国古史称日人为倭人，疑由译音。日人后恶其名，改称日本，其时约在隋唐之前。本篇以日本民族，若指古今全体而言，概称为倭人，殊欠确当；其专指古代者，本宜称倭，惟日人倭人并称，又嫌陵杂，故不采。

③《史记》无徐福至日明文，陈寿亦无此说。范晔作《后汉书》于宋时，抄袭陈寿《倭人篇》之大意，且妄解其文身，而武断其为泰伯之后，尤不足信。揆之当时情况，徐福之船能涉风浪东渡否？东渡后童男女能耕种或渔猎否？又能与土人战争否？汉时能如陈寿所述"立国通使"否？以余观之，未必一一能然也。加以言语单音双音之不同，是中国文化犹未输入，斯可断此说之无根据矣！

第三篇 佛教输入后之改革时期

（552—857）

佛教初输入时与神道教之冲突　上篇述日本由朝鲜输入中国之文化，贵族中有研究中国文学者。自后，日本与半岛间之关系，日益密切；日人之至朝鲜者，又渐与印度文化接触。其时半岛盖已化为佛教国，士之自彼来归者，或言佛教于其主，而苏我氏方为文官，争罗才能之士，士多出其门；佛教亦赖其力以流传于日本。方五五二年，百济献佛，史始记之，其基础之立实已久矣。先是，自百济王复国以来，境地穷蹙，强邻时侵，其王乃以其所崇拜用金银合铸之佛像与幡盖佛经入献；并附表颂佛功德，其中有云："佛学高深，远过孔子；凡信仰者，国家兴隆；治其学者，可明哲理。近传布于三韩，人民无不信者。"二十九代钦明天皇见使者于殿上，译知表文，欣然色喜，曰："自有生以来，朕未之闻。"复顾谓朝臣曰："盍受之乎？"世司祭祀兼掌兵权之物部氏奏曰："国家世祀天地百神，今受佛像而礼之，佛蕃神也，必致神谴。"苏我稻目则请受之；天皇遂以赐稻目，礼之于家。会国中大疫，物部氏奏曰："此神怒也，必毁佛像。"天皇许之，乃夺佛像于稻目之家，而投诸江。是时二族交恶，倾轧殊甚：盖物部掌兵，苏我执政，固不相容；苏我门下多知能之士，稻目因欲借佛教以削物部氏祭祀之权，愈益水火。后百济又献佛经、僧徒、工匠，朝廷鉴于神怒，不礼其使。至稻目之子马子私得佛像二尊，造寺供之，聚僧设斋。俄而疫又大作，民有死者。物部氏劾其私信佛法，聚僧惑民，复致神怒，请焚佛寺，拘留僧徒；天皇许之。既而马子寝疾病，奏请祷佛，乃还其僧。马子寻愈。会钦明之子三十一代用明天皇，于五八六年嗣位，其母稻目女也，深信佛法。即位之初，忽得疾病，意欲奉佛以求长年，谘于群臣。物部氏坚持不可；而马子主从皇命，因延法师，入宫祈祷。物部氏意殊怏怏，见于辞色，俄闻马子意欲害己，乃备兵自卫，惟其党有被杀者。未几，皇崩。时嗣位未定，物部氏欲立素恶佛教者；马子不可，密与五皇子谋，共起兵讨之，围物部氏于城堡之中。是役也，厩户皇子随军从战，攻而克之。信奉佛教之崇峻天皇，因得嗣位。

图 3-1　弥勒菩萨像

推古女皇时圣德太子之摄政　崇峻素恶马子专横，阴欲除之。即位五年，为马子之党所杀。苏我氏之女敏达皇后嗣位，是为推古女皇。推古立厩户为太子，兼总万机，所谓圣德太子也。太子天资英敏，博览典籍，深羡中国文化，尤好佛学。年十五时，披发从军，讨灭物部氏；及为太子，年仅二十有一。推古即位之初，立旗帜，制衣冠，定服色，明贵贱；分群臣为十二级：曰大德、小德、大仁、小仁、大礼、小礼、大信、小信、大义、小义、大智、小智。明年，颁布法律，共十七条（日人谓之宪法，实非宪法），规定臣下事上之义，一本于忠君报国之说。例如第七条有云："天皇为一国之君，臣下不可复事他人。"此类学理，皆采自我中国，而日人奉为金科玉律。其中有吾人所无者，为第二条保护佛教之律。自今观之，此种法律之有无，殊无足重轻。惟时日人无上下之分，贵贱之序，天皇犹一酋长

图 3-2　圣德太子

耳，诸侯时有觊觎之心。自法律颁布之后，君臣之分以定；臣下有谋叛者，则罪以大逆不道。于是，诸侯不敢专恣，内争因而减少，秩序得以维持，工艺遂日进步。太子知朝鲜之学术来自中国，遂于六〇七年，遣小野妹子出使于隋。其国书有云："日出处天子，致书日没处天子，无恙！"炀帝不悦，然犹使裴世清报之。其高向玄理及僧旻等因随至中国求学。太子暇时尝与大臣共撰国史，今已遗失，但亦可以略见其学术与见识矣。惜不久而薨；薨时，市民哭泣，若丧慈母。

中臣镰足谋诛苏我氏　太子薨后，水旱相继，五谷不登，野有饿莩；疾疫流行而盗贼蜂起。于是时也，国无贤君，不足以应变，政治大权，益旁落于苏我氏之手。至马子之子虾夷，矫诏废立太子，擅戮大臣，建筑宅第，拟于宫殿，子弟有自称太子者。更聘朝鲜知能之士以为心腹，聚阿奴之善射者以为侍卫；其犹未篡者，特需时耳。有中臣镰足者隐知其谋。镰足之先，党于物部氏而失其权，故恶苏我氏特甚；且知皇子中大兄可与有为，因欲结之。会皇子蹴球，中大兄用力过猛，鞋应球落。镰足在侧，趋前拾之，因跪以进，遂相亲昵，定为至友，托讲经为名以谋诛苏我氏。时虾夷年老，其子入鹿执政，专戾益甚。镰足侦知苏我族中有与入鹿有隙者劝中大兄婚其长女，皇子从之。婚时，新妇于母家失去，幼女自请代之；婚成，因引以为内援。未几，三韩使者来贡，入鹿入朝；中大兄命锁宫门，聚入鹿之卫士于一所，若将颁物以赏赐之者。而自执长枪，隐于户侧；镰足则持弓矢从之，且先命其党，藏利剑于贡物之中。读表文将尽，皇子直趋殿中，刺入鹿之肩，其党复斫其足。入鹿无力拒抗，遂被杀于庭中，尸覆以席。皇子扬言于外曰："入鹿之死，三韩使者谋杀之也。"苏我氏之从者闻信，愤极欲斗。皇子避入寺中，闭门以兵自卫。俄而大臣皇子率兵来会，告苏我氏之从者曰："入鹿有罪，诛及其身；从者无辜，概皆赦免。"从者之初欲斗，惧不免于死耳。迨见皇子之援兵益众，而主将入鹿已死，惶恐无已。既闻赦免，哄然逃散。皇子命将进讨入鹿之父虾夷。虾夷自知不免，焚书籍珍宝而自杀。于是女主三十五代皇极天皇让位于其弟轻，是为孝德天皇，时六四五年也。

大化改革　初，高向玄理，僧旻至隋求学，历隋亡唐兴，中间三十余年之久，目睹中国之政治变迁，贤能辈出；至太宗贞观之世，君臣契合，上下相安，号令施于四境，兵威伸于西域，而二人者乃于此时归国。适女主在位，威权日替，朝臣互相倾轧，结党为援，苏我氏专横，势将篡夺，环顾境内人民，室无余粮，死亡相籍，盗贼遍野，因念圣德太子当时之筹画已归泡影，而欲救国家，非改革不足以强皇室，非仿唐制不能以平内乱，因而革新之志反趋坚定。又孝德之为皇子也，尝从之学；改革思想，熏染颇深。及即位之初，建元曰大化，即以僧旻、高向玄理为国博士，凡有谋必谘焉；改革计划故多出其手。于是设左右内三大臣，赞理国政；下分八部，各司其事。明年，诏以土地为国有，人民直属于天皇，罢世袭官吏，任命关东守吏。官吏自昔为世职，领有土地，受之于先人，传之于后嗣；一旦失去，其不满意于朝廷，自不待言。朝廷固知其法不能立行也，乃赐大夫采邑，其多寡即以官位定之。其制如下：

一等上卿	一百六十亩(英亩)
一等下卿	一百四十六亩
二等上卿	一百二十亩
二等下卿	一百八亩
三等上卿	八十亩
三等下卿	六十亩
四等上卿	四十八亩
四等下卿	四十亩
五等上卿	二十四亩
五等下卿	二十亩
内大臣	八十亩
左大臣	六十亩
右大臣	六十亩
国司	二十亩
邑守	三亩二分至五亩二分

凡此采地，概为世袭，其地所出之赋税，皆归于其主。未几，天皇诏造户籍，凡十家为里，里有长，其职在促民纳税、服役且判解讼事。每家以人口受地，受二亩者，纳细绢一丈；受八亩者，纳细绢四丈，宽皆二尺五寸。纳粗绢者，每亩二丈。其筑室者，纳地租细布一丈二尺。每家岁出刀剑弓矢，以备战争；百家出马一匹，马苟健良，可合二百家共养之。

《大宝律令》之渊源与其效用　孝德在位十年而崩，其有待于改革而未能者尚多。让位之女皇，乃复嗣位，曰齐明天皇，立中大兄为太子。时朝鲜半岛上，新罗、百济，战争日烈，新罗诉之于唐，谓百济绝其贡道，唐高宗诏日本止之。六六二年，新罗更借唐兵，伐百济，破其都城。百济遗臣，招收散卒，使人乞援于日。天皇诏救百济，遣兵二万七千人，击新罗，拔其二城。会唐将刘仁轨至，水陆并进，击退日军。明日复战，日军败绩，不能成师；得生还者，为数无几。经此重创，日本侵略朝鲜之计划，归于失败，自后不敢萌此心者，凡九百三十余年。唐之兵威，亦云盛矣！先是，女皇已崩，中大兄守丧七年，六六八年，乃即帝位，是为天智天皇。天皇性素好学，博洽能文，设立学校，是为日本有学校之始；又制定礼节，修编律令，遂开后日《大宝律令》之基。《大宝律令》者，成于四十二代文武天皇大宝元年（七〇一年），律分六卷，令十一卷，共十七卷；规定官吏阶级、冠冕衣服、学校制度、收授田地、租税轻重、兵制等类；刑有五等，笞、杖、徒、流、死罪，其轻重又分为二十级。大抵此律令之成，系集大化以来之制度，而杂取唐律以为之，遂为后此千余年之日本所变化沿用矣。

奈良奠都始革酋长帐幕之风　文武崩后，元明嗣位，奠都奈良。时七一〇年也。先是，天皇崩后嗣君立，即迁都；其宫室楼殿，建筑至速，规模卑陋，生活状况，几与游牧时代酋长之帐幕无异。文化学术，亦坐是不能发达。至是定都，贵族始有暇时深究文学，编纂国史；高僧往来于唐者益众。直至其后朝廷以唐室雕弊，途多风浪，遂罢唐使；惟商贾往来不绝。

佛教之盛行　佛教赖苏我氏之力，得以流传；物部氏败后，苏我氏遂收其奴仆半数，建筑佛寺以谢神恩。推古时，圣德太子建四天王寺。先是，太子讨物部氏，誓于军中："胜敌，必奉护世四王。"故有此举。太子又尝与诸僧讲佛法于御前，群臣中善逢迎者，竞说佛法，兴工造寺，在朝诸臣，多为佛教信徒。佛经意旨，固极深奥，僧徒多聪明博洽之士，贵族中求学者益争出其门。于是，佛教遂为贵族之宗教，民间亦有信之者。经三十余年后，除居士信徒不计外，有寺四十六所，僧八百十六人，尼一百六十九人。六四二年，天久无雨，田禾枯槁，人民惶恐，祷于神不应。既而女皇躬临寺观，膜拜佛像，大雨骤至，民因大悦，争颂佛恩，信之者益众。六四六年，孝德固让皇位于其兄古人，古人不受，入寺为僧，斯可见当时僧徒之地位矣。孝德之国博士二人，其一即沙门僧旻也，尝赞筹大化改革计划，因免除寺僧之田地赋税。按是时大寺，尝有膏腴之地百数十亩，后且扩至千亩，地位因日巩固；乃倡神佛为一之说，以当时人民信仰神道者犹众云。六七五年，天皇尝禁杀马牛牲畜及民间肉食，就广义而言，不啻佛教信徒，已遍于国中。七三二年，铸一大钟，重至四十九吨；又铸佛像，高过五丈，所谓“奈良大佛”是也。此皆其荦荦大者，小者尚不知凡几，以至当时国中所出之铜，不敷铸造钟像之用，可谓盛矣。既而天花流行，天皇命造七级浮屠。借祈佛佑；会疫稍衰，因而膜拜于佛寺者益众。七五三年，四十六代孝谦女皇遂聚僧一万以设斋佛前，于此可见当时佛教推行之速。其后孝谦让位于淳仁天皇，而宠臣僧道镜谮之；孝谦上皇遂复临朝，幽废淳仁，以道镜为太政大臣禅师。道镜服御饮食，与女皇相等，复使其徒托神意言于女皇曰：“禅位道镜，天下太平。”女皇因卜于神；卜者又托神言奏曰：“自开辟以来，君臣之分已定；萌非望者，神明殛之。”道镜大怒，斥为矫诬，意欲杀之，女皇无如之何也。

求三韩工匠以大兴寺观及文学之萌芽　自佛教盛行，高僧皆注意建筑。盖以殿宇雄巍，愚民望而惊心；佛像庄严，礼者见而生敬；雕刻绘画，则易动人美感；清净院宇，尤易招致学者往游也。但如此工程，日人不能自为，乃求工匠于三韩以大兴寺观。其建筑之工，大抵五色辉煌，高塔耸立，令人见之油然欣慕。奠都奈良之后[①]，皇室宫殿，日益壮美，贵族渐有高楼大屋以居。良工需要，过于供给，王公大臣，争欲致之；其人亦自以见重于时，相竞益烈，故雕刻多精巧而绘画殊明秀。其存于今者，多能美丽传神，无怪世人视为珍宝也！此时高僧，博通经典，往来于唐者不绝，其人且兼为教师，中国文学，赖以广其流传。后乃采取华文字义而以土音读之，字数骤增，文字之工具始备。其能读孔孟老庄书者，则知高深哲理；读《尚书》《春秋》《史记》者，则明兴亡之迹，君臣之义；读《诗经》《楚辞》歌赋者，则能歌咏于山水之间。于是古史编成，歌谣盛行，文学之基础乃立。

奈良时代，信如学者所谓“文学萌芽之时期”也。

改革所以不彻底之原因 综以上改革，其制度多采于中国三代遗法，而又杂取唐制。其改革原因，在削诸侯，收土地人民归于国家，为一统之中央集权政府。然其所以行于中国者，本于历史上之沿革，思想界之变迁，人民需要而时势造成之也。此时日本之风俗习惯，与中国少有相同之点。孝德之改革，如收土地为国有，固为当时之急务。惟时无战争叛逆之诸侯，一旦忽夺其世袭之土地，不平之心，足召反动；乃折中损益，为不彻底之改革，终归之于失败。试分述其原因如下：

一、贵族官吏，得受采邑，其目的无非以为其土地之代价耳。制度颁布之后，牢不可破，皇子王孙，皆应有田地；其后生殖繁衍，采邑增加，遂使皇室之土地日减，岁入之租税益少。且在今日，可耕之地，不过三分之一，当时荒芜之地尤多，租税减少，其能足用耶？至免佛寺赋税，其弊尤甚：盖佛寺所据者，多膏腴之地，每至千亩；当国用不足之时，人民纳税之担负益重，其狡黠者乃贿寺僧而附属于寺。其结果则使僧徒富厚而国家贫弱，分崩之势，在所不免。

二、中国无贵族平民阶级，布衣可以取卿相之位；若日本则贵族平民之界限极严，改革时所谓任命大臣者，特美其名耳。孝德之左右内大臣三职，皆以贵族功臣充之；其外省官吏，若国司、邑长，被任命者，皆其地世袭之诸侯也。此固由于当时人才，首推富有政治经验之贵族官吏，且借此以安其心；但自此以后，贵族政治之形势益牢固。就人口而言，贵族官吏仅当全体人民千分之五，多数人民处于“治于人者”之地位，毫无服官之希望，其中岂遂一无知能之士耶？天智时，始创太学于京师，其规模仿自唐制；但生徒不足四百人，且皆贵族大臣之子弟。其学程定为九年，学生之因考试失败而留级者尤夥；一年卒业之人数，仅十余人，又未必皆为要官也。至于地方置学宫者，为数甚少；其能入学者，又皆地方贵族官吏之子孙。此等生于安乐之子弟，不受环境刺激，不与他人竞争，悟然终日，畴克勤学；他日任以国事，其能进行改革耶？信哉孔氏之言：“其人亡，则其政息。”

三、日本之改革，非出于贵族官吏与夫人民之需要。乃出于一二明哲英主之毅力独行，故非中材之君继之，不足以破世俗之论以竟厥功。乃自圣德太子薨后，灾乱频仍；孝德天智又中道崩殂；其间且多庸弱无能之女主临朝，苟安一时，其终归失败自可无疑。至于中国，无道之君，人民可取而代之，先哲常谓“君无道则失其所以为君”，孟子又谓“闻诛一夫纣矣，未闻弑君也”。若日本学者，刺取吾国忠君之说，附会其所谓天照女神子孙万世一统之神话，其说已深入人心，故政权可以旁落，而帝位不能变置，卒至外强内干，名实不符，尚何能进行改革乎？

四、日本官吏之在京者，所食采邑较多（见前表）；其在外者，则虽以国司之尊，不过二十亩耳。于是文学智能之士，多聚于朝廷；其官远方者，人民视之，不啻放逐，如我国之所谓“贬谪”。然以好名之士皆愿居于京都，朝廷无所用之，乃高谈佛理，空说经典，或歌咏山水以自娱乐，毫无补裨于民生。其富于财者，则且建高屋，聚图画，斗新夸富，穷奢极欲，为人民之蠹。反之，官于远方者，多系无识之武人，朝廷命令，非旦夕能至其地，乃得便宜从事，其势甚张；卒至尾大不掉，朝廷徒有管辖之名，而隐以养成幕府藩镇之患。

五、日本人民习于战斗，部落之风盖犹未尽除。大化以来，乃重文轻武；好勇斗狠之武士，其能受治于孱弱无能之文人乎？然政府犹授以柄，模仿征兵制度，令人民岁出弓矢车马，规定有马者骑，无马者卒；以时检阅，阙者有罪。其后且定男子年二十一至六十为正丁，服役于军中三年，军数始占全国男子四分之一，后乃增至三分之一。养如许之军队，势若散沙，卒为武人所利用，中央之集权政策，因以土崩瓦解，夫岂无故？

六、日本高山层叠，不便行旅；川流急湍，不通舟楫；加以产马鲜少，无邮驿之便；苏我乱后，桥梁又多毁圮。于此交通困难时期，人民所纳之粟布丝等，何由运至奈良京都？抑交通不灵，则虽欲中央集权，要无以监督地方官吏也。

七、至于法律，多采于唐，不问其于民间之风俗，历史上之习惯有无关系，且有与之相反者。历年未久，而修改已数次，其不便于人民又何如耶？又法律经屡改之后，施行时失其序严，人民因有玩视之心；其终也乃成为陈文废纸。

上述失败原因；其成功者，已散见于前，兹再举其大者，以作结论。日本于改革之先，其生活简陋，无异于非洲之土人；且诸侯林立，各自为政；无文字，无学术；宗教卑陋，无高深之思想。苟非中国文化输入，或终不能有学术技能而与南洋群岛中之土人相类。又当其时，虾夷土人②，南下作战。其人既极勇武，战争之多，几于无岁无之。今游于本州北部，犹见城堡遗迹，其防御工程，令人见而心悸。向使中央不集权，则诸侯各各孤立，何以合力御侮？其结果吾人虽不能武断，但战争势必延长，其耗财力，伤人命，将倍于改革之后，可知也。夫然，日人能有文学艺术文明思想于此时欤？又自改革以后，与中国之交通益繁，商务因之发达，日本于是始有钱币，于生活之进步关系匪鲜。但有当注意者，日本之改革，固多采取中国制度，日人亦颇善于损益，以求能施行于其境内，不可谓皆中国之法也。

【注】

①都于奈良者，凡七十五年。后迁都者二次，遂即定都于平安，时七九四年也，历一千有七十余年，至明治初迁都于江户；自是号平安曰西京，江户曰东京。

②阿奴土人，时已退居虾夷，因以其地名立。

第四篇 藤原氏之专横及平源二氏之盛衰

（857—1192）

藤原氏之专横　先是中臣镰足以佐中大兄诛苏我氏父子有功，孝德即位，遂进为内臣，赞助改革，并赐紫冠，增益采地。及天智嗣位，建制度，立法律，又多出镰足之谋，宠眷日隆。镰足病时，天皇躬幸其第，进其官阶，赐姓藤原；俄而卒，赐赙尤厚。镰足博学多能，于重文轻武之改革时代，身为文官，威权隆重；已卒，遂由其子不比继之。不比精通经典，甚得信任。尝奉命纂撰律令——所谓《大宝律令》也；后又奉敕修改之。四十二代文武天皇且纳其女为妃，外姓得为外戚自此始；殁后，赠太政大臣。不比有子四人，以房前一支为最盛，世称北家。传至冬嗣，其女为妃，生皇子道康；天皇爱之，诏废太子，立之为嗣，是即五十五代文德天皇。而冬嗣之子良房，继父执政，遂以八五七年，迁太政大臣。太政大臣者，当时之最高官吏，惟皇族亲王得膺任命；其以外姓受此职盖自此始。文德纳良房女为妃，生一子。时文德已有三子，其长子精于诗歌，博学多识，文德爱之，欲立为太子；但非藤原氏之女所出，惮于良房，终不敢立。文德薨后，藤原氏女所出之皇子嗣位，是为清和天皇；时年八岁，无知无能，政权概归良房。及天皇稍长，诏敕良房总摄万机，而良房已久握其权矣。自此以往，迄一〇六九年，前后二百余载，日本政府之执大权者，非天照女神之子孙，乃外戚藤原氏。当时天皇之能在位者，皆藤原氏女所生之皇子，其数十有五，而让位者占其八。其故或为权臣所诱迫；或以不能有为，愤而为僧。于是，天皇让位益成为一种牢不可破之习惯；其得不去者，大抵年少夭亡，或甘若木偶，不为藤原氏所恶耳。至藤原氏之所以能如此操纵者，以当时无立储定例，太子废立决于天皇。藤原氏既为外戚，天皇之妃固欲立其子，而太后又党于母家，于是上迫于母命，下怜其妻妾；外则藤原氏之权，自足以废立；天皇遂不得不安于旧规，而以其权归于藤原氏矣。阳成天皇时，藤原基经摄政，谓天皇年幼，狎及群小，逐其侍者；有复归者，竟令人杀之。天皇意不能忍，相恶益甚。于是基经谋废立，会公卿议之；久不能决。藤原氏有起立者，厉声言于众曰：“废立之事，一言而决耳。不从太政大臣议者，即诛之。”众不复言，议遂定，更立光孝天皇。光孝即位，诏议太政大臣之权；博士善于逢迎者，奏请“百官奏事，必先谘禀太政大臣，然后奏闻”。天皇从之。自是百官奏事，非基经之意，不能上达；所诏可者，皆基经所奏，所谓天皇，实太政大臣为之耳。光孝疾时，欲立其爱子而不敢言。会基经入奏，请建皇嗣。光孝乃曰：“将公言是从。”基经已知其意，因请立之。光孝欣然召其爱子，至则执其手而泣曰：“大臣恩重，汝毋忘之！”俄而崩。太子即位，是为宇多天皇，因诏群臣曰：“政事万机，概关白于太政大臣。”“关白”之称又自基经始——时八八八年也。

菅原道真之贬谪 藤原氏专横已甚，六十代醍醐天皇与上皇深恶之，引用菅原道真以杀藤原氏之势。道真者，其先世为文官，族望不下藤原；至道真博学能诗，才思超绝；尝纂国史，进授参议，迁右大臣，与藤原氏共执国政。天皇重之，密召至宫，欲授以关白。道真畏藤原氏，固辞不受；且曰：“无事招臣嫉臣者众，敢以死辞。”因赋诗见志；天皇赐衣而罢。藤原氏闻之，相与聚谋，共谮道真将谋废立。天皇怒甚，诏贬道真。于是上皇知之，亲往皇宫，将白其冤，而藤原氏戒门者弗纳，菅原一族，终坐流废。道真之在流所，身不免于饥寒，愤懑抑郁，悉发而为吟咏，辞意悲苦，可歌可泣；遂不数年而薨。菅原氏既亡，朝廷政权，益集于藤原氏。当时文学之士，复多出其门，撰律令者有之，纂国史者有之，善诗歌者有之，位皆为公卿；当虾夷乱时，大将亦出其门；重要官吏，咸出一族，故权势益张。六十二代村上天皇，尝欲立其爱子；藤原关白谓其母非藤原氏女，贱，不得立，以至天皇举动，皆被侦视。六十三代冷泉天皇，尝独入室内，欲玩玉玺，方将启函，司机密文书之藤原兼家突入夺之，声色俱厉；帝惊悸成疾，因迫而让位。是时兼家之兄兼通为太政大臣，求为关白；圆融天皇许之。其家之富厚过于皇室，宅第僭拟宫阙；人民无敢犯者，因为之语曰：“宁投虎口，勿触执政口。”兼家又与其兄争权；会闻其疾甚，扬言于众曰：“吾将为关白。”遽入朝请。车过其兄之第，兼通以为视己也；久之不至，且闻其说，大怒，奋起入朝，请以其所亲信之赖忠代已。复奏兼家谋叛，顾谓公卿曰：“谁代之为大将者？”时兼家方为大将也。无何，病薨。兼家冀握政权，九八六年，诳诱花山天皇为僧，而立其女所生之子怀仁亲王，是为一条天皇，时年七岁，遽授兼家为关白。至其子道长，专戾益甚。三条天皇尝欲册其爱姬为后，惮道长不敢废；道长窥其意，阴欲戏帝，阳诺之。及期，朝臣惧违道长意，无敢至者；天皇大恚，惟含忍而已。道长知其恶已也，意不自安；会天皇有目疾，数讽之去位，遂于一〇一六年剃发为僧。道长立九岁之皇子，是为六十八代后一条天皇。天皇寻立其叔为嗣，时年十四，非道长之所愿也，东宫臣僚，因无敢供职者；太子终托疾去位。当是之时，道长历仕三朝，为关白三十余载，女为三代皇后，身为三帝外祖，极人生之至乐，尝作歌曰：“斯世吾之世兮，若月圆而无缺。”藤原氏之专横，至此极矣。

藤原时代风纪之坏　自藤原氏专政，文官之声誉益高，群聚京都，交游显贵，高谈玄理，竞斗财富，其居室衣服争眩都丽，而宴会节文又极繁琐。后仿中国考试制度，学者借以进身，文人益轻实学。以至当时篇什概趋骈俪，其中多咏山川之奇、花草之荣、风云之变，以及才子佳人离合悲欢；且有斗鸡走狗，借文字为戏谑者；亦有专心管弦丝竹以为娱乐者。流风所煽，成为习俗，莫可究诘。至王公贵族，增置庄园，不纳赋税，其地之大每过于郡邑。朝廷收入，因之减少，国用不足，至于鬻官。四年之郡守，延至六年，六年者至于终身，终身者得以世袭。其事虽可以救一时之穷；然行之日久，则土地变为私产，号令不行于境内，而政府之收入益少。其犹直隶于朝廷管辖者，以赋税增重，人民力不能堪，乃贿长官，求为皇室侍卫。盖当时侍卫例免赋税，因之富民子弟，争集京师矣。但彼等生于安乐，素鄙执戈从戎；虽挂名行伍，惟以赌博饮酒自娱，闻金鼓而心惊，何能一战？驯至盗贼横行，焚大臣之第，掠府库之金，出入禁内，露刃殿上；天皇严敕卫兵巡缉，不能即平，焚掠依然，杀人如故。又此期内，沿海诸郡，盗势初亦甚张，攻破城池，蹂躏人民，以至屡降诏书严备不虞。九三九年，海盗来降，分给田食以安之。其在南海者，命将出征火其舟，余盗溃逃；复使源氏追讨，海盗始渐平定。——源氏者，武人世将重兵者也。

僧徒一变为兵 佛教自与神道融合，信徒骤增，名僧辈出，宗派歧分；因其据膏腴之地，拥富厚之资，非兵不足以防卫，乃开蓄兵练武之渐，向之所谓僧者，一变为兵，武力过盛，终至扰乱。九六八年，寺僧有争田者兴动干戈；朝廷遣使和之，抗不奉诏，天皇无如之何。后僧为官所误伤，遂聚众数百，奉神舆神主，汹涌入京，要挟朝廷，罚之乃已。恶风一启，后凡遇事有不如意者，往往相率效尤。一〇三九年，延历寺僧，闻朝命以僧某为其座主，率不服者三千余人，诣关白第请愿，守门不去。关白窘急，乃招军驱逐，戮其首领。无何，僧徒遂纵火，焚贤阳院以为报复。一〇七二年，天皇出游，诏谕源氏扈从以防备僧徒。尝曰："天下事令人不如意者，山法师……耳。"——山法师者，延历寺僧也。国家当政治窳败祸乱交迫之际，非武力不能御乱，皇室与藤原氏，亦颇招能战之武人为侍，而武人之势渐盛，其始即有平将门之乱。将门原给事于藤原氏，自以有功，求检非违使，不得，怒，据八州以叛。自称新皇，建首都置百官；又招集海盗，引为援助，势大振。朝廷畏之，严闭三关；后乃讨平。当乱之方盛也，罢郡守佩刀剑之禁，武人得为郡守；于是向无地盘之武人，渐有根据地矣，其时九四〇年顷也。

藤原氏之衰落 初，虾夷土人作乱，连年征讨不息，平源二氏，各掌重兵以备之。源氏为五十六代清和天皇之后，居于关东。平氏为五十代桓武天皇之后，居于关西。关西地近京都，战争较少，其族习知礼节，为朝臣所亲。关东逼近虾夷，战争常烈，士固强悍。及一〇五二年，陆奥酋长叛乱，朝廷命源赖义讨之。时敌方盛，赖义率孤军在外，岁遭荒歉，援军不至，战士不免于饥寒；然卒冒矢石，涉风雪，出入于生死之间，历九年而乱平，是为前九年之役。由是大权渐移于武人，而藤原氏之势乃衰。一〇六九年，非藤原氏所出之尊仁皇子，遂得嗣位，是为后三条天皇。方天皇之为太子也，求其从来相传应得之剑，关白弗与，因深恶之。及即位，进用亲臣源师房等以夺藤原氏之权，藤原氏世袭之关白、太政大臣等，其名虽存，但备员而已。天皇又诏禁新置庄园及郡守连任。会关白为郡守某奏请，天皇不许。藤原氏公卿相率罢归，天皇止之不得，始许其请。然今昔相形，斯足见藤原氏之衰矣。天皇在位五年，禅位太子，退居院中以听理政事，是为“院政”之始。

关东武士皆附源氏 源氏坐镇关东，及一〇八八年而出羽酋长又作乱。赖义之子义家，出兵讨之，反为所败；会其弟来自京师，勠力助战，历三年之久而乱始平，是为后三年之役。方乱之始作也，朝廷置若罔闻；迨其平定，义家奏请赏赉有功之战士，而朝议谓其私战，力拒其请。义家乃倾家资以犒将士，将士感恩，咸乐为之战。于是关东武士，皆附于源氏。

君臣父子相杀之局 后三条天皇设立院政之后，嗣君遂视为成例，在位不久，即让位于爱子，而己实握政权。但当时天皇，犹是藤原氏执政时孤立无权之天皇耳。至七十四代鸟羽天皇已让位于子崇德天皇，而己则虽剃发，犹在院听政。忽父子不洽，乃强天皇去位。更立己子近卫天皇。近卫崩，崇德上皇欲立其子，鸟羽法皇不从，又立己子后白河天皇。明年，法皇崩，崇德赴殓，及门，门者称遗诏以拒之。于是上皇大恚，还宫，敕武臣源为义、平忠正入援；而后白河天皇亦托法皇遗旨，招平清盛、源义朝为助以相抗。——清盛，忠正侄；义朝，为义子也。为义进策于崇德及朝臣曰：“兵少城卑，无险据守，请即南狩！战苟不利，可奔关东。”不从。其子为朝又请早攻大内，夜取天皇，奉上皇代之；又不从。既战，义朝因风纵火，众不能御，遂奔。上皇出逃，剃发为僧；清盛以素恶其叔忠正，遂借乱杀之，而义朝亦杀其父为义。斯役也，上自皇室，下及武人，各置党羽，争权夺利，不惜骨肉相残，父子相杀，亦云甚矣！时保元元年，一一五六年也。

源氏被摒于平氏 源义朝之功，在平清盛之上，而天皇及朝臣，鄙其粗暴无礼，论功赏赐，反不及清盛。会义朝求婚于朝臣藤原通宪，通宪鄙之，不许，而为其子娶于清盛，义朝闻之，大怒，隐欲报之。二条天皇即位，藤原氏有谋乱者，引义朝为党；侦清盛远出，乃举兵，幽上皇，迁天皇，使人监之。会其党分裂，天皇逃逸，平氏迎入其第；上皇则遁入寺内。清盛于途中闻变，惧甚。其长子重盛请奉命进讨，从之。时源氏兵在京者少；然平氏卒至，将士素闻源氏能战，见其旌旗，有色动者；重盛勉励之，军心稍安。及战，平氏初败；会源氏矢尽，人马皆伤，卒败走。义朝将之关东，途为其下所杀；关东战士来归者，遂皆散去。义朝之子义平，勇士也，变服入京，谋复父仇；终被擒斩。独义朝之第三子赖朝，为平氏所虏，其将谓之曰："若欲活乎？"曰："然，父兄皆亡，非吾谁祀先祖者？"异之，以告清盛继母；继母固请宥之，乃流赖朝于伊豆。——伊豆僻居远方，其郡守素忠于平氏者也。又义朝有妾曰常磐，美艳绝伦，携幼子三人，远逃南方，隐山林中。清盛求之不获，乃系其母以招之；常磐素孝，闻之乃出。清盛即纳为妾；三子因得不死，置于僧寺。

平氏之贵盛　源氏既衰，清盛独揽政权。一一六六年，六条天皇嗣位，进为太政大臣；增赐采邑，其面积半国内可耕之地。岁入骤多，养兵益众，势力日强。寻劝六条天皇让位于高仓天皇；又效藤原氏故事，进女于宫中。其子尝出猎，途遇摄政大臣，径前突其卫；大臣之从者因曳之下马。清盛怒甚，觇摄政出，使武士毁其车，并伤其从者。后其女之在宫中者有妊，清盛冀其生男，为亲祷于神；既而所生果男也，清盛喜甚。当时平氏一族，为公卿者，十六人，得升殿者，三十余人，其他京官郡守，六十余人；而长子重盛为左将军，次子宗盛为右将军。先是自平氏代藤原氏专政，藤原氏一族，深恶清盛，屡谋恢复，皆谋泄事败。而后白河上皇尚在院听政，尝与其谋会延历寺僧以与兴福寺有隙，遂兴兵戎，火其堂宇。京师流言，有谓上皇诏僧徒讨平氏者；清盛信之，聚兵自卫。上皇亲临其第，将慰谕之，拒而不见。由是朝廷赏罚，一以清盛之喜怒为之。上皇积不能平，乃削发为僧，号称法皇。至是藤原氏有求为大将者，不得，与法皇谋诛平氏，事泄。清盛遣兵收谋己者，将遂幽法皇；其长子极谏，乃止。于是法皇、平氏，益相猜忌。俄而重盛病殁，法皇谋收其兵；清盛遂率兵至京，幽法皇于殿中，而贬戮其亲臣。一一八一年，清盛之女所生之安德天皇嗣位，年方三岁。清盛身为外戚，一时横戾尤甚。

源赖政之举兵及源赖朝之崛起　然清盛专横，谋之者益亟。高仓天皇让位之年，赖政奉以仁王起兵，檄令关东战士征讨平氏。赖政者，固源氏之族，降于平氏者也，时年七十余；素恶清盛贪戾，阴谋除之，因剃发为僧，借交僧徒以为援助。以仁王为高仓天皇之庶兄，忌嫉平氏，故与合谋以举兵。清盛知之，遣兵围攻王第，而王已逃。赖政招延历兴福二寺入援；清盛则以重利啖延历寺僧，使背盟约，沮赖政之谋。于是赖政奉王出奔；平氏之兵追及之，王与赖政皆败死。时兴福寺已聚僧兵三万人，将助赖政；因闻其败而止。自此乱后，清盛益虑法皇朝臣之谋己，又惧京师逼近寺院，僧徒将屡蠢动以扰及政治，决避去之，遂迁都于福原。福原，平氏之别业，重兵所在地也，上可以监视法皇朝臣，下可以防御僧兵叛徒。时宫殿未成，清盛囚法皇于三间之板屋，而夺其侍从，物议沸腾。会大风雨，水入旧都，五谷不登，民无衣食，室家离散。复疾疫流行，死亡相继，旧都一地，两月之间，达四万余人。被此难者，莫不痛心疾首于平氏，以为无故迁都，致招神谴。而平氏自身败亡之征，亦已显著。智勇兼备之重盛，先以忧死；子弟之骄奢者，惟知衣锦食肉；聪明者，日事浮夸之文字，趋于柔弱，不能将兵。于是诸源应檄兴起：赖朝起兵于伊豆；义仲起兵于信浓；行家起兵于尾张；其他据地以应者，不知凡几。赖朝者，义朝第三子也，美丰姿，多才能；既流于伊豆，其守北条时政之长女政子爱之，因私焉；后卒妻之。至是与时政起兵，其弟义经亦来归。义经，常磐幼子，居于僧寺。及年十一，偶见家谱，自知其先世，因发愤读书，夜则学剑。为人短小精悍，固不屑为僧，乃往依素恶平氏之藤原秀衡。义仲，赖朝从弟，精于用兵。行家，

图 4-1 源赖朝

赖朝叔也，勇于战斗。

赖朝定关东 赖朝举兵，先为平氏所败，走免；但关东源氏旧部之来归者众，关东遂定。清盛遣重兵进击，军次川边；夜闻水禽振翼之声，疑为敌至，不战而溃。人心离叛，清盛因奉天皇及法皇还旧都；法皇得再听政。清盛旋以忧愤病卒。既而义仲数败平氏大军；赖朝妒之，用敌党反间，率兵十万来击。然义仲避之，并遣子为质。会平氏又遣兵十万击义仲，拔燧城，分兵前进；义仲大破之，平氏军队之死亡者过半。于是义仲乘胜进击，法皇密幸其军；平氏大恐，奉安德天皇南走西海。义仲遂据京师；其兵皆百战之士，素强悍不知礼，间有劫掠者。法皇恶之，诏令进攻平氏；以粮乏未发，法皇阴诏赖朝除之。时平氏已至西海——西海，平氏旧有恩于其地者也，九州等处之来附者日多，数破义仲军，势大振。义仲之大军在外；而赖朝已遣其弟范赖、义经统兵六万，声称护贡以入京，实以袭义仲。义仲军少，仓卒应战，遂败殁。此役也，义经之战绩为最，赖朝忌之，抑而不报；俄闻朝廷赏之，恶之益甚。寻义经奉法皇谕旨，西征平氏，数败其军。然以平氏有战舰甚多，严守海岸，军不能渡。会大风卒至，波浪汹涌，义经策其无备，夜率舰五、骑百五十人，乘风南渡，舟行如驶，黎明登岸，四出纵火；平氏仓惶不知其众寡，将士惊逃，乃以小舟载美姬幼童重器而遁。义经追击，平氏以重载，舟不便于行驶进退，妇孺惊惧，壮士为之胆寒。其能战者，率战死；清盛之未亡人乃挟安德天皇并玺剑投入海中，平氏遂亡。时一一八五年也。

赖朝杀叔行家弟义经　平氏灭亡以后，义经东归镰仓。——镰仓，赖朝驻兵地也。赖朝谓义经不受已命，拒之不见。义经上书陈情，辞意诚苦，赖朝竟不省，故薄其赏。义经官京师，因与行家相善。——行家，义经叔也，初为平氏所败，求援于赖朝，赖朝弗应；后归义仲，益见恶于赖朝；及义仲败，留京师。赖朝嫉其相结合，隐使人夜入义经第，刺之；不果，刺者被捕获。义经诉于法皇；法皇许下诏讨之。而赖朝已发兵西上，会义经、行家先逃，因遣北条时政护卫京师，且奏请曰："义经、行家出逃，难辄搜获。若发兵捕之，则所费不赀。请得于诸郡设置守护以捕盗贼，庄园则置地头以为督促，天下可不劳而定。"朝廷许之。行家虽号能战，然屡败北，无敢助之者，遂被捕杀。义经之妾静之，被捕送镰仓，赖朝以其有妊留之。其夫人政子闻静之善歌舞，固欲一见，强至再三。静之乃整衣舞，且歌离曲，道慕义经之意，悲哀凄楚；众皆垂泪。已而生男，赖朝沉之于川。义经逃之陆奥，其守藤原秀衡匿之。会秀衡病死，其子奉朝命袭击义经，义经自杀。赖朝固欲灭之，因谓其"久庇罪人"；不待朝命，分兵进讨，数战，平之。于是赖朝之势益盛，幕府之形乃具。

第五篇

中世纪之武人时代（1192—1606）

（一）镰仓幕府（1192—1333）

镰仓幕府之起源 初，赖朝起兵，讨伐平氏，遂据镰仓。——镰仓，源氏之关东旧属地也。赖朝于此，招集将士，分遣士卒，因军事之故，镰仓渐成为重镇。既又以军事繁杂，一人不能总其事，乃分侍所、政务所、讼判所之三所。侍所固以管理将士，检定从违者；政务所，则综理军政，施行法令；讼判所，则听断讼罚，惩节罪人：其所长皆以其亲信者为之。赖朝一人，兼握行政、立法、司法三种大权，幕府自身之雏形已略具。及一一八五年，义经逃亡，赖朝使其舅北条时政，镇守京城以控制朝臣，因请置“守护”“地头”——凡地一段[①]出米五升，以为军饷。法皇许可，赖朝遂悉以家臣分任，而自为总追捕使以管辖之。其明年，赖朝又请设“议奏”，一切朝政，皆经其协议奏请行之，任以心腹十人。由是凡赖朝奏请之事，托议决之名以上奏，无不许可者；其后则虽朝廷施行之事，亦必经其议决，朝廷一举一动，无不在其掌握之中，国内之政权尽归于镰仓。既而赖朝入觐，大宴群臣，穷极珍奇，朝廷授以权大纳言，兼近卫大将，礼遇尤厚。然未几即辞去，复归镰仓。一一九二年，争揽政权之法皇崩；赖朝益横，后鸟羽天皇遂授赖朝以征夷大将军。征夷大将军者，总督诸国之守护地头，治理军政，号令将士者也。由是名实相符，大将军之职，自亲王外，惟源氏任之，遂为幕府之始。

镰仓幕府之成因 赖朝创幕府于镰仓，前已略举其原因，兹更分述之如下：（一）平氏之灭亡，多由清盛与法皇及朝臣争名，卒至互相倾轧，源氏遂乘之崛起。赖朝鉴于往事，故敬朝廷而远之。法皇天皇，拥听政任命之名，而己则手握实权以监理朝政。其辞权大纳言等职而不居者，恐因虚名招人忌妒，蹈平氏覆辙耳。（二）当时朝臣工为吟风弄月之文，贪于声色货利之欲。清盛一族，争为公卿，渐染恶风，遂使子弟孱弱，不能将兵，终至败亡。源氏之军队，来自关东，尚质朴，重然诺，轻生命，好服从，一旦来至浊恶刁诈之京城，难免为习尚所移，不复为源氏子孙用，故决去之。（三）赖朝以武力削除平氏，法皇得再听政，后鸟羽天皇因而嗣位，武人得势，气焰方张，必非毫无建树之朝廷所能驱使。幕府之创设，实为时代之产儿，不得不然也。至幕府云者，由将军招致贤能，专治军政，赏罚将士；其将士因功受邑，治理其地，惟不得与朝廷通。至于朝廷治理庶政，任免文官，天皇仍拥至尊无上之虚名；而幕府大事，尝以上闻，将军固犹是人臣也。赖朝知人善用：其侍所，以和田义盛为长，政务所，以大江广元为长，讼判所，以三善康信为长；守护皆忠勇之将士；地头又多工会计者。凡此幕吏，于平氏专政时代，多居下位；一旦赖朝擢而用之，士类因益激昂，争先来归。其朝臣之属，率庸弱无能，不能有为，政权愈益归于幕府。赖朝复深沉有度，处事精刻；常以节俭率下，将士畏服；又能留心政治，革除弊政，故国内称治，庶民悦服，无有恶其专者。

赖朝多猜忌而独信北条氏　然赖朝性极猜忌，杀从弟义仲，并戮其子；叔父行家出亡，则执而斩之；又杀弟义经，而沉其婴儿。后弟范赖，因赖朝出猎，讹言被刺，尝以语慰其妻政子，又被幽而见杀。于是骨肉亲故之中，凡智勇兼备之将，无一存者。方自谓鸟尽弓藏，永绝争夺，为子孙万世之利；乃不数年忽然长逝，而政权遂归于北条时政。其始赖朝病殁，长子赖家继之，年十八。其母政子，时政女也，富于智略，因党母家，专恣放纵，与闻政事。且以子年幼，不令听政，委政务于十三人之会议；而时政为之长，权势日隆。赖家又学于文士，善诗歌，美姿容，尤工媚术，通于将士之女，人心离散。政子骤戒不从，日形瘠弱。一二〇二年，赖家病笃，时政谋分将军之职权以授其子及弟。赖家之舅知之，与谋讨时政。政子亦以告其父。于是时政攻赖家之子及其舅，皆死，且幽囚将军而立其弟实朝。既而杀赖家，又谋废实朝，事泄被放。其子义时代之，专横益甚；隐嗾赖家之子刺杀实朝，又杀赖家之子，源氏之统遂亡。

北条氏之得势　源氏已绝，政子与义时谋，迎藤原赖经为镰仓之主。

赖经，源氏之姻亲也，年甫二岁；由义时辅政，将军但备位而已。先是后鸟羽上皇以赖朝专横，久有翦灭镰仓之志，隐聚工匠，锻炼刀剑，以待时机。会源氏亡，上皇思复政权，而北条氏不省，以陪臣执国政，数忤朝旨。上皇大怒，诏关东将士讨之。事闻于镰仓；义时会诸将，政子泣涕问曰："故大将军有恩德于关东，固知有今日；今事急，若将赴京师，佑上皇，而灭关东乎？抑勠力同心，念故将军之恩，共保食邑乎？"众皆应曰："愿誓死以报将军。"于是义时遣兵十九万人西上，径犯京师。此役也，父行者子留，子行者父留，关东之将士，人人殊死战。官军不及二万，多新募乌合之众，未尝临阵；虽据守要害，以逸待劳，终不敌百战之精卒。东军鼓行而西，遂长驱入京。诛与谋诸将，迁三上皇（后鸟羽、土御门、顺德）于远岛，仲恭天皇在位仅数月，以其为顺德之子，亦被迫让位，而立后掘河天皇，时年方十岁也，义时之子泰时、弟时房镇守京师，抑制朝廷，统治畿内，巡抚西南，北条氏之势益盛，朝权愈衰。

《贞永式目》 既而泰时继父义时执政。泰时性恭让，能节俭，留心民政，人民悦服；尝制定法纲，防割据之渐，规定武人权利，共五十一条，是为《贞永式目》。其条文毫无序次，且未完备，但详载武人食邑，夫死之后，得分给妻妾；邑主听讼，以迅速为宜，公平为归；严禁将士与朝臣往来而已。又此式目，实根据镰仓幕府以来之制度，不过此时始以明文公布，著为定律耳。其后虽以江户幕府之盛，犹兢兢奉为圭臬。至当时朝廷法律，亦甚严密；甚至货物贵贱，概皆规定；郡守尤谆谆然以留心听讼为箴。

北条氏利用幼年将军 泰时殁后，嗣者皆聪明有为，克勤克俭，尤以时赖为著。时赖专心民政，尝削发为僧，游历诸邦，考察政事，问民疾苦，是以奸吏绝迹，政治清明。此时赖经拥将军之虚名，寻让位于年甫六岁之幼子赖嗣。会赖经预闻袭取时赖之谋，事泄，送之京师；有谋起兵迎复者，亦族诛。将军赖嗣，愤父为北条氏所逐，阴诱将士图恢复。有告之者，时赖悉知其情，乃废赖嗣，奏请以宗尊亲王为帅；朝议许之。皇族之为将军自此始。然未十年，北条氏又逐走将军，而立其子，年甫三岁。自此以后，将军之年长者，皆为北条氏所废逐。其犹存将军之名者，徒以北条氏以陪臣执国政，人心不服，故借将军以售其欺；但年长居职久，将不愿为北条氏利用，因废逐之。立幼之习，遂为定例。

忽必烈欲通日本及镰仓对元之强硬　自唐内乱以来，中日聘报之使皆绝。惟日本僧徒，有至中国诵习佛法，归而为高僧者；中国商船，亦有重载茶叶日用之品至日本者。但日本当时，船工拙甚，其船身狭小，不能涉风涛渡海西来。及至宋季，蒙古崛起于北方，翦灭金夏，蚕食宋边。一二五九年后，忽必烈即位，五年之中，定都燕京；一二六五年，臣服高丽。时高丽君臣，谈经论文，自谓礼仪之邦，颇鄙夷蒙古；久历战争，国用匮乏，兵败乃服。其王遣使者赵彝等入朝。赵彝言于忽必烈曰：“日本可通。”世祖素好武功，久欲征服天下，闻之，大喜。乃命使者会高丽向导至日，诏令内属。使者登舟前进，俄为大风所阻，不至而还者再。遂谕高丽，委以日本之事，期其必得要领。一二六八年，使者与高丽人东渡，先至幕府。将军送之京城，其国书中有云：“大蒙古国皇帝，奉书于日本国王。……以至用兵，夫孰所好？王其图之！”会朝廷庆祝皇寿，置之不答；使者守至六月之久，朝议拒绝，遣使出境。盖日本皇族，自谓至上至尊天照女神之胤，国王向以天皇自尊。蒙古书中，称以“日本国王”，而自谓“蒙古皇帝”，日本承诺，则天皇与臣服蒙古之高丽国王相等，岂其所愿乎？又其时幕府方强盛，将士能战，自不为兵威所慑；而蒙古起于荒漠，未娴礼义，日本自不愿为之臣属。一二六九年，使者又至，东渡对马，日人拒而不纳；乃执二人而还，送之燕京。世祖待之甚厚，示以宫室之高巍，侍从之众多，府库之殷实，以为若此可不战而臣服日本；因诏还之。逾年，复使赵良弼偕高丽使者至日，致书日皇，书中又云：“其或犹豫，以至用兵，夫谁所乐为也？王其图之！”朝议答书，草示镰仓；将军不可，令逐良弼。

北条氏上下一心以备元　明年，日本使者至燕京，中有前此放归之二

图 5-1　蒙古兵来袭

人。其来也，将以侦伺蒙古军队，而为战守之备。世祖已知其情，从许衡之言，示以宽大。于是日人深知蒙古能战之士，皆为骑卒；日本孤立海中，风涛险恶，非大舟不能东渡；而蒙古时无水师，骑兵无所用之；创设海军，尤非旦夕所能；因有所恃而无恐。当是时，日本之高僧，数言“皇天震怒，罪此下民，苟无内乱疾疫，则有外来寇患”。先是，十二世纪之末，日本有寺一万七千，教徒四百七十余万，约占全国人口十分之一。及是，佛寺增至七万二千，信者约三千万人。预言既出，人心惶恐，佥指所谓患者，应在蒙古，举国上下，积极备战。镰仓将军，精选壮士；关东武人，日习武艺；朝臣则削减费用；人民则乐输赋税。盖值北条氏盛时，上下一心，故各事易为。既而良弼又至，皆不报答，世祖震怒，诏高丽造军舰千艘，聚兵四万，贮积军粮，以备东征。国王得诏，上表陈情，极言国用匮乏，不能应命，辞极悲苦。世祖不许，遣使者监工，克期制造。国王不得已，重税人民；民多流离，疾恶蒙古甚于日人。一二七三年，世祖遣兵五千驻于高丽，将征日本。会高丽大饥，军需不敷，其明年，始大举出发，共舟九百艘，载蒙古兵二万五千，韩兵一万五千；舟子九千，皆高丽人也。舟至对马，进攻陷之，屠戮壮丁，污辱妇女，杀及老幼。败报传至，人心益惧，将军乃命全国备战，其故违者，杀之无赦。既闻屠戮之惨，将士益愤，各有战死之心。就军队而言，日本战士，勇猛与蒙古相等；惟无阵法，各手弓矢长戟短刀以御敌。且其时蒙古已有火器；鏖战竟日，日军势败，将退守要害，而援军大至，蒙古兵不能登岸。及夜，日人驶驾小舟，往来攻击。而蒙古兵因高丽水手，谓飓风将至，遂退。此役也，蒙古兵卒，死者一万余人。惟非战败，乃多死于舟破耳。

蒙古兵败之过程　蒙古兵退朝鲜，奏谓大捷，因矢尽退还。世祖信之，以为日本必有所惧，将不战而服；遣杜世忠等，招日本国王往朝；令臣属中国，如高丽例。镰仓辅臣北条时宗执而斩之，悬首于市。全国上下，益节费用；练重兵，聚军粮；且造小舟，轻便灵巧，以备潜攻。世祖闻使者被杀，复诏高丽造舰千艘，练兵二万。蒙古兵在半岛备东征者，数近五万。时蒙古亦已灭宋，世祖因命范文虎于南方召募水军，制造巨舰，其大者驾驶水兵至三百人之多。诏以阿剌罕、范文虎为大将，率兵十万，征讨日本。既而阿剌罕病不能行，以阿塔海代之。一二八一年，大军十万，自福建东渡，约会高丽舰队，同时进攻。会途中遇风，南方舰队后期而至。高丽舰队，攻击对马等地；日军数战不利，益征兵于诸郡。时值五月，天气炎热，蒙古兵卒死于舟中者，三千余人，而援兵不至，遂退高丽。既而南方舰队，薄近海岸；日军环岸拒守，凡四十万人，身冒矢石，前仆后继，络绎不绝。元军因不能登岸，百战百胜之骑兵，遂无所用；加以大舰，重载军需，行转不便。入夜则日本岛民，辄驾小舟，往来袭击。蒙古军苦之，因聚众舰，锁以铁索，然进攻益难。俄而飓风卒至，波涛腾空，樯折舵摧，船身漂荡，率触礁石，破碎沉没，大将范文虎等择坚舟先遁，弃士卒不顾。数日风止，兵卒方伐木作筏，为西归计；而日人来袭。余众气沮，力不能战，遂遭屠杀，或俘虏，得生还者三人而已。据生还者言，水兵固不听节制，有逃亡者。世祖愤甚，议更东征；会用兵于南方，群臣又谏，乃止。

蒙古兵败之原因 蒙古自成吉思汗起兵，四出征讨，威及欧洲。迨至世祖，改国号曰元，并吞中国，可谓极盛时代；竟挫于蕞尔之日本。此虽飓风作祟，抑别有故焉，当略述之：（一）蒙古之能战者多为骑兵。骑兵战于广漠之场，可以纵横驰骋；今困于舟中，失其凭依，自无由逞其威武，故虽十万之众，除骑兵外，战斗力甚薄弱。而日军应战者有四十万之众。就人数而言，以一敌四，岂能必胜？况以客军孤立海中，主客之势，既不相如，攻守之利，自相悬绝。（二）蒙古之灭宋也，宋人力战，死者甚众。今其水手乃江南遗民，未忘国耻，岂肯为敌尽力？如《元史》所载："水手总管等，不听节制，辄逃去。"良非虚言。方当出兵之时，世祖召大将语曰："又有一事，朕实忧之，恐卿辈不和耳。"既知不和，而又遣之，宜其败也。（三）蒙古军队，极其残酷，所在焚劫，辱人妻女，一二七四年之战，日人已深衔之矣。今战争不力，则国破家亡，如此惨祸，深印入将士之心，故无不力战者。又值佛教正盛，举国信仰，自上皇以及朝臣，争罗僧徒，日夜祈祷。思想简单之武人，固谓佛助之矣，因有所恃而不恐。（四）高丽为蒙古所威胁，国内空乏，人心未服。世祖诏令造舰，聚兵集粮，又值岁歉，赋税奇重，人民散离，其从征士卒，愿力战乎？就地势而言，高丽日本，仅一水之隔，自昔亲善；一旦伐之，因而战胜，且贻后日之忧。故高丽遣军助战，攻破对马，屡败日军，终托故而返。

战胜蒙古后北条氏之势渐衰 方元兵之来侵也，龟山上皇祷于神宫，祈以身代国难。自朝廷以及民间，无不拜佛，借求援助；各地寺僧，诵经念佛，钟鼓之声，彻夜不绝。迨大风破沉元舰，僧徒谓由祈祷之虔，收为己功；朝廷因赐以土地，日益富盛；镰仓将军，且建筑大寺以答神贶，以至铸造钟像，金铜缺乏。至于将士，效死杀敌，反无赏赐及增加采地。盖战败元兵，非若源氏之灭平氏，可以夺其土地，分赐将士也。但自元使来后，迄于战事之起，战士日习武艺，所费不赀。战胜之后，将军惧元人报复，令兵严防不懈，所耗尤多。其为守护及地头者，益借权势，管治其地，民众怨愤，北条氏之势渐衰。又其辅政者，年少无知，政权因归于师傅家臣。当是时也，日本政治之组织，亦云复矣。将军夺天皇之权，北条氏夺将军之权，北条氏之家臣，又夺其主之权，内部日形分散，又与朝廷争权；天皇朝臣遂共谋之。先是，八十八代后嵯峨天皇，相继立其二子后深草天皇、龟山天皇；因偏爱龟山，诏定永以其后为嗣。及龟山天皇让位其子，后深草上皇不服，诉于北条时宗。时宗利皇族分离，因立其子为储贰。时宗殁后，龟山一支，有以背上皇遗诏切责关东者。北条氏乃调停其间，定两统迭立之议，以十年为互让期；两统嫉恶益甚，朝权日微。北条氏又分藤原氏为五家，令迭为关白以分其势；任罢之权已操于镰仓，欲为摄政者，无不逢迎其意。但久于位者，非镰仓之利，在位遂不能久。于是藤原氏以虽为关白，不能有为，恶镰仓日甚。会北条高时辅政，耽于酒色，畜犬噬人，贿赂公行，听讼不公，将士遂纷纷据邑以叛。

北条氏亡镰仓幕府告终　一三一八年，九十六代后醍醐天皇即位，时年三十有一，慨皇室之衰微，隐谋恢复。会高时失政，天皇阴遣亲臣二人，游历诸郡，审察形势，密诱将士。既而事泄，高时议废帝；天皇赐以誓书，乃止。会皇太子死，天皇欲废两统迭立之议，而立己子；高时固执不可。天皇愤怒，招僧入宫，咒诅镰仓；复命皇子护良为延历寺座主，借交僧徒，隐备战争之用。高时闻之，遣兵径入京城，将废天皇皇子，除公卿与谋者。天皇得信，乘间逸出，至笠置。俄而城陷，为追兵所执。高时迁天皇，使人守之，立皇太子为帝，人心不服。楠木正成起兵于河内；护良亲王亦弃法服，披戎衣，昼伏夜行，匿山谷，践霜雪，起兵据吉野，传檄远近，数高时罪状。高时遣兵袭正成，数为所败；北条氏之无能为，遂昭著于外，四方起兵应护良亲王者日众。于是天皇复乘间逸出，下诏讨高时之罪，各地勤王者，所在皆是，兵势大振。高时之能将足利高氏亦来降，北条氏大惧，奉新主奔镰仓，官军遂收复京师；而新田义贞已起兵关东，进讨高时，自将精兵二万，潜攻镰仓，因风纵火，直入幕府，遂诛北条氏之在镰仓者。时西历一三三三年也。镰仓自赖朝开府，至此告终，凡一百四十一年。

（二）战争时代（1333—1392）

北条氏亡后之乱政 后醍醐天皇，回京之后，先废关白，置左右大臣，辅弼庶政。北条氏采邑，已收为国有，因赐护良亲王等地；又命护良亲王为征夷大将军。遣皇子二人，出镇关东陆奥；除诸将有大功者为守护。又设断决所，议诸将军功。时将士聚于京者数万人，争论不已，旬日之间，定二十余人。天皇谓其失当，诏令覆审；但宽于内侍，虽宫闱嫔妓，亦多有邑。迨军功论定，无地可颁，内敕外议，时有抵牾，往往数人争夺一邑；武人类多失势，嚣然欲动，思复幕府制度。天皇又渐骄奢，耽于宴游，兴作土木，增收地税，发行纸币；贤臣知事不可为，多弃官去。足利高氏者，源氏之后。方义贞之灭北条氏也，高氏亟遣其子收关东军权；事定后朝廷赏赐，复过义贞，且赐以御名曰尊氏，声势日隆。护良亲王忧其为变，数谋诛之；尊氏亦忌亲王威名，密结天皇宠姬，共谋其短。既而诬之谋反，天皇流亲王于镰仓——镰仓，足利氏重兵所在地也。会前将军高时之子有逃亡者，招集余党，侵攻镰仓；足利氏拒战大败，患亲王出逃，遂先杀之。尊氏时在京城，闻镰仓已陷，请自往讨，天皇许之。请为征夷大将军，管领关东，天皇不许。尊氏遂不待诏，潜下关东，击走乱兵；复据镰仓，自为征夷大将军、关东管领，时一三三八年也。尊氏赏赐将士，容纳降卒，武人之郁郁不得志于朝廷者，争来归附。又忌新田义贞，请发兵讨之，并收新田氏在关东之领地以分给将士。义贞上书自辩，天皇命义贞东征；义贞战败，尊氏进据京师。会勤王之师来自陆奥，逐走尊氏，尊氏逃之九州；寻收聚余众，破其地之勤王者，兵势大振，遂率战舰七百余艘来击。尊氏之弟复率步兵二十万会之，京畿震动。于是诸将聚谋；天皇以不从楠木正成迁避夹攻之策，至正成战死。尊氏复入京城，拥立皇子为帝，是为光明天皇。自以无传国重器，不免伪朝之讥，乃佯请降，迎后醍醐还宫，遂幽之，令献传国神器于光明天皇。后醍醐以假者与之，旋乘间逸出，驻于吉野；置百官，建宫室。由是吉野称为南朝而京都平安称为北朝，南北朝争战，凡五十七年。

南北统一　后醍醐天皇不欲偏安一隅，志图恢复；又不谙军略，不知攻守之异势，屡遣大军，攻击平安。尊氏则聚关东重兵于京都，兴筑城堡，严守要害，以逸待劳，出奇制胜。南朝之来攻者，率皆败走；能战之将，若新田义贞，若正成之子正行，相继战殁；其能延旦夕之命者，以北朝内乱故也。当时北朝将士，以争权互讧，不得志者辄降南朝；能得志者复和好如初；兄弟可为仇敌，仇敌可为兄弟，时叛时服，阴谋诡诈，不堪毕书。及尊氏病殁，传至其孙义满，任贤用能，黜奸远佞，除积年颓败之风，政治为之一新。于时南朝益蹙，接受和议，授传国神器于北朝，南北复归统一。时一三九二年也。于此南北分离，战争云起之五十余年中，各地武人，势力渐张。交战之时，兵马所过，村城为墟，农民不得耕种，无所得食，有饿死者。复以交通困难，商业不能发达，强悍之徒，因羡武人，多为战士。其战败者，又流为盗贼，由是中韩之倭寇渐盛。

南北朝之战士变为倭寇　倭寇者，日本亡命之徒，初以图利经商，驾驶小舟，聚于荒岛；其后人数渐多，国家复不能约束，遂事劫掠。适中韩亡命有与之相结者，因知大陆情形，到处骚扰。且以当时明代元兴，江南诸豪，败于太祖，遂与合谋，往来海上，转掠中国沿海诸郡；明廷患之。一三六九年，太祖犹以日军为报复元仇者，特遣使往谕。使者至日，见怀良亲王。王时将起兵，欲得明援，因厚礼使者，命僧来报，附表献物，辞殊恭顺。既而寇仍不已，太祖复遣使往。使者抵京，见将军义满。义满利于通商，又遣僧来报，建文帝且封义满为日本国王。当时明朝以防倭寇之故，于沿海诸郡筑城严备，颇费经营。会日本南北统一，内乱已平，民得安居乐业，义满又奖励通商，数杀海盗，中国之海警暂息。然以用度匮乏，义满因求钱于明，一时明之永乐通宝钱遂流入于日本。——以上之事并涉及室町时代，连带叙述于此。

（三）室町幕府（1338—1573）

足利氏开室町幕府 南北分争之时，尊氏据守京师，南朝进攻，军多败北，平安遂为重兵之地。尊氏因留于此，而遣其子镇守关东，号曰镰仓管领。乱定之后，义满性侈，不欲离繁华之京师，而返于关东朴质之地；其部下将士，又非来自关东一隅；且鉴于北条氏之远据镰仓，仓卒不能应天皇朝臣之阴谋，终至灭亡；故开幕府于平安，上可以抑朝权，下足以威将士，是为室町幕府。室町者，足利氏之第名也；政自此出，因以名之。幕府之组织与镰仓相类，有侍所、政务所、讼判所，令其族四支迭为侍所之长，号曰四职，统御将士。将军之下，有管领一人，总理政事，使其族三支迭任其职，号曰三管领。关东仍管领之旧制；令上杉氏辅助管领，总理军事。上杉氏分为二支，互为执事。义满又遣人镇守九州，讨灭强大不服者，威振西国；将士大恐，恭顺听命，幕府之基础益固。

室町幕府之腐败 义满性好奢侈，经营室町，种植花草，红绿辉映，有“花世界”之称；又建别业，筑高阁，壁柱涂金，结构精美，以至国用不足，欲通商于明，借求重利。故尝奉表称臣，乞赐金钱；明因封以日本国王。其子弟在京者，文绣膏粱，染朝臣论文讲学之习；搜罗书画，争致珍宝，身渐文弱，不知武事。惟与朝臣互通婚姻，善护其地，公卿德之，相处甚善。然其后嗣放纵淫乐，乃至夺人之妻，而杀其夫；岁值歉收，民食不足，而赋税仍无度，上下俱病。将军臣属，管领有三，侍长有四，交迭执政，互相嫉忌，推辞责任，内政日坏。其镰仓管领，先得关东人心，将士有不知室町将军者；既而执事上杉氏复专权。会管领有谋代将军之职者，上杉氏谏，因与有隙，卒至用兵，管领事败而死；关东政权，悉归于上杉一族，九州守将，因与豪族不和，复互相攻击，骚乱不已。而南朝遗臣，以其皇胤不得嗣位，违两统迭立之和约，隐助关东之乱。于是各地将士，势权日张，渐非将军所能制；方将军义政时，幕府益微。

应仁之乱　初，将军义政无子，立弟之为僧者义寻为嗣，命细川胜元辅之。胜元者，掌握重权之管领也。既而义政生子，欲背前约，用其妻谋，托山名宗全（即持丰）辅之。宗全尝管军事，素仇胜元；至是得势，谋逐其党。胜元不服，征兵关东，共十六万人；宗全发西海之兵，共十一万人；皆络绎入京。胜元宗全之宅，在幕府东西，兵列宅前；将军禁其交战，往来和之，终不能成，东西二军，鏖战于京中。东军人众，初战胜利。宗全愤甚，火城内宅第；风助火势，四出蔓延，屋舍殃及者，凡三万余区。会长门之军三万来援，复战大胜。既而宗全胜元相继病殁，两军犹战争不已，后稍散归，乱事渐平。此役也，历十有一年，皇室宫殿、公卿宅邸，多罹于火；书籍珍宝，荡然无存；是为应仁（后土御门年号）之乱。将士归郡，知幕府之无能为也，皆不纳税，据地自主；军事和战，随心所欲，残虐人民，无人敢问；又复重税养兵，兵数骤增，争夺土地，战争继起；乃收朝廷郡邑，夺公卿采地，以至朝臣俸禄皆绝，贫困日甚，每一朝见，衣冠亦相转借。故自一四六五年至一五八五年之间，无让位之天皇。盖武人据地，以兵自恣，对于天皇多敬而远之，若不关已事者；天皇失其威武尊严，天子之位，争者遂少。前谓诸将分据皇邑，皆不纳税，府库因之空虚，无力举行大典。当一四六五年，一〇三代后土御门天皇受禅，以典礼不周，引为恨事。及其崩也，费用不足，尸停暗室，历四十四日之久，始得安葬。其子后柏原嗣位，复不能行即位之礼。越二十年，有僧徒献金一万，始克补行。其后朝廷益穷，墙垣破坏，无资修补；砖瓦碎颓，不蔽风雨；殿前鬻茶，天皇身为肆主，谋什一蝇头之利；又复时赐宸书，借求人民谢礼，暂充日用。至上至尊之天皇，处于此境，亦可哀也。

明代嘉靖年间之倭寇　于此纷扰时期，沿海将士，乃奖励经商，借获厚利。商业最发达者，首推山口。富商日多，幕府将军，尝借其资，豢养战士。借款而后，将军与以权利，听其自主；商民因得养兵自卫，建筑城池，固守险要，借免兵祸，其地遂为全国中之世外桃源，居民日多，学子争集，其势大盛。亡命之徒，动于贸易之利，来至中国，冒险经商，间亦流为海盗。当时明廷，无通商之律、规定税率，无公使办理交涉，无市舶所长划一货价及稽查来船；又不能约束国内奸民，一任滨海牟利之徒，主持其间，货价不一，涨落无定。其欠日人资者，“索之急，则以危言吓之，或以好言绐之”。日人重丧其资，无所控诉，渐有仇视报复之行。会滨海官吏，或绳奸民以法，或托故而夺其资；奸民不服，反与日人相结，袭其衣服，饰其旗帜，往来海岸，转掠诸郡，遂酿成嘉靖年间倭寇之乱。时明承平已久，人不知兵；及闻海警，主其事者，乃招募渔船，以资守望。此等渔兵，远见倭寇旗帜，争先逃匿，寇势益张，登岸劫掠。又明当时陆军，统率无人，军器朽窳，不能一战。倭寇来犯，不过六七十人，遂得蹂躏江浙，祸及福建广东，如入无人之境。幸俞大猷、戚继光严备海防，号令统一，数战破之，而日本内乱渐平，亡命者少，倭寇乃绝。

战略时代割据之局　幕府衰微，地方日乱，豪强攘夺，强凌弱，大并小，战争相继不绝。苟利所在，虽叛上弑父，亦所不羞，史家亦谓之战国时代。其割据者，关东则有北条，上杉，武田，足利诸氏；近畿则有浅井，朝仓，斋藤，织田，德川，今川诸氏；中部则有山名，尼子，大内，毛利诸氏；奥羽则有伊达，苇名，南部，最上诸氏；九州则有菊池，少贰，大友，龙造寺，岛津诸氏；四国则有细川，河野，长曾我部诸氏。群雄之中，以织田信长为最强。织田氏者，平氏裔也，居于尾张。信长年少嗣位，豁达任侠，不修小节。其傅作书自杀以谏；信长警惋自咎，亲理国政；木下藤吉归之。藤吉，农家子也；幼而颖悟，长有大志；尝出仕，甚见亲信；左右嫉之，遂归信长，信长因为改名羽柴秀吉。既而今川氏来击尾张，信长率兵，潜攻其营败之。时今川氏据领三河、骏河、远江之地，威势著于四邻，信长破之，兵势大振。天皇闻其英武，赐以统一天下之密诏。信长逐走斋藤氏而据其地，深结德川家康以为援。先是，德川氏为今川氏所窘，尝纳家康为质；自今川氏败后，家康执政，势日强盛。会京师有乱，将军为其下所杀，其弟义昭来奔；信长礼之，奉以入京，讨平乱者。于是严禁侵掠，人民安堵。朝命以义昭为将军。信长寻还，应将军之请，留羽柴秀吉护守京师。复讨畿内诸将，灭之，威名日盛。将军隐忌其功，将欲除之；事泄，信长逐走义昭，足利氏遂亡。时西历一五七三年也。——室町幕府历二百三十五年而亡。

（四）三雄平乱（1573—1606）

织田信长焚死本能寺　信长意欲统一国内，会关东能战之群雄，相继病殁，信长率家康诸将讨灭武田诸氏，而并其地。东北一隅，遂不足忧，九州四国，相继内附。惟毛利氏据有中部，前将军义昭归之，势甚强盛。信长遣秀吉进击，毛利氏率大军拒战。秀吉请济师，信长征诸国之兵，将亲援之。分兵先发，而自领卫兵百余，趋京师，宿于本能寺。部将明智光秀谋叛，回兵袭寺；信长之从者，守门力战，多死伤；信长自知不免，纵火自焚死。初，信长遇将士无礼，嘲谑嫂骂，习以为常。尝手掖光秀，抱其首曰："好头颅，可以代鼓。"光秀惭愤。既又许其幸臣，数年后可领滋贺。滋贺，光秀邑也。光秀惧罹祸，遂杀信长。然信长豪迈豁达，长于兵略。又知人善用，擢秀吉于仆役之中，将士争归，故所向有功；且于全国鼎沸之日，能尊崇天皇，修复太庙，建设宫殿，还公卿邑地，以此人多称之。

丰臣秀吉为关白　信长之死耗传至，秀吉秘之议和，然后班师，径讨光秀；诸将来会，光秀败死，自举兵以来，仅十有三日耳。秀吉与将士会议，立信长之孙秀信为嗣，年甫三岁；其不服者，秀吉平之。自此而后，信长遗将，威名无出秀吉上者，国内大权，悉归秀吉。既而信长之子信雄，与秀吉积不相能，兵事遂起；家康助之，久无胜负，乃和，罢兵。秀吉因遣兵灭近畿之不服者，权势日隆，遂请为关白。初，秀吉起于微贱，将士鄙之，始附于平氏之裔，继称藤原氏之后，欲为征夷大将军。藤原氏有为之谋者曰：“按据故事，大将军非源氏之后不可。公称藤原氏，宜即为关白。”秀吉问：“何谓关白？”对曰：“位亚天子，统御百官。”秀吉喜甚，故有是请。天皇许之；寻迁太政大臣，赐姓丰臣。秀吉尝招降九州，不服；遣兵二十万伐之，水陆并进，攻拔诸城，将士争降。师还，值已兴工十五年之聚乐城告成，秀吉因大会将士，天皇、上皇、皇子、妃嫔，皆来参与；秀吉率文武扈从。扈从者，新礼也。既行享礼；明日，秀吉盛服而出，侍御座之右，使诸将盟曰：“奉戴皇室，遵从关白。违斯盟者，明神殛之！”天皇留跸五日，奉献供亿之殷，前古无此。时关东北条氏不朝，秀吉讨之，将士景从；东北既平，国内大定，遂有征伐朝鲜之议。

丰臣秀吉用兵朝鲜之对内外原因　自足利氏季世，日本国内，群雄纷扰，与朝鲜之交通中断。秀吉平定群雄，非能收将士采邑，夷为郡县以治理之；不过使暂从命令耳。此等好勇斗狠之武士，逸居无事，易于叛乱；本其求利争地之心，征讨中韩之谋渐萌。当时中国自倭寇乱后，明廷之无能为，昭著于日人耳目。朝鲜既尝为日属，朝贡甚殷，元时反引蒙古入寇；日人虽幸获胜利，仇恨之心，终未尝泯。秀吉自以“梦日而生，凡日光照临之地，概当臣服”。尝大言曰：“征服朝鲜，则中国可服。夫然，则三国为一。”秀吉又惧天主教之势日张，尝毁其礼堂，驱逐其传教徒。然西海将士之信教者甚多，军队强悍，善用枪铳，留在国内，非丰臣氏之利，故遣之远征，可借以杀教势。迨至战争日烈，遣兵众多，教徒虽占少数；但其初志，未尝非欲假手他人而杀之也。一五八七年，秀吉招朝鲜来朝，其王李昖弗应。明年，复遣使往；朝鲜请先惩日本海盗之尝寇其海岸者，而后报聘，使者许之。一五九〇年，韩使来聘；时秀吉从征而归，故不之见。使者俟之五月，始一招见。秀吉倨甚，命人逐之；及船，授之以书，略云：“吾欲假道贵国，直入攻明，施行王化。……秀吉入明之日，其率士卒，来会军营，以为前导。”李昖不答。秀吉再遣使往，终不能屈。秀吉谋于诸将，议决西征。诸藩出兵；近海者出船。诸军来会者，五十万人，战舰数百。命浮田秀家为元帅，小西行长、加藤清正为先锋，率兵十三万人先行。

朝鲜以军备不修而败　一五九二年，行长先渡。行长，天主教徒也。舟抵釜山，即登岸攻城；守将率兵六千人拒之，防守甚严，战斗勇猛。惟时日本与欧洲往来，军中已有火器；韩兵犹持刀戟执弓矢以战，自不能拒猛烈射远之枪铳，遂多战死。会援兵大至，复战又败。行长乘胜追逐，当釜山汉城往来之道，犹有可战可守之五城，守将及兵皆闻风逃遁。盖朝鲜承平已有二百余年之久，自谓礼仪之邦，妄取中国习尚；朝臣记诵经书，空言仁义；农民耕种，只知纳税；政治窳坏；军队虚存。及使者归自日本，李昖知战祸不免，始于釜山京师之间建筑城邑，严守要害，招补军队；大臣犹有恃明而无恐者，工程类多草率。统兵大员，又无军事经验之文人，以之统乌合之众，其能御亲冒矢石之勇将，久历战争之精锐乎？又当时朝鲜自防倭寇以来，船多裹铁，水兵颇能战；日本战舰为诸藩所出，船小而兵杂；李昖不善利用，未先拒之于海，及已登岸，又不能断其供给。四日之后，清正之兵大至。清正，释教徒也。奉佛虔诚，与行长有隙，闻行长大胜，遂兼程前进。

汉城平壤之失陷　败报传至汉城，李昖大惧，命子监国，逃之平壤。行长、清正如入无人之境，率兵进据京城。当时行长耶教一军，惟于汉城未恣屠掠耳。清正自以大功为行长所得，愤甚，纵兵焚劫，杀戮人民，掘及坟墓，俄而率军向东北去。李昖已至平壤，招集败兵，诏令勤王；大军来会，守临津江之北岸，木筏舟船尽集焉。行长追击，北进抵江滨，无舟可济，率军佯退。韩人追击之，遇伏大败；行长尽得其舟，迫近平壤，又为江所阻，不得进攻。行长谋和，使人立于江滨，手无兵器，但高举一木，上有纸，飘荡于空中，示欲通使之意。韩船至，乃遣人议和。行长许还韩京，惟求借道进攻中国。李昖不许，和议复绝。既而韩兵益众，不欲久待，夜半渡江袭日营。然行长有备，以逸待劳，又大败之；遂夺其舟筏北济，进据平壤，获军需辎重无数。李昖逃义州，行长使人追之，不及。清正一军，自攻入东北，获王子二人。其地多高山大泽，森林遍立，因无地图，数迷失道，军粮不足，益纵兵劫掠，焚毁村居，屠杀壮丁，奸淫妇女。朝鲜农民恨之切齿，所在聚集，其斥候向导，零兵散卒，往往被杀。既而海上鏖战，韩人大捷。

明军援朝鲜失利　朝鲜水师统领李舜臣者，战将也。时率水师，严防海岸，焚毁日船。会日舰百艘，运援兵军粮至，李舜臣纵船四击；朝鲜之水兵，善于驾舟，日船短小，重载货物，尽被击沉。初，秀吉将伐朝鲜，谋购涉风涛渡重洋之炮舰于欧人；欧人因事拒之，故有此败。此役也，日人之援兵粮糈皆沉于海，史家有谓此为朝鲜转败为胜之机者。李昖先已告急于明，使者络绎不绝于道，及奔义州，且请内附。神宗鄙日军为小寇，遣祖承训将精兵五千人来援；为日人所要击，败没，承训仅以身免。事闻，神宗设经略使将兵援之。兵部尚书石星素不知兵，又以宁夏辽东方有事，意欲谋和。有沈惟敬者，商家子也，喜冒险，有口辩，尝至日本，与行长有旧，因遣之往。惟敬至平壤，见行长，定休战期五十日，议割朝鲜南方数道，通聘往来，及封秀吉爵等。和未定，神宗已命李如松为大将，帅兵五万援朝鲜。韩人又得暇搜戮奸民，日人骤失耳目，而李如松之大军卒至，亟攻平壤。行长败走，损失甚巨；退至汉城，清正之军始来会。当是时也，朝鲜之水师，严守海岸，日本之援军遂绝，加以资粮空匮，全军之生死，惟系于战，故军心奋勇，人人殊死战。如松因胜轻敌，不甚设备，战复败退。惟朝鲜因明军来援，士气大振，所在蜂起，袭击日人。行长遣将进攻晋州，又不克而还；日军愤甚，屠戮住民，圮毁城池，往往一城之中，惟余少数苦工为其运输者。既而岁歉，劫掠无所得，望和甚殷；明廷亦以如松败故，复遣惟敬议和。

丰臣秀吉受明册封之失望　惟敬再至朝鲜，重赂行长。复至日，谒见秀吉，执礼甚卑，定册封、退兵、还王子二人等约。册封云者，诸将误以为王明也。秀吉喜甚，许之，厚飨惟敬，还王子二人，命行长清正退于釜山。既而明廷诸臣，有谓和议非策者。会秀吉闻诸将攻晋州不克，大怒，命立攻下；俄而城破，竟歼其人民。惟敬复见行长，责其负约；行长以明阳和而隐遣大军对。然秀吉方待惟敬来报，大兴土木，建筑宫殿，穷极壮丽，将以眩使者，且威诸藩。明年，地震，城坏屋颓；明韩之使者皆至。秀吉怒韩无礼，不令王子来谢，不见其使，但见明使者。使者入内，见兵仗甚整，待卫极众，俄而幄启，秀吉盛服出，使者惶伏，捧金印冕服以进。秀吉戴冕披衣，意甚自得；及读册文至“封尔为日本国王”，乃知非王明也，面色骤变，掷冕服于地，且裂册书，曰：“欲王则王，何待尔封哉？苟吾而王，如天皇何？”将诛行长及明使者，诸将谏救而止，即征兵十四万西征。

杨镐败后水师之胜利　方惟敬之议和也，朝鲜诸臣力劾李舜臣；李昖惑之，夺其爵位，贬为水兵，命文官代之。李舜臣素得人心，将士多不服；及日舰载兵西来，统领令逆风拒战，遂大败逃散。日军登岸，立复进攻，数破重城。李昖惶恐，再出奔。时明使已返京，韩人告急，神宗得悉其情，逮捕石星，诏令邢玠、杨镐为将，率大兵往援。杨镐将明韩之兵数十万人，攻清正，围之蔚山。清正坚守，杨镐断其汲道，城中至杀马饮溺。会诸将进援，绕出杨镐军后，明军仓皇退走；日军追击，又大破之，兵多逃散。将士报功，各献俘馘，秀吉命埋之，封以为“耳冢”。自水师败后，李昖复起李舜臣为统领，收集余舰，邢玠知非水兵不能平乱，募江南水兵助之，势稍复振，屡毁日舰，日军虽胜，因不敢前进。既而秀吉病殁，将士罢归，李舜臣追击，俘获甚多，时西历一五九九年也。

朝鲜人深恨日人及中国援韩之不得已　秀吉之用兵，受祸最深者，厥惟朝鲜。土地荒芜，人民流离，屋舍焚圮，死亡枕藉，凡七年之久。受其害者，深恨日人，渐成为历史上之习惯，牢不可破。秀吉悉国内之师，竭府库之力，不能越朝鲜一步，进攻中国；又不能得尺寸之地；其所得者，韩人之疾首痛心深恶日人而已。又此役也，将士携书籍良工归者甚众，书籍开日后江户文学之渐，良工筑日本工艺之基；但其代价，亦云奢矣。明廷援韩，丧师数十万人，糜饷数百万金，扰及全国，府库为虚，其为朝鲜，抑为中国耶？设使不援朝鲜，坐视其被并吞，中国之损失，或不止此。自此战后，韩人甚为寒心，畏日殊甚。及德川家康执政，遣使至韩，招令入聘。国王以告明，求将练兵，明廷不许。既而又以告，朝议听其自主，于是复聘于日。

丰臣秀吉在行政上之设施　秀吉起自微贱，善于将兵，平定诸藩，仕至太政大臣；又能尊崇皇室，修筑宫殿，复公卿采邑；更清量田地，除积年私产隐瞒之弊，规定赋率，占收入三分之二，成所谓"官二民一"之制。此种赋税，自今视之，甚为烦重；惟前于此时，毫无定额，收取多寡，惟上所欲，视此固有异耳。秀吉尝整齐圜法，开采金银诸矿，制造货币，民皆称便。又虑诸藩专横，颁新令六条，禁其私自嫁娶，结盟树党，私自战斗，多蓄侍姬等，非无所见也。方秀吉之病，置大老五人、中老三人、奉行五人，政务决于大老，琐事断于奉行；若大老奉行不协，由中老和之。命前田利家辅其子秀赖，时年七岁。秀吉已逝，家康专权，其势日盛，遂开江户幕府之基。

【注】

①三百步为一段。

第六篇　耶教在日本之盛衰

（1549—1638）

葡船漂至太隅之种子岛 欧洲自文艺复兴，以回教国强盛，据欧亚二洲交通之地，欧人不得东来，乃争觅新途以径达远东。其时航术日精，富于冒险性之西班牙人、葡萄牙人，各欲先至所谓黄金世界之亚洲。有哥伦布者，信地球圆形，可以西航而东达印度、中国等地。[①]由西班牙之女王助之，遂航海而西，发见美洲。同时葡人又绕道非洲，东至印度，以渐达南洋群岛，寻与中国贸易。一五四二年，有葡船将往中国，途中遇风，漂至大隅之种子岛。其中三人，一为华人，二为葡商，言语不通。华人以手画沙，道其漂至。岛民聚观，待之甚厚。葡人因献枪，答谢藩主；藩主约与贸易。葡船寻还，述其所遇，发见日本之消息，遂传遍欧洲。欧人谓其地多黄金，来者立富；商人争至。时值日本足利氏衰弱时代，群雄纷起，据地自主，日谋扩张兵额，征服四邻。惟战胜者，非徒兵队之众，且恃武器之精，金钱之多。若与欧人贸易，可以兼数者而有之。盖欧人前来，常售其猛烈远射之枪；其购买货物，藩主可以致富，富则有余资可以养兵。故欧人至者，所在欢迎，待遇甚周。日人渐得制枪之术，以枪为军器，流传于各地。且贸易日盛，而耶教遂来。

初传天主教之萨弼 一五四九年，法兰昔思萨弼（Francis Xavier）至鹿儿岛。萨弼者，天主教传教士也。天主教，自路德改革宗教以来，在欧洲之势，日益衰微，热心传教者，乃托天主教国西班牙、葡萄牙之保护，来至远东。萨弼先至南洋群岛；日人有犯罪者，逃至其地，悔罪受洗，略习葡语，因劝萨弼至日。萨弼北渡至鹿儿岛；藩主许其布道，意谓有教徒则有商人也。既而商船果至，教徒日多；寺僧忌嫉，令藩主逐之。萨弼走至平户；其地商业兴盛，藩主甚喜，爱及欧人之来传教者，力保护之。其教徒之在鹿儿岛者，一百五十余人，亦四出传教。萨弼在平户，信徒日增，乃知日人之风尚，“上有好者，下必有甚焉者”。遂欲至京城，见天皇将军，说令信教，步行二月，得至平安。时值大乱之后，人民流离，房屋毁圮，欲见天皇将军，而苦无贡物；传道市上，则言语不明，听者无人。数日之后，复归故地，然益信非上信道则民无从者。于是致书印度总督及教主等，请求财货，得欧钟表，精巧货物，献之藩主。藩主得未曾有，喜甚，力与援助，给以空庙，或逐走僧徒，而以其地赐之。神父时或乘船出游，船上葡人率衣锦绣，执火器；日人羡其豪富，争欲通商，益厚遇神父。神父又多为学者，具有世界常识；日本学者，多从之游。萨弼与僧徒论道，辩论有至五日者，因知日本学术，来自中国，尝谓“耶教能传布于中国，则日本自为教国矣”。萨弼卒于一五五二年，居于日本，时间甚促，信徒至七百六十余人。

藩侯援助天主教及织田信长之摧残佛教　萨弼卒后，其徒承其遗法，四出传道；每雇幼童，使游行街市，高举旗帜，摇铃鸣钟，招市人聚观；天主教之名，渐渍于人心。神父性情，又极和蔼，尝慰抚贫民，设立医院，瘳治疾病，故信者渐多。九州南部诸藩，间有信之者；其战胜皆归功于天主耶稣，益热心传教，至于焚毁佛像，逐戮僧徒。人民有不信者，迫之不改，则诛戮其家，人心惶恐，有惧祸而受洗者。《传教记录》称：“三月之中，受洗者凡二十万人。”斯可见信教之不自由矣。一五七六年，有地名丰后，其藩主信教，遂招家臣，命皆受洗。邻邑有仇天主教者，率兵伐之，其势益张。方天主教之初传入也，僧徒不知其将仇己。萨弼再至京师，高僧有馆之者，且聚集僧徒，听其讲道。及教士得势，排斥佛教，鼓动藩主，据夺其寺，而逐其人，佛教耶教，相恶日甚。其时织田信长素恶僧徒之横，扰及政治，矫将军义昭之命，以书招教士使来京城，赐地建礼堂，名曰永福寺；僧徒请于天皇，敕其改名，乃以南蛮寺称之，谓其来自南方也。僧徒既恶信长，败将有逃之睿山者，信长使僧徒内应，夹攻灭之，僧徒不听；信长遂纵火，焚毁寺堂，执僧徒斩之。信长又与大阪之僧有隙，遣兵往攻，毁本愿寺。又尝招高僧论难，其辞屈不能答者，命褫僧衣，辱而逐之。会有奉天主教之将士叛，使神父招之，遂降；信长尊之益甚。一五八二年，九州将士之信教者，遣使四人，西往罗马，谒教皇。教皇待之甚厚，示以宫室之壮巍，珍宝之多，圣像之威严。时值新旧二教战争之后，教皇方横恣，全欧之地，王侯争权，农奴困若；使者尽悉其情，历八年始归。

对于佛耶二教之社会心理 上已略述耶教兴盛之故，兹再举其他原因，借以明知当时社会之情况。佛教自大化改革后，僧徒拥有雄资强兵，渐忘佛教之真义，不知戒律为何物，往往暴敛资财，纵于酒色，扰及政治。当信长火焚睿山屠戮僧徒之时，人多快之，可见佛教久失人民之信仰。一旦耶教传入，其神父富于服务之精神，能安慰人心，故有弃佛而归之者。就形式而言，巍然礼堂，与佛寺无异；高悬耶教圣母圣徒之像，与佛像无异；礼拜之时，鸣钟歌诗，焚香燃烛，时跪时起，与僧徒之参拜无异。愚民狃于耳目，不生异感。加以诸藩之威迫，神父之和善，信徒数增，所以若此之速。

丰臣秀吉严禁天主教 信长殁后，丰臣秀吉执政。神父有谒见者，秀吉赐以大阪之地一所，为传教之用；且任用教徒，为其亲臣。神父之来大阪者，建筑礼堂，信者颇众。及一五八六年，秀吉征讨九州，知教势强盛，一变故态，立招神父，严加询问，出示禁之；并限传教师于二十日内，概行出国，其不出者，以违命论罪；外船载传教师至者，货物充公。秀吉之所以若此，盖以神父设立学校，赈贫疗疾，谓其“以利诱人，是将有所为也；若今不灭，后必为患”。适其时葡船来至日本，购买幼童，带之远去，鬻以为奴。船中拥挤，幼童至枵腹，疾病无以医治。秀吉疑其以博爱劝人，而不能变国人之心；施药济人，而不能救奴仆之苦；“言不顾行，行不顾言”。因以此事罪之。令出之后，教士会议，遣其愿往中国者数人，借蔽耳目；余多藏于信教之诸藩。秀吉使人至京城大阪圮其礼堂，又遣兵至九州等地毁其教室；兵士得贿，置之不毁。明年，葡使来告，谓非保护教会，则将中止贸易。秀吉惧失贸易之利，复弛其禁。但其心欲杀教徒之势，未尝暂忘，因命教徒中之骁将小西行长，西征朝鲜，其兵教徒也。然弛禁后，信徒骤增，秀吉又闻西班牙教士之欺己，大怒，复严禁耶教。先是，朝见教皇之使者，归自欧洲，日人知欧洲诸国新旧教徒之纷争扰乱，怀疑于耶教者渐多。及是，西班牙之教士在菲律宾者，欲至日本，惟为教皇之命所限，乃冒充聘使，贡献方物。秀吉礼之。教士建礼堂于京城大阪，势力浸盛。秀吉得知，谓“国贼日多”，立命捕获，割其鼻耳，游行市上，寻杀之长崎。长崎，外商会集之地也，教徒尤多。杀之于其地，欲借以警其他之来传教者尔。秀吉严命长崎邑守，尽逐教士，焚毁教堂。但当时教士在日者，一百二十五人，其被逐出者仅七人而已。俄闻秀吉来巡，邑守大惧，乃毁教堂一百三十余所，教士咸潜匿。其明年，秀吉病殁。

德川家康惧日本天主教化　德川家康执政，复弛前禁。西班牙之教士，有远来谒见者，得其许可，建设教堂于江户。教士尝为秀吉所逐者，皆归，四出传道，势又大盛。一六〇〇年，英水手有名魏尔。爱丹斯 Will Adams 者，受雇于荷兰商船，来至日本。时西班牙之海军，已大败于英人，新教之势大盛，以英荷为主。爱丹斯素恶天主教徒，旧教士知其来必相倾轧也，数谋杀之，不成。家康令送之江户，亲自讯问者三。爱丹斯富有口辩，善于应对，悉告以欧洲大势。由是被任为船长，制造巨舰，甚见信从，得赏邑地。荷英商人至者，托其转请通商，家康许之，新教教士来者渐众。向之垄断商业之葡人，一旦因有人与之竞售货物于市场，忌嫉日深，互相倾轧，扰及宗教，辩论甚多。爱丹斯尝告家康曰：“天主教士，包藏祸心，其意颇不测。”家康亦知旧教教皇权力过于国王，天主教徒，率服从教皇之命。苟天主教大盛于日，日本教徒，其服从至高至上为天主使者之教皇耶？抑服从万世一统天照女神之胤耶？时日本政权，已归家康之手，令日人不从其命，非家康所欲也。尤有进者，中世纪政教为一之说，深入神父之心，彼等尝欲干涉政治，借政权为武器，威逼农民，使其奉教。充其所欲，必使日本为一天主教化之国。家康因之乃先杀其权，罢免天主教徒之官于江户者，锢其终身。一六〇六年，家康重申秀吉之禁，教士伪若未闻者，长崎教徒，且举行庆祝大会，游行街市，提灯者万人，为空前之盛典。既而西班牙之船，有来测量日本海岸者，家康益信爱丹斯之言，屡召询问；爱丹斯辄攻击天主教徒，且谓“其势已衰，方见排于英荷诸国”。一六一二年，有教徒谋叛，且求外援，谋泄而败；家康恶之益甚。家康臣属，若加藤清正，佛教徒也。自耶教传入以来，九州僧徒，多遭屠杀，佛寺变为教堂，拜佛者被迫为耶教徒，此固清正等之所深恶者。又自佛教与神道和合之后，信者仍可以祭神祀祖；而教皇神父反之，有禁祀先祖之意。日本神国也，上自天皇，下及庶民，皆自谓神子神孙之遗；一旦骤废祭祀，抛弃报恩追远之义，违反忠君孝亲之说，万世一统之神话，将不能存在，日本之道德观念，将根本破产。当时佛教之势犹盛，天皇朝臣，文学之士，皆读其书；多数人民，虔诚拜佛；其迫为耶教徒者，犹愿归依佛教；僧徒固有报复之心，而家康及其臣，皆谓有严禁耶教之必要矣。一六一三年，又申前禁，而重其罚；然无效果。明年，家康颁布“外人来传道者概皆逐出，毁圮教堂，严禁信教”之令。一时外人来传教者，一百五十六人，或先隐藏逃匿；或托名乘船他往，而复来归；其由家康命船送之他地者，不数月后，又复潜归，隐出布道。

德川秀忠严禁旧教、屠戮教士　自秀吉殁后，其子秀赖年幼，居于大阪，家康妻以孙女，秉理国政。秀赖兴土木，造寺观，穷极奢华，日渐穷困。家康恐其将为后世忧，借事迫之。秀赖遂传檄四方，号召兵队。其因教禁潜匿者，争先来归，城中步骑至六万余人。家康亲率大军讨之，不克，议和罢兵。秀赖寻复招兵；家康令其他徙，不从，复战。家康围秀赖于大阪，秀赖势迫自杀。家康益恶教徒，将重惩之，会病而死。其子秀忠继之，厉行教禁：凡与教士往来，及善遇之者，财产充公，身以焚死；妻子先报者免罪，邻人不告者罪五家。既而荷船劫掠葡船，得其书信，中有致日教徒劝其叛乱，将遣兵舰助之者，以报秀忠。秀忠知有教士潜归，谓非去国贼，终必叛乱，遂有威迫之令。凡教徒形迹可疑者，皆立捕之；惟践踏十字架，及认上帝为恶鬼者，皆赦免。其固执不从者，先以毒刑拷之，皮破血淋，或死后一二小时而复苏。若犹不改，聚之成堆，使父子相对，夫妇相视，朋友相见，绝其饮食，纵火焚死。九州南部，其地教徒，尝毁佛寺，屠戮僧徒，逼人受洗。信道者，多非所愿，受洗之后，不能祭其先祖，犯不孝之大罪，乃疾首痛心于教会。及是，佥谋报复，毁礼堂，碎十字架，焚其偶像及圣经，一以向之对待佛教徒之成法加诸其身。受祸尤烈者，首推长崎。长崎为通商要地，教徒众多，被斩者，身首异处；乃其死时，毫无惧色，若将因是而归天国者。教徒益相奋勉，或于夜间私取一二片断之尸，归而宝存之。奉行知之，使焚尸成灰，投之于海。顾严刑之后，犹有自认为教徒者；奉行知徒杀不足以服人心，乃招教徒至署，和颜说之。始知多数教徒，极其愚蠢，不识教义，仅能口述祷文，及信死于道者入天国而已；以其迷信之深，宁愿一家同死。既而和善之奉行他迁；新任下车，亲出巡搜；凡形迹类教徒者，皆自讯问，若存有圣经十字架及像画关于耶教者，辄置之于死。尝执信教之妇人，褫其衣裤，令裸体匍匐于市，有若犬豕，如此无人道之酷刑，古今未闻也。当时奉行报功，谓一六二六年，长崎有教徒四万；及三年后，无一存者云。

宗教战争杀戮之惨　如此残暴不仁之宗教杀戮，卒以酿成日本前古所无信教不自由之岛原战争。先是，岛原为欧人贸易之市，邑主崇信耶教，人民从之。家康欲除教徒之势，远徙邑主，而代以亲臣。其人鄙吝，不恤下情，赋税苛重，人民流离，复纵兵为虐，民不知命在何时，渐思叛乱。会胥吏验得教徒，遣人捕之；乡民拒捕，复遣兵往。俄闻城中有内应者，仓卒奔还，果获其党。未几，村民大至，城兵逃去；来者益众，至八千人，益田时贞起而应之。时贞者，藩侯也，以信教故，流于其地。至是起兵，民奉为主，焚毁寺观，杀戮僧徒，树十字旗帜，自谓宗教战争；四方教徒之隐匿者，争来归之，势颇盛，数败来兵，进攻重城。败报闻于江户，将军遣兵讨之。教军闻其来也，修岛原故垒，运粟入城，焚城外庐舍，使敌无可凭依。既而诸军来攻，教军据城固守，妇女皆出助战。攻者立于矢石之下，死者相枕藉，终乃败退。及援军至，复不能克。于是诸将集议，有献策者曰："贼为铤而走险之愚民，急不能择，皆殊死战。吾人侮之，所以败也。请筑长围困之。"谋遂定，且请荷兰战舰发炮相助。卒以城中粮竭，被攻破，屠杀男女老幼，凡三万七千余人。此役也，官军十六万人，围攻一城，历一百二日之久，乃陷之，实西历一六三八年也。

历行闭关主义　自此战后，将军以与外人贸易则有教徒，有教徒则危及幕府，遂厉行闭关主义，驱逐欧人及血胤混合者，外人已不许再至，日人亦不得外出；且严禁制造可涉风浪之大舟，凡渡海者死无赦。惟荷人以炮击教徒之故，得通商于长崎之小岛；其来贸易者，亦不得越岛一步，俨然囚徒也。荷人贪于重利，相安无事者，二百余年。荷人而外，其得与日本往来通商者，惟中国朝鲜琉球耳。将军之意，以为若此可以免教徒之害，成子孙万世之业，不知后日之所以覆亡幕府者，乃闭关之结果也。又自岛原战争后，日人谓教徒已悉灭绝。乃一八六〇年，有法教士至日者，偶于一村，见教徒万人，斯足见威武之不能服人，及其上下之相欺矣。

【注】

①传哥伦布首谓地球形圆，殊为错谬。距哥伦布之前一千八百年，亚里斯多德仰观天象，尝谓地球形圆。一二六八年，传教师有名洛基培根 Roger Bacon 者，搜集古文，以证西班牙之海岸与亚洲之东岸相近。哥伦布之功，在其勇猛前进，证明斯说耳。见 Mussly: *American History* Pp. 5

第七篇 江户幕府之极盛时代

（1606—1651）

先是德川氏居于畿内三河；当足利氏季世，为今川氏所窘，纳子家康以为质。及今川氏败，势渐强盛，附于织田信长。信长据近畿，数败敌兵，声势大振，谋入京师以号召四方。适将军之弟义昭以乱来归，信长将欲奉之入京，而上杉、武田、北条诸氏，雄据关东，惧其自东北来袭，乃深结家康，引为援助，以固其圉。后武田氏率兵击家康，家康迎战，信长来援，大破走之；卒共进兵灭武田氏，分其地以赐将士，德川氏之强邻于是始除。及信长死，其子信雄又与家康相善。信雄疑忌秀吉，遣兵讨之，家康遣重兵助战，久无胜负，卒议和罢兵。于是家康纳子为质秀吉收以为养子，数召家康入见。家康后从万人而至。秀吉见之曰："明日见子于聚乐城中，子苟屈意降我，则诸藩心服。"及期，秀吉大会诸将，家康拜跪甚恭，诸将如之；秀吉喜甚，奏以其臣属二人为朝散大夫。时关东北条氏未服，秀吉将兵讨之；北条氏登城严守，乃筑城山上以窥城中。家康从秀吉登山，秀吉俯视而言曰："关东八州，在我目中，取以赐卿。"又曰："卿居于此城乎？"家康稽首而对曰："然。"秀吉曰："自此而东，有地名江户者，襟山带河，地阔土肥，卿宜都此。"家康曰："谨受教。"乱平，秀吉即以其地予之。关东自源氏以来，久历战争，兵马强悍、冠于全国，家康移居其地，势日强大。

家康为征夷大将军　秀吉殁后，家康握国内大权，诸将渐有不服者；会秀赖之傅前田利家病死，益相倾轧。利家，强藩侯也，兵力才能，足敌家康。迨其殁后，家康之势益盛，故诸藩不服，约俟时东西并起，进击江户。家康知其谋，促关东上杉氏入见；上杉氏不从，将兵伐之西海诸藩，因大举兵，托秀赖之命，传檄远近，还讨家康。一时来会者四十余藩，兵凡九万，分途进攻，陷伏见城。城，家康之执政驻在地也，既破，西军势大张，归者益众，达十二万人。家康闻变，留长子以拒关东之兵，而自将西征，凡七万五千余人，分海陆而进，相拒于关原。会天大雾，咫尺不相见，家康遣将进击，西军拒之，抗斗甚力。惟西将士有先通款于江户者，鏖战之时、突出应之，内外夹击，西军大溃；东军追击，斩获三万余人，并捕诛诸将之与战者。乱定，凡遣兵助敌之藩，或削地，或远徙，或遭流废；家康又封功臣，令凡冒丰臣氏者皆复本姓；秀赖之食邑惟余三郡而已。德川氏之势骤盛，天皇命家康为征夷大将军，幕府之治且复见，时一六〇三年也。后二年，其子秀忠率关东精兵西上，过京师，屯于城外。每日行者，约一万人，共十七日而毕，号令严肃，军容雄壮。家康于朝廷疑惧之时，奏辞大将军之职。天皇明知其意，以秀忠为将军；家康则居于骏府，听理政事，世谓之大御所云。

丰臣德川二家之不相容　幕府之形虽具，然有足为德川氏患者，厥为秀吉之子秀赖。先是，秀赖年幼，家康妻以孙女，听其建筑僧寺，耗废财力。关原战后，诸藩怵于家康之威，屈服于其下；其心犹有未忘丰臣氏之遗泽者。家康为将军二年，即让位于其子，亦惧德川氏之威望未孚，一旦不幸，将士复归秀赖耳；久有剪除之之心。及秀赖年长，英锐聪明，类似其父，遗臣有谋恢复丰臣氏事业者，招练兵卒，怀望甚奢。秀赖驻守之地，为大阪名城，其地曾经秀吉招全国之工经营修筑，城高而池深，内聚粮糈，可战可守。家康尝招秀赖入见，其母不欲。加藤清正力谏，且曰：“臣辈以死守郎君，必无患矣。”乃遣之往。既而家康命秀赖增其臣之俸，使贰于己，秀赖臣属，日益倾轧。会秀赖铸大钟，聚藩使庆祝，招僧铭之，以告家康。家康读其文，有“国家安康”之句，怒曰“是断截我名，诅咒我也”。因责问秀赖。秀赖使制铭之僧及使者往谢；家康执僧，拒使者不见，独招尝命秀赖增俸之片桐且元，严诘问之。且元陈谢甚力，家康意终不释。秀赖之母乃使二女往谢，家康故善待之，言不及铭文。既而二女先归，且元追及，进和解之策，二女疑之；归以告其母，秀赖因欲诛且元，且元逃奔。秀赖自知不免，传檄四方，讨伐江户。诸藩亡命及教徒之潜匿者皆来归，凡六万人。家康与子秀忠亦聚诸藩之兵五十万人来攻，水陆并进。然大阪诸将议论不一，部下之出战者，概败还，但登城严守，东军围而攻之，久不能下，乃射书城中，曰：“降者有赏。”家康又数使人议和，但约使填其城外周围之池隍。秀赖疑城中有变，又迫于母命，从之。明年，秀赖遣使往谒家康，请粟以赡其臣，家康托故留之，大阪疑惧。家康乃聚兵，召秀赖之使告之曰："闻大阪聚兵；兵多食乏，固其所也。吾当亲往验其事。"因使人商于秀赖，请其他徙。秀赖不从，家康复率师至。秀赖之兵迎战，大败而还。既而复战，东军初败；秀赖将亲出督战，会闻城中谋叛之谣，惊惧不前。于是众心惶惑，后军溃逃，前军不能力战，遂大败走。东军追击之，登城纵火，烟焰蔽空。秀赖与其母，皆自刭死。

《武家法例》 大阪用兵之时，诸藩来助战。城已陷，兵威正盛，家康秀忠乃聚将士，颁布《武家法例》，凡十三条。兹述其大意如下：

（一）文武并重。

（二）节酒禁赌。

（三）诸藩境内，当奉行法律。

（四）杀人犯罪之武士，不许收容。

（五）藩内人民，禁与他藩往来。

（六）修筑城池，须禀报幕府。

（七）邻藩党盟，应立报将军。

（八）藩侯婚娶，不得视为私事。

（九）诸藩有服务江户之义务，并不得无故招聚武士。

（十）衣冠称位，不得僭越以致淆乱。

（十一）私人细民，不得乘车。

（十二）境内武士，概当节俭。

（十三）各地藩侯，当登贤任能。

家康对于列藩之用心 观诸条例，可见家康之用心矣。自室町幕府以来，文墨书籍，概垄断于僧徒；武人多不识字，惟知战斗，以至酿成群雄之扰乱。家康之第一条法令，规定文武并重，并言古时文学为先，武力次之，示轻弓马之能，借复读书之习，意使武士日趋羸弱，好勇斗狠之气，消磨于无形中，国家可得无事。其第六七八三条，严禁诸藩相结，虽婚姻细事，亦必报于将军。又联盟者，使邻藩上告，隐开攻讦之端。报告之后，将军可立伐罪。当江户盛时，藩侯无敢相结者；诸藩势散，又不得无故招集战士，何能与统率大军之将军相敌？至其城池，原非将军许可，不得修筑。其修筑者，亦多迎合将军之意，城不使高，池不使深，幕府自易制之。至第五条不许各藩人民往来，贸易无从发达，困守一隅，见闻简陋，恋念家乡之心渐强，愈益不愿远出战争。

《武家法例》颁布之后，朝廷之威权如故。家康之心，犹未餍足，归于京师，朝见天皇，与关白面议《廷式》，凡十七条。议定，由天皇诏可。兹略举其重要者五。

（一）学问为事业之母。不学，不知圣贤之微言，未有能治其国者。

（二）为关白者虽必藤原五家，苟其人无能，犹不可以任关白。

（三）关白在职有能名者，不必拘于迭任之说以逊位。其逊位者，宜固拒之。

（四）养他人子为子者，必其族内之人。

（五）朝廷政事，由关白奏闻；其关于幕府者，由将军之使者上奏。凡违例上奏者，官无大小，位无尊卑，皆贬流之，不稍宽贷。

家康对于朝廷之用心　当时朝臣自改革以来，歌曲咏诗，浸成惯习。故兹首提文学之重要，特申故事，借示尊崇之章。其（二）（三）对关白言，意在登用贤能，然无标准，关白贤能，若何定耶？充类至尽，必至天皇任命关白，将军谓其不才，则不能就职；其依成例而让位者，将军曰贤，则又不能退职。藤原五家中，谋为关白及欲久于其位者，不能不逢迎将军之意，关白一职犹幕吏耳。（四）为专防朝臣养同列之子，或请皇子为嗣，借此以深相结，共谋幕府。北条氏灭亡之原因，可为殷鉴，故禁及之。（五）禁公卿藩侯与天皇通，使不得托皇命以号召于全国。凡奏事者，必经关白或将军之使者之手，自非幕府之意，不能上奏；其所请者，固多许可。将军一人，实握一国之权。

日人心目中之天皇　当是时，天皇果遂无足轻重乎？曰：否，否。将军嗣位，虽由幕府议定，但名义仍为天皇所任命。其他国家大事，重臣升降，尝俟诏可。就日人之心理言之，不过天皇之国，托于其臣治之，天皇固一国之元首也。天皇深居宫中，希见朝臣；所常见者，惟朝臣中之关白及将军之使者。故喜怒不知，赏罚不测，转觉位尊而令严。至遇大典，众臣侍立，礼仪严肃，望之殆如天神。又当政治清明之时，功尝归于天皇；偶一失政，人民转多咎幕府，忠于皇族之心，日渐发达。其在朝廷、公卿闲居无事，诵诗读书，谈文说礼，愿为忠臣之思想，日益强固。

家康执政之制度　家康执政，政令出于江户。其地街市狭隘，房屋卑陋，不足以示威国内。家康因令十五藩侯，各助工匠，大修城池，改建街市，庄严邸舍，历六月始成；其宏壮推国内第一。当时幕府之权势大张，惟制度草创，其后乃准完备。将军之下，设大老、中老、小老三职：大老皆将军亲臣，多其族人，外统诸藩，内驭幕吏，治理政事；中老佐之，整理政务；少老复佐之，专治琐事。若遇大事，由三老会议，决定一切。三老任免之权，原操于将军；然其后势盛，将军之英明者，尚能统驭之；其年少无知者，乃反为所制。中老属官，有大目付，小老有目付，皆为幕府耳目，专司监察，报告江户。三老之下，有寺社江户勘定三奉行：寺社奉行，管理神社佛寺，约束僧徒，及关东八州讼事；江户奉行，司江户行政司法警察等事；勘定奉行，掌幕府财政，及直辖地之诉讼。又设所代司于京师，治理民政；置大员于大阪，控制关西。其他重要之地，若长崎、奈良等，均有奉行。于上述重要幕吏而外，又有属吏，共分三级：大吏，小吏，武士。大吏

图 7-1　武士外出执行任务

之数，约二千人，受褊狭之地以为俸禄，幕吏要职皆由此辈充之；下为小吏，数近五千，多有土地；又其下为武士。武士者，战卒也，概为世袭；或受土地，或领月俸，专治武艺，出则战争，入则侍卫。

三亲藩　诸藩共分为三：曰亲藩，内藩，外藩（内藩或作谱代，外藩或作外样）。亲藩者，家康之三子，封于尾张、纪伊、水户，号曰三家；据膏腴之地，拥精强之师，地大人众，过于大藩。若将军无子，例选三藩之子，立一为嗣；遇有大事，幕府当咨询其意；其藩侯尝居幕府要职，辅弼将军。内藩者，其藩主于关原战争之前，臣属家康，率兵助战，共患难之将士也。外藩者，于关原战争以后，惧德川氏之势而服从者也。幕府要职，概以内藩任之。惟以土地大小，收粟多寡，内外二藩，又可分为三等，大藩、中藩、小藩是也。当丰臣氏季世，大藩十八，中藩三十有二，小藩二百十二，共二百六十二藩；及岛原战后，数无大变。内藩凡百七十七，皆近关东；外藩八十四，多在西海。诸藩而外，又有三卿；三卿者，将军之子，不以土地封之，岁赐食粟凡十万石；位与三家相等，辅佐幕府。

诸藩之削弱　诸藩之地大兵强者，于岛原战后，多削邑远徙。藩侯怵于幕府之威，终不敢抗，低首下心，臣服江户。幕府之地，约当全国三分之一；地多膏腴，收入甚丰，足以豢养重兵。其要害之区，皆设有奉行，管治一切；上监诸藩，下治其民。《武家法例》且规定诸藩服役之例；幕府数兴大工，修葺宫殿，建筑城池，皆命诸藩助役。一藩之内，道途桥梁复各以时修理，费用甚多；将军既竭其力，时或碍其农功，故其势渐弱。幕府之治藩侯，概以严肃；家康尝谓“惟公平服人”；子孙即奉为圭臬。其偶一犯罪者，地无大小，藩无内外，皆重督过之；或罪其身，或削其邑，或令远徙。

朝廷之控制　将军监于平氏之败没，北条氏之灭亡，多由于武人与朝廷相结，挟天皇以号召天下，乃修江户平安间往来之途，使便于车马，遍置邮驿，传递消息；苟遇变乱，幕兵立至。又命亲臣保护京城：家康长子之封地在其北，亲藩内藩在其东，幕府战士在其西，亲臣之邑在其西南。朝廷自足利氏季世，县邑、采地，久已并吞于诸藩，府库空匮，大内颓朽。将军乃命诸藩资助以修葺之；复定粟额，输入京师。其后上皇皇子，岁皆有粟，公卿朝臣，资以为生。但合朝廷之输粟，犹不敌逊位将军之费用，而将军借为市恩要挟之具，以抑制京师。

藩内之兵农工商　藩内制度，概仿幕府。武士多有土地，出为侍从，入理国政。其数，大藩常逾万人，小者数百，臣属于藩主，犹藩主之事幕府；封建制度，至是大备。以诸藩费用，出于农夫，农夫耕于藩地，岁纳粟米以充藩库，其地位较高。良工惟善于造剑者，时人重之，其他概被轻视。

商人自禁止通商以来，地位渐低。时人谓其不能生产，专心谋利，不顾信义；商人失其自重之心，益谋厚利，甘居民末。

德川家康之为人 一六一六年，家康病薨。其为人也，深鸷阴刻，善于用兵；既握政权，遂乃抑制朝廷，贫弱外藩。尝诫其子曰："恃才能者，迂拙祖法，辄欲更张，武田上杉诸氏……之亡，皆由于此。……建立新法，务为华饰，是大蠢也。我家法度，多与耆旧议定……切勿变更。"家康殁后，秀忠嗣握政权，朝廷任其子为权大纳言，进其女为妃。后妃生女，立以为嗣，旋即受禅，年方七岁。秀忠身为外戚，权势日隆；德川氏之为公卿者益众。既而秀忠病薨，其子家光继之。家光年少，英明果断，召国内之藩侯于江户，亲谕之曰："昔我祖考，因卿等之力以定天下，特加礼遇。至于家光，居统率之任，事权不一，实非所宜；其各图之。"诸侯逡巡对曰："敢不听命。"于是家光起立，走入内厅，便服箕坐，去其佩刀。然后延诸侯入，赐以佩刀。诸侯拜赐；家光命曰："检刀。"诸侯咸悚息，抽刀寸许，礼毕而退；德川氏之威权大定。家光又命诸藩，建邸于江户，留妻子同居；

图 7-2 德川家康

图 7-3 德川秀忠

图 7-4 德川家光

托达上下之情，定谒见会同之期。由是藩侯居于江户，岁约六月；其藩别置留守一人，佐以参议，总理政事。藩侯往来，侍从众多，贡献方物，所费甚巨。又以其妻子之在江户也，将军得因而制之，率不敢违命。于是江户一城，宅邸相望，市廛遍立，其富甲于全国。

江户初年中国内乱明亡，朝鲜琉球属于中国及日本 江户初年，适中国内乱。当时明主昏弱，群臣党争，阉宦专横，诛戮贤良；赋税苛重，岁复荒歉，民无衣食，流寇遂炽；外则清人崛起，数败明兵；终于流寇入京，怀宗自缢；吴三桂引清兵南下，先定北部；江南诸省，诸皇子争立，为清兵所逼，势渐穷蹙。一六四三年，明水师总兵崔芝遣使请援，家光却之；而郑芝龙又来书乞援。——芝龙者，尝至日本，献药幕府，并娶日妇，生子成功。家光得书，召亲藩及幕吏会议；亲藩主援，中老不可，遂久不决。且闻清兵入闽，乃报明使曰："福州已破，援无及矣。"时中日之贸易甚盛，明难民多有避难东渡者。至于朝鲜，自经家康威迫，又来报聘，且献方物，复为邻友；每遇将军就职，辄来道贺。琉球固尝属日本；及足利氏季世，贡聘皆绝。至家康命萨摩藩侯召之，久而不至；乃遣兵往伐。其王恃险，不为严备。日军登山，五战败之，进击国都，王乃面缚出降。家康因以琉球赐藩侯，其王来朝，由藩侯携之，谒见家康。然朝鲜琉球，固亦明之藩属也。又家光之世，严申海禁，欧人得贸易于日者，惟荷人而已。

刊印书籍，中国学术在日本盛行 其时日本文学渐盛。先是一五九三年，天皇尝命刻字于木，刊印一书，是为日本有活板之始。其法盖仿自中国者，利便远过誊录；由是书籍日多，读者益众。一五九七年，又刊文学医学古史等书，其原本系夺之于朝鲜；朝臣多善其法，因重印《文选》宋诗。当一六一五年、一六一六年之间，僧徒刊印佛经者尤夥，富商羡之，亦印行书籍。盖家康自平乱后，知非文学不足以弱武人，因弛庶民讲学之禁，鼓励藩侯深究文学。有处士藤原惺窝者，长于程朱之学；家康尝加厚礼迎聘，延讲经史；学风渐盛，儒者日众，寻以其徒林信胜为讲官；信胜博学强记，应答如响，剖析不遗；因大信任，进为顾问，时人荣之。至家光承其祖风，建修孔庙，躬亲祭孔。会有献《太平颂》者，时人目为国瑞，学者益多。后中江藤树继起，其人服膺王阳明之学，主“先躬行而后文艺”。民薰其德，多为良善。时明灭亡，学者有东渡者，日人乐与之游。朱舜水之至长崎，水户藩侯厚礼聘之，讲授儒学，于日本学术所补不少。

建筑发达　自朝鲜之役，良工来归，秀吉殁后，遂建筑丰庙，规模宏大，雕刻精巧。其子秀赖又建筑高寺，铸造大钟。家康之殁，秀忠立庙于日光；至家光修改，穷极华丽，令幕吏不得核减其费。又造高塔，采石于山，道路艰难，凿山填谷，至用二万余人，费用不赀。及其成功，刻镂人物，有若生成，气象巍然。江户数有大火，殿宇荡尽，民舍无存，被难者尝至十数万人。然大火之后，罗致工匠，兴工建筑，美术工业，日益进步。故史家称为文艺复盛时代。

第八篇 闭关时代及威逼通商

（1651—1858）

幕府式微原因 一六五一年，将军家光疾薨。子家纲继之，年少庸弱；其辅政诸臣，多家光旧吏，后又相继殁，家纲进用宠臣，威权渐替。会岁数饥，民或饿死；幕府虽时发粟赈之，终不能遍济国内。平安江户又迭遭大火；受祸尤烈者，当推江户。当时死者凡十余万人；公私储蓄，一炬毁尽；灾民无所得食，由幕府施粥，皆以瓦片盛之。其后修筑，令诸藩助工，赋税苛重，生计艰难，民益困苦。于是游士渐多，私自结党，报仇杀人，潜谋不轨。加以地数大震，山崩屋颓；虾夷土人，时复叛乱，用兵不休，生事愈益穷困。家纲尝令二藩凿沟，皆辞以国内匮乏，将军终无如何，幕府于是式微。及将军寝疾，无子，大老有欲援镰仓故事，迎亲王于京师以为嗣者，议久未决；卒谋于亲藩，迎亲藩世子纲吉为嗣，亲藩之为将军自此始。

纲吉戒杀之影响 纲吉性躁急，喜怒无常，左右近臣，偶尔忤旨，辄罹重罪，或杀或流。先是纲吉之生也，其母尝祷于护国寺，故纲吉德僧，赐以大园，崇信佛教。会其子病殁，僧说之曰："人之乏嗣，皆前身多杀之报。今欲来嗣，莫若禁杀。且将军之生在戌，戌，狗年也，宜善事狗。"纲吉以为然，令于国中："凡失犬者，务必获。遇失犬者，须收养；失主寻至，当立还之。"又令曰："自今而后，犬被创不告者，一村同坐。"因使幕吏收犬，多至千头，养之院中，狺狺之声闻数里。性极爱马；禁烧马毛及弃死马于野。又禁畜鸟，笼鸟者概命放之。其后禁益繁密，凡食用品，若豕肉鱼虾，皆不得食；生计穷蹙，食物腾贵，民深恶之，犯罪者众。又宠任佞臣，专恣贪鄙，贿赂公行，判狱不公，以至人心离散，玩视法纪，藩侯私斗，幕吏相杀。然纲吉好学，辟学者为儒官；新建孔庙，规模宏大；亲书其额曰"大成殿"，制十哲七十二贤及先儒神主。尝亲讲《论语》，使诸侯在江户者偕僧侣共听。既而祀孔，将军亲临圣庙；特置祭田，给诸生饩廪；后更讲《周易》，藩侯及臣属侍听者四百余人，每月数次，五年而毕。性又好乐，召乐人作猿猴之戏，号曰猿乐；以乐工百余为侍。市人荣之，竞习猿乐，借求仕进。适国内大饥，饿莩相望，赋税减少，费用不足。将军命停武士月廪，分赐采地；然值荒年，采地不能得粟，武士大困。后大风卒至，坏及屋舍，生活维艰。将军乃命酒户减酿酒之粟，酒价腾贵，私酿益多，公私交困。富士山火喷，鸣声如雷，沙石吹飞，左近田园，皆成不毛之地。及京师大火，大内罹灾；天皇皇子，避于关白之邸，延烧者一万三百余家；损失之数，不可胜算。将军又数兴土木，尝为养子家宣营造别业，令诸藩助役。及成，玲珑工细，遍植花木。因遇夏月，辄择童男女姝丽者三百人，艳服盛妆，披着新衣，作插秧之戏，其费不赀。然幕府贫乏，至无十万金，供将军谒墓日光之行；纲吉悲忧，乃采改铸金钱之议。金夹银铜，银和铜锡，皆半其数，获利如之。寻复铸银币，杂以铅锡；银币重量，不足实价四分之一，色黯如铅。向之良币，或被人民珍藏，或为外商带出；牟利之徒，又私销铸，借获重利。驯至恶币充斥，货价腾贵，商民恶之，隐折其价；幕府严禁，终于无效。

家宣殁后之幕府　纲吉殁后，养子家宣继为将军，停铸杂币，蠲除酒禁，听民肉食，登庸贤能，一时民困稍苏。惜不久病薨；其子继之，年甫四岁，幕府大权，归于幕吏，将军旋亦病殁。自是而后，将军在位者，多属幼少，不永其年；国内大权，迭归宠臣。幕吏鲜久于位，因无经验，政治窳败。惟待藩侯，本其祖法，国内得无战争者，凡二百余年。文学既已兴盛，且奖励孝子，表彰贞节。有华商至者，献《康熙字典》《校唐律疏义》《玉海》《孟子》等书；将军召见，皆重赏之。及江户季年，时而疾疫流行，时而水旱相继，幕府势益衰微。

岛原乱后各国通商之限制　岛原乱后，得与日本贸易者，惟中国、朝鲜、琉球、荷兰四国。贸易岁额，推中国为大。是时日本金价贱甚，携金外出者，获利之多数倍其母。将军囿于贵金之说，病之；因限朝鲜商金额，岁万八千两，清船岁三十艘，荷舶二艘。传命曰："不欲守定额者，速去勿来。"后更限清船为十二，寻减其二；荷减其一；市场僻在长崎。日人之待清人也，较荷人为优；贸易范围，较荷人为宽。盖中日相近，久有往来；人种类似，风尚多同；日人且视中国为礼仪之邦，学术皆其所自来，故甚重之。至朝鲜琉球，国小地狭，货物不多，商额亦少。使者往来，聘报甚殷；二国饥馑，将军尝助以粟，俨然以属国遇之。荷商限于长崎中之小岛，岁纳税金三千；其商船至者，不能与日人直接购卖，惟有娼妓，得官吏许可，接待荷商而垄断其利。荷人虽居处如囚，以嗜利故，甘心受辱。又荷商常献方物；其所献者，多欧洲精巧之品。睹物生感，日人因知有欧洲之物质文明。更值大歉，疾疫流行；荷商租地之医生，从事医治，功效昭著。于是欧洲医学渐为时人所重，将军家宣命生徒，往至其地，习学荷文。学者询知欧洲情况，爰著《西洋纪闻》。其后一二新奇之士，更冒险渡海，游历欧洲；归后著书，详所见闻，警告时人，指摘闭关之谬。但欧洲人士，仍独荷人得至日本；尝有负盛名之荷兰学者，来至小岛，欲著书述其风土，详询日人，日人因有从之学者。荷商后献世界地图，由是幕府大吏，渐知五洲地形。

日俄交涉之始 日本东北邻近俄属西伯利亚。俄自葛寿龄第二 Catherine Ⅱ以来，国势膨胀，战败邻敌，俄帝威权，日益隆厚，愈益逞其野心，奖励军队，远掠亚洲，寸攘尺取，由大陆进至库页以及千岛；利虾夷皮毛之丰，数谋与日通商。当一七九三至一八〇三年间，常有日之渔夫漂流至俄域，俄遣使者还之；船至长崎，因借亲善之名，求通商之实。将军善待其使，而严拒其请。未几，使者又来，申前请；幕议弗许，使者怒甚，驶还库页等地，焚毁民屋，劫掠器械，执其四人而去。寻还所俘，致书于将军曰：“傥执前议，明年大举，以武力解决。”将军得书，命藩兵六千余人往戍虾夷。及期，俄人不至，召还重兵。而俄人又来，遣兵八人登岸，双方言语不通，为戍兵所执。其主事者，乃致书于幕府曰：“往岁侵犯，皆属地无赖所为，大帝亦已罚之；请还被拘者八人，复归于好。”将军归之，厚赐以资粮。其后水户亲藩德川齐昭尝言于中老曰：“虾夷千岛，本我神州之地，俄人傲然据有之。议者乃谓虾夷瘠卤苦寒，此迂腐之论也。……镇抚开拓，实今日之急务。”其时日人盖犹未知注意于北境。一八〇八年，又有英舰一艘，驶入长崎，劫掠民家，强乞粮米，奉行遽命藩兵会击；未至，而英舰已去，奉行惧罪，自杀。将军因下令于诸藩曰：“凡外夷船艘驶近岸者，炮击之。渔夫私在海上与夷人贸易者，概行严禁。”又美舰尝以送日漂民至。明年，复求还美民漂至日者，并请互市。将军但还其漂民，而固拒其请。

闭关政策之不适时势 自欧亚海上交通发达以来，欧洲诸国，日思扩其领土。垄断世界商业。其尤著者，英人自大败西班牙军舰后，势力膨胀，海军强盛；西则益移民于美洲，东则大贸易于印度。法人踵之，互相争雄；迨七年战争终，而法之属地，多归于英。英人在印度者，遂收其主权，统治其地，管理其人。其后法国革命，扰及全欧；拿破仑乘时崛起，破奥残普，用兵四邻，欧洲益乱。卒乃群起攻法，大败拿氏，流之荒岛，乃得相安。自后各国生殖日繁，国势益张，专注其力于殖民、贸易。时值科学大昌，多新发明；轮船火车，安渡重洋，远越荒野；交通进步，消息灵便，五洲各国，关系日密。又值工业革命，利用器械，立大工场，雇用工人，动逾千数，制造之品山积，原料之需要愈多。工业发达之国，势不能不争求市场，如亚洲之地广物博，固白人之所深欲得以有为者也，亚洲诸国，岂能闭关拒之？又如美国，自离英独立而后，欧人以战争岁歉扰乱之故，移居于其地者，数大增进。西部荒野之地，渐次开拓。迨加州之金矿发见，太平洋岸之诸州，日渐发达。轮船往来于香港者益多，其程六千英里。其来中国也，必重载煤，煤多货少，非商人之利；尤非保护贸易之美政府所愿也。故久欲于日本开一二岛屿，为其储煤之地。及鸦片战后，纵横四万里人民以兆计之中国，竟败于远隔重洋之英国少数兵舰，而为城下之盟，缔结《南京条约》，开通商口岸，亚洲黄人种之微弱无能，遂昭著于世界。美国继之，与中国结约，同等享有英国所得之贸易权利；商业发达，船艘骤增，益欲得储煤地于日本海口。尤有进于此者，美自购阿拉斯加于俄，其海多鲸，美人往往借以致富，因而投资于渔业者甚众，白林海峡之鱼艇大增。其水手因风浪漂至虾夷者，多为日人捕获；当时幕府封锁之例甚严，每遭虐待。美国亦尝遣军舰，索归水手之漂至日者。自此而后，每有外人漂至，幕府辄托荷人遣归；荷人时或不欲，苛虐待遇，当不能免。而幕府反于是时严申海禁，其反响乃有陂理 Commodore Perry 之威逼订约。

美使陂理至日　一八五二年，美总统以陂理为使，往通日本。陂理者，本海军中将，尝至中国；故遣之。其国务卿之训令略谓：本于亲善之意，请求日本租以装煤之地，善待水手之漂至其地者；如其所愿，请开通商口岸以便贸易。陂理得训，意殊怏怏。会国务卿有疾，陂理自草训令，上呈海军总长，得其许可。大旨准其自由动作，当船身受击或水手伤亡之时，得还炮自卫。时有以与英舰合作之谋进者；陂理不可，意谓舰多则不易节制，与人合作，或将受其监视，遂率重舰四艘而来。其船之大，炮身之长，皆亚洲人民所未尝见；并载有水兵六百余人。陂理持国书，系其总统致日本天皇者，其中详言交通便易，不可闭关；惟结约通商，互有利益。方陂理之将行也，美政府虑欧人妒嫉，以其使命，遍告欧洲诸国。荷人闻之，先告十二代将军家庆曰："明年，美人来请贸易，固拒其请，将有战事。"及期，陂理舰队驶至浦贺。日人骤见，远出意料之外，目为怪物。其时美舰行驶于波涛之中，进退自如，转动迅速。舰上水手，皆荷利枪，时发空炮，烟蔽近岸，声震如雷；居民闻之，皆大恐惧。奉行诘其来意；译者谓赍国书，议立商约。劝其南至长崎；陂理不许，率舰深入海湾，凡船阻碍之者，皆令撤退，其不从者，谓将炮击。若官吏来见，陂理必询其职位；苟非重臣，拒绝不纳。更测量海湾，扬言于众：将以资他日进战。奉行恐愕不知所为，驰报江户。将军大惊，急令幕吏会议。先是，荷人来报，将军秘之。事起仓卒，众情汹汹，多主备战，尤以德川齐昭为激烈。齐昭，水户藩侯也，尝以擅铸枪弹，设立学校，为幕府所幽。至是，赦免其罪，参与会议，因陈不可和之十事。略举之如下：

（一）国史记载：先祖征讨外夷，未有外夷侵入国内者。如允其请，日本尊严，自是扫地。

（二）蛮夷为耶稣教信徒，许其通商，国禁弛废，必蒙重害。

（三）通商之后，有用之金银铜铁，将皆输出，以易其无用之玻璃等物。

（四）俄英等国，数求通商，皆峻拒之。今许美人，其何以处俄英？

（五）蛮夷外人，始来通商，继而传教，终至扰乱，二百年前尝有其事。中国之鸦片战争，尤其著者。

（六）荷人尝劝吾人渡海经商；今值升平之时，无此需要。

（七）幕府召聚藩兵，武士之来，求杀敌也。如与之和，无乃丧其志欤？

（八）长崎二藩，世监贸易，于此谋和，若其职何？

（九）蛮夷远来，愚民惶恐。今不示威，将难服众。

（十）承平已久，战士惰甚。今苟一战，足励其勇。

幕府之主和　时府库空匮，海防久疏，幕府不能立招大兵，又无兵舰，宾主异势，不如远甚。幕吏略知大势，且得荷书，详言美国声威，心中畏惧，多主和议；将军遂命重臣，迎接陂理。陂理登岸，帅从兵三百，各执利枪，与译者同来；已递国书，进仪物，礼毕而出。将军得书，使人答曰："事大任重，非旦夕可办。以俟明年。"陂理遂期以明春再来，率舰而去。

与陂理订约　陂理去后，幕府以美总统国书及陂理使命，告于诸藩，征其意见。诸藩昧于大势，多数主战。其一二主和者，谓自闭关以来，国无海军，又无巨舰，海防军队，徒有其名，不能一战。俟与夷通商之后，购其枪炮，积极备战，可远逐之。然将军惮于众议，仍设防召兵；于江户左近之地，建筑炮垒；没收僧寺之钟，熔铸枪弹；召集将士，训练战术。于此军备偬忙之际，将军忽得疾而死，其子家定继之。时美兵舰，方驻于琉球，琉球，其储煤地也。陂理举其经过以电告政府；海军总长乃复申“无擅开战”“仅得自卫”之训令。幕府既值丧事，惧陂理复来，因托荷人致书，告以丧事，请缓期；陂理弗许。及期，径率兵舰七艘，迫近内海，重申前请。幕府不得已，遣使迎接；仍命列藩聚兵，严守要害。使者已往，请兵舰退至浦贺，陂理不可。且曰：“如不得请，将径赴江户。”使者知不可说，因与约以横滨为议场。陂理曰：“条约不订，则争端不免。”于是遂议条约。日本自有史以来，未知有所谓条约。幕吏既无订约之经验才能，且怵于美舰之声威，心中疑惧，不知所为，惟陂理之言是从。当时议订条约，凡十二条。略举其要者四端：

（一）开下田函馆为口岸。美人至其地者，得购粮煤。

（二）漂民至者，善待遇之。

（三）美国公使，来驻下田。

（四）最惠国条款。

综上条文，不足称为商约；但开商约之端。其威迫之合理与否，揆之国家主权、通商利益、当时情况，殊难下断语。惟纵无陂理，大势所趋，其不能闭关，可无疑义！

英俄荷法相继订约　陂理携约而归，日本弛废海禁之事，哄传一时。英俄等国，效美成法，皆遣舰来。俄水师提督，帅兵舰数艘，来至长崎，致书幕府，约以三事：（一）修邻好。（二）正疆界。（三）开港互市。将军修书报之，议订条约，开下田函馆长崎为通商口岸。其次，荷人上书，请订条约，且告幕府曰：“俄国素怀野心，侵陵小国。近方与土耳其构兵，英法助土，战争未已。”将军得书，许开下田函馆长崎三港。未几，而英水师提督，复统率舰队，驶近长崎；亦上书幕府，痛诋俄人；并请互市。将军许开三港。迨法人至，亦如之。凡此条约，文极简单，皆载有最惠国条款。最惠国条款云者，凡订约各国，在日本应得之权利，概当平等；若一国享受特殊权利，其他凡订有最惠国条文之国，虽其约文无只字道及此项权利，皆得据约，要求享受。例如陂理所订条约，仅载明开下田函馆为口岸。及俄英约成，开放长崎，美人即得据最惠国之条文，来至长崎通商。当订约之时，日人原不知其含有何种作用。而陂理条约，首载此者，盖国际惯例，订立商约，多载此文，证明其贸易于一国境内，享同等之税率权利，各得自由竞争于市场之中，毫无歧视之意。受之之国。且必以同样之权利予其所与立约之国。惟此条文，仅适用于日本一方面，其条约又非属商约范围，其白人欺黄种之愚借博厚利耶？充其所至，设日本以一岛与俄，订约之国，即执此条文得据他岛；是一国领土，从此可以瓜分，主权何在？

美国驻日领事巴理士续订商约　陂理条约，载明美国得派领事，驻于下田。一八五六年，美总统遂任命巴理士 Townsend Harris 为驻日领事。巴理士，纽约商人也；数来香港等地，以经商失败，复归纽约，熟悉东亚情形。既至，幕府请其回国；美使不从，欲见将军；将军谓条约无接见公使之明文，百方沮之。美使乃重申前请，进呈国书。幕府会议，久不能决，终乃许焉。方美使之在江户也，谆谆然以世界大势，鸦片之害，告知幕吏；并号召生徒，教授经济。幕府信之，美使因百方劝说，议订商约，凡四十一条。兹略举其要者六端：

（一）美总领事驻于江户，领事驻于通商口岸。又领事享有旅行日本国内之自由；美商贸易于通商口岸者，不受日本官吏干涉。

（二）日本遇与欧洲列强交涉困难之时，得请美总统为调人，和解其事，日本政府，可买火器军舰于美国。

（三）开六港为通商口岸。美人至其地者，信教自由，得建礼堂。

（四）关税协定，除酒等而外，输入输出，值百抽五。

（五）治外法权。

（六）最惠国条款。

幕府签约之困难　先是陂理来议约，诸藩多主战者；幕府不听。游士因蜂起，攻诘幕府。及此次约成，议定六十日内，由日本批准；美使仍归于下田。将军之意以为得天皇批准，盈廷异议可以立定，乃放弃其独裁之权，遣使至京，上书天皇，请其批准此约。朝议则以其先未奏报，违背祖法，拒绝其请。将军乃复使重臣，入京奏曰："美使数至，切乞通商；若闭关固拒，恐将取祸。今变更祖法，以非仰天裁，不足以服人心，乞速诏许。"关白传旨报曰："开国通商，国家大事，上对祖宗神明，下关亿兆人心，非可立决；宜采天下诸侯之公议上奏。"报至江户。中老言曰："似此，美使来迫，将如之何？"使者窘甚，多方缘说，利诱关白。关白将改敕文，会朝臣议之；公卿不可，终复拒绝。使者还报，幕府召巴理士告之，请其延期；美使色变，将如京师，亲谒天皇，请其批准，幕府止之。未几，有美舰二艘，俄舰一艘，来至下田，意欲示威。且扬言曰："英法之军舰将至。"幕府大惧。于是巴理士往说之曰："英法联军，攻入北京，威屈中国，乘势将至。今惟签约，纷争之时，我可据约劝谕二国；迟则祸且不测。"将军以为然，遽自签条约。时西历一八五八年也。

条约中日本之失败：协定关税　综上条约，日人丧失权利最甚者，厥为协定税率，治外法权。协定税率者，开港之国，其海关税率与订约之国议定；苟后稍欲增变，必求得其同意，始可实行也。先是，日本税率，苛重不一；外商至者，不知数额，时感困难，美使因以协定说之。荷人先与幕府议约，订税率百分之三五。及巴理士订约，幕吏愿改百分之一二。然巴理士尝以经济教授生徒，其徒固囿于关税减少贸易发达货价低廉收入增多之说，巴理士又以此说之；遂改值百抽五。惟酒纳百分之三五，输入熟货，纳百分之二十，酒与熟货来自英法，故重税之也。其采值百抽五者，以税率若过低，收入太少，不敷支用，斟酌其间，故订此数。事后，俄英诸国，皆援最惠国条文，改订商约，输入输出，皆值百抽五；日货价标准，定于立约之时，数年之后，物价腾贵，或倍于前；实纳税金，乃仅值前之半。苟欲修改以符值百抽五之约，尤必得订约国之同意；其手续繁杂，会议困难，出人意料之外。尤有进于此者，各国输入，多灵巧奢侈之品，世崇朴实之日本，不能以重税课之；其原料输出，不能以税率止之。以至日后工业渐兴，政府谋借税率保护国内之工商，终不可得。关税自主，为一国之神圣主权，乃与外人共之，骄傲之日人，讵甘久困于此？宜其全国人民，莫不痛心疾首于协定关税也。

条约中日本之失败：治外法权　治外法权者，外人在日犯罪为被告者，不受日本法律上之裁判，但照其本国法例，受判于其领事；若与日人交涉处于原告地位，须控之于日本法庭，根据其国内法律，判决于其法官。美使所以请此者，日本当时无法庭法官，刑事民事，断于藩侯幕吏之喜怒；法律未备，刑讯严酷，罪及妻子；狱室卑小，恶气蒸传；胥吏残恶，有似豺狼；号称文明之白人，自不愿受此非人道之审判。又当议约之时，攘斥蛮夷，风行一时，白人固疑判决讼狱，不能得公平待遇；其在日者，为数又希少，幕府固视其讼事为无足轻重。故美使请求，幕府反视为省事之一法，因而与之。其后交通日繁，贸易之数激增，诉讼之事骤多，问题繁杂；一国领事，非法律专家，动于感情，判决间有袒护，或故轻其罚，易激日人不平之心。其实世界强国，皆无治外法权之例，辱国殊甚也。

开设商埠之利害　至于通商口岸，开放之商埠也，外人惟于其地，得建筑房屋，经营商业。至若欧美，外商至者，一国之内，概得购地，建造房屋，开设商店。日本之开国通商，非其上下所愿，欲其仿泰西惯例，势必不能；故惟有劝其开放数港，以资通商。但其为害至猛且烈；且于外人亦有不利焉。盖贸易之地，限于一隅；欲设支店于内地者，非托日人之名，不得置产营业，一旦侦知，罪以违约，虽没收之可也。

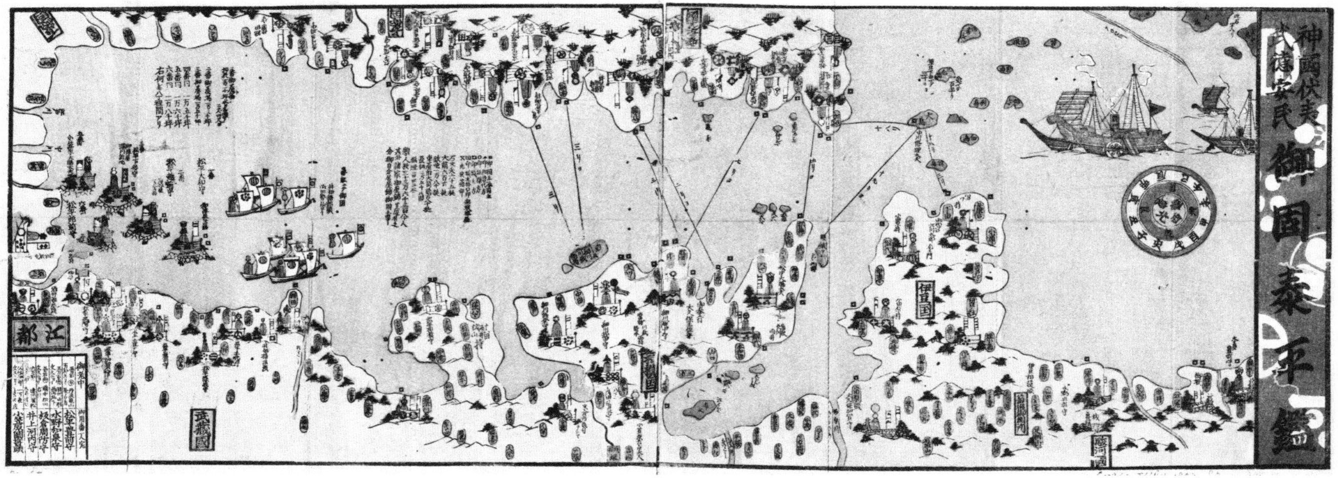

图 8-1　日本海防图　1852 年

闭关时代告终 幕府上奏商约之时，朝臣不知条文苛酷，丧失权利，徒守祖宗闭关之死法以拒之。及将军批准之后，英荷诸国利用最惠国条款，争来改约，共享同等之权利。将军怵于外人之威，一一从之，于是日本二百年来闭关之历史告终。

第九篇 订约通商后之内忧外患

（1858—1867）

日本人对于商约忘理　世以武力称雄之日本，宁斗而死之武士，乃竟未伤一人，未毁一城，自抑自屈，订立有史以来所未曾有之通商条约，与素视为“蛮夷”之欧美诸国为友，破坏二百年之闭关祖法；将军固亦重视其事，征意见于藩侯，上奏议于天皇；诸藩主战，天皇拒约，幕府劫于外力，概不之听，擅自批准商约，开港贸易：此举也，依据日本人之心理，将军实上违皇命，下背公议，故举国若狂，议论纷起，争攘夷狄，幕府成为众矢之的。未几，将军病甚，年少无嗣。众意援立德川齐昭之子庆喜；幕吏会议，久不能决，上奏一百二十一代孝明天皇。天皇报答宜立贤长者，所谓“贤长”，亦隐指庆喜也。先是，大老井伊直弼与美使订约，齐昭素主攘夷，陈不可和之议十事。及闻签约，又曰：“违敕罪大，不可不争。”因至江户，请见将军；将军称疾不见。至是议立嗣，直弼大惧，遂迎立纪伊亲藩之世子家茂；将军病殁，家茂继之。由是幕府大权，概归直弼。直弼之为人也，胆大敢为，稔知世界大势，力主和议；因嫉齐昭及其党与，遽夺其参议幕府及朝政之权，而以己党代之。于是亲藩之不服者，与齐昭相结；国内奋激之士，尊之如神；公卿中主拒约者，咸奉以为主。天皇亦密赐诏，声数幕吏违敕之罪；且命齐昭“协心勠力，翼戴朝廷，扶持幕府，以抗御外侮”。会彗星出见，国内病痢，患者医药无验，朝泻夕死；死者家族皆归罪于幕府无故破坏祖法，以致神谴；怨者日多，党援益众，物议大哗。直弼惧甚，遣人侦之，备悉情实，乃命吏四出，分捕藩士之与乱者，槛送江户，严刑拷问，颇获踪迹；于是大狱遂起，以齐昭诉外事于京师，谋幕嗣于公卿，私请敕命，罪以禁锢终身；又幽亲王，威迫大臣，令削发屏居；被捕之藩士，或斩或流。藩士之对狱也，慷慨激烈，毫不屈服，时人敬之，目为志士。自是人心益奋，隐相聚谋，誓达目的。

井伊直弼被刺　日美商约，载明一年之内，日本使者，往美京华盛顿换约。幕府惮于物议，不敢即遣，商于美使，请得延期。巴理士知其困难，许之。及兴大狱，直弼谓开港通商，属于幕权。一时威令颇震，群众不敢暴动，境内稍安；直弼以为自此而后，可无忧矣。一八六〇年，幕府遣使至美；美人尊为大宾，国会议其费用，多至美金五十万元。日本志士，因益痛心于直弼，隐谋刺之；来集江户者十余人。会大风雪，直弼乘舆，行过市中；忽有数人，乔为奴装，高呼诉冤，疾趋舆侧，从者叱之，不能止。俄而又有数人拥途呼冤；从者惊异，皆往视之。诉者乘间，以刀斫舆丁，舆丁惊逃。从者见状，反奔救护；刺客拒斗，中有一人，走近舆旁，遂斩直弼，皆呼啸散去。旋有四人，自首归死，上书将军，数直弼大罪。内有“当路有司，一洗旧污，大布新政；上奉圣主之敕，下副苍生之望，维持世道，抗御外侮，臣等死而不悔，谨俟鼎镬”云云。幕府大搜其党，皆斩杀之。江户恟惧；将军令兵严守要地以防死士。

日人谓皇妹下嫁为幕府轻侮皇室　直弼被刺后，齐昭亦疾殁；然幕府之威势渐衰，朝臣之隐谋益甚；浪士日多，聚众纷扰。将军大惧，意欲深结朝廷，从幕吏之议，遣女使入宫，请尚皇妹，孝明天皇初固托辞不许；报至幕府，幕吏议废帝，使者又固请不已。值奉行有谏中老者，中老不听，奉行自杀；其遗书述及废帝之谋，辞意壮烈，有“血泪如雨，铁腹如裂，谁不恸哭仆地”云云；一时传诵，闻者皆为流涕。天皇知之，诏许其请。将军喜甚，赐金亲王以及搢绅之家，借固其心。皇妹下嫁，虽有先例，但不数见。浪士因之大愤，谓其轻侮皇族，要挟天皇，谋杀中老安藤信正——信正主请皇妹下嫁者也。明年，有行刺之浪士六人被执，胸怀一书，略谓：信正强请皇妹下配将军，借求敕允通商；万一弗许，将逼让位，并命学者检废帝之例；臣等不忍闻见，誓斩奸贼。将军诛之。

浪士仇杀外人　纷扰既甚，动于义气之武士，多脱籍为浪士。浪士者，无所统属之藩士也。其人周行四方，伸雪恩怨，行如盗贼。既蓄怨于通商，乃欲得外人而甘心焉。于时外人日间行于市者，多受污辱；入夜，浪士辄袭其住所，毁其器具，杀戮其人。一八六一年，有美公使之译员，日暮归家，途为浪士所杀。先于此时，外人被杀者，共有十六人，惟皆商人。及译员被杀案起，英法俄荷公使，以幕府不能保护使馆安全，退出江户，欲俟圆满解决后，方归使馆。独巴理士不去；各国公使，无所借口。美使从容交涉，幕府偿金十万，恤死者之母，其事乃已。明年，浪士十余人，袭击英使馆，卫兵御之，颇有死伤，杀英人二。事闻，幕府立命搜捕其党，不获。英使大怒曰："日本无理，不可喻说。"与法使退至横滨，将以兵至。中老百方谕解，允恤死者之家五十万金，英法并得驻兵于横滨以自捍御；事始得已。抑日本开港，其始虽为威迫，非日人之所愿；定约之后，外人贸易至通商口岸者，根据商约，国家理应保护。公使为一国之代表，其应尊敬尤无疑义。伤及商人，犹涉于个人；扰至使馆，则牵及一国，其问题殊为严重。虽暗杀之谋非幕府所知；但幕府握政府实权，国内治安，不能不完全负责。此役也，幕吏知英势强，因厚恤外人以得无事，然已开驻兵危险之渐。既而水户藩士，有传檄四方以荡灭丑夷号召国内者，诸藩浪士应之，凡二千余人，将袭横滨，屠杀外人；将军令诸藩捕之，事乃暂平。

日人不知欧美金银市价 武士力主攘夷，然不能禁人民购买舶货。商约签定之后，贸易额增，船舶日多。时日本金价，四倍于银；欧美金价，十六倍于银，贩卖者其利四倍，而日本人懵然不知。欧美商人，羡慕其利，重载银来，购买日金，甚至公使官吏，亦逐其利。于是英人耻其官吏受贩金之名，商于美国，意欲禁止。美国务卿许之，令巴理士与英使合作，禁官吏贩金，其弊渐止。然先是时，日金输出，岁月增多，金币减少，人民珍藏，不敷流通，物价腾贵，生活困难。浪士大愤，益痛心于外人。

长萨二藩之崛起 于是物议纷呶，党同伐异，国内汹汹，有瓦解之势；大藩失望，渐自拥兵，图谋富强；中老惊惶，不知所为。长门藩侯毛利庆亲乃说以登庸贤能，改革时敝。——长藩远在西南，地大兵壮，国内之强藩也。但浪士势盛，扰及京师，公卿恐惧。天皇乃命萨摩藩侯驻于平安以镇抚之。——萨摩在九州南隅，又外藩中之大藩也。当藩侯来京时，途遇浪士二百余人，说之曰："近者幕府，凌辱朝廷，结盟丑虏；臣等愤激，意不自禁。知公忠勇；愿公解朝廷厄运，据大阪形势之地，号令诸藩，迎奉天皇，讨伐幕府，攘斥夷狄。”萨侯患其暴发，曲意抚之。旋萨摩浪士在大阪者，愤其姑息，立欲举兵；萨侯谕令稍待，不从，因而奋斗，互有死伤。方乱之起，幕吏惊逃，幕府之无能为，益昭著于外。未几，天皇遣人召将军家茂率诸侯入朝，共决内外事宜。初，将军不至京师谒见天皇者凡二百年。迎立嗣君，定于将军大老中老之议。议定，天皇使人赍诏书任之。将军拥赏罚之权，远驻江户，君临诸藩，抚有人民；若来京师，朝见天皇，跪拜如仪，居于臣位，屈辱殊甚，故非其愿。及至斯时，浪士以尊王相号召，朝廷之声威颇张。使者宣诏，将军许诺。天皇俄命使者传旨于幕府曰：“凡因外事谴累者，宜速释之；死于非命者，亟改礼之。”时幕府已宥齐昭之子庆喜不谏其父之罪，登庸主事，定前主和误国之罚，夺故大老直弼之邑；朝使复至，数敕将军定期攘夷，将军迫于物议，含糊许诺。然幕吏深知欧美商人，挟巨舰重炮之助，非持刀剑之武士所能敌，又不敢战。将军之位，益觉危苦。

诸藩妻子归国后之江户　诸藩争强，浪士蜂起，幕府衰弱，力不能制；《武家法例》，渐至残破无余。初，家光定诸侯妻子，住于江户；诸侯以时朝见，供献方物，将军多厚赐之，习久成例。及至此时，幕府之库空虚，不能尽宴会之欢；事务繁多，又无暇顾此虚仪；藩侯往来，劳碌于途，所费不赀；将军威替，势难赓续。幕府欲结藩侯之心，一八六二年，将军变更祖法，许诸侯妻子就国；改会同之期，亲藩十二年一来谒见，大藩三年，留住百日，小藩一年，留住二百日。令颁，诸藩妻子，尽皆归去。方其在江户也，侍从众多，用度奢侈，商人争集，幕府货税，收入丰厚。及既归藩，侍从多去，奢侈物品，售额减少；居屋半空，无人过问；市廛萧条，税入益枯。而且自诸侯妻子归去以后，幕府失其所挟以驭诸藩之质，大藩无所顾忌，惟其心所欲为；小藩岁朝，留住时久，待遇不平，多怀怨望，共谋幕府。日本学者，故有谓改法之日即为幕府覆亡之日者。又江户势衰，浪士渐希，而京都平安，诸侯常至，人数骤增，故市廛兴盛，工艺发达。

萨藩侍从暴杀外人 先是，萨摩藩侯，应天皇之诏，驻于平安，镇抚浪士。既又来至江户，谒见将军；礼毕而去。日本例俗：官吏出行，平民当避立路傍；俟其过后，始得前进。是时藩侯与其从者，驰骋而前；途遇英商四人，骑于马上，其中之一又妇人也。四人远闻叱呵之声，奇之，欲前以观其异。及从者驰至，谓其阻碍前驱，遂曳下马，刃拳交加，杀死一人，二人重伤，惟妇人先逃。报至使馆，英使大怒。以向之杀戮外人，犹为浪士；今犯罪者乃大藩之侍从。幕府权力统治诸藩，而其臣属，公然仇杀外人，是将破约也。于是英人率兵舰数艘，径逼横滨；来书切责，辞文倨慢，要求苛重；且约期答报。幕议难之，请得延期，议不能定。迨英舰聚集益多，观兵耀威，幕府汹扰，中老至称疾无视事者。乃恤死者之家，金四十五万元。英人怒犹未已，由海军提督率兵舰七艘，驶入鹿儿岛湾，请萨摩藩侯立出罪人，并输偿金。藩议主战，犹故意迁延，密为之备。英人倍忿，猝夺其汽船三艘，兵端遂启。英舰进击，弹如雨注，火及街市；炮台为之毁坏，战士多伤；藩侯大惧，允偿恤金。斯役也，鹿儿岛城被毁。城，日本西南商埠也，居民十八万人；及受重创，民多逃亡。萨藩人士，知其土枪不敌巨炮之猛；忠勇武士，竟败于久练之兵。由是好奇胆大者，远出游历，求增知识，藩主复争购军火，供给军队，采取西法以训练士卒。

长藩攘夷 将军家茂应天皇之召，命其顾问先入平安，预理一切。三月后入朝，献黄金白银。天皇躬临神社，誓言亲征，复将以攘夷刀赐家茂。家茂称疾不出，庆喜扈从，因代受之。定以一八六四年五月十日为攘夷之期；遍告列藩，令各出兵。但亲藩内藩，谓非将军之意，不肯奉诏；外藩亦观望；独长门藩侯毛利庆亲，先于境内沿海要害之地，建筑炮台。及至诏下，有美船一艘，驶往长崎，过赤马关。长门藩士，发炮击之，未伤而逃去。既而法舰荷舰过其下者，皆被炮击，受重伤。英法兵舰，薄近其地，还炮示威，旋亦驶去。美使以炮击商船之故，与幕府交涉，要求偿金；船虽未伤，将军犹如数与之，且许惩罚藩侯。及幕府遣使诘毛利氏擅击外舰之故，长人不服，竟拘留使者。使者俄死；幕府谓其杀之，相恶甚深。值天皇将亲征攘夷，长门将士之在京师者，戎服备装，封锁大内，禁止出入，事将不测。天皇人惧，中止亲征。于是朝臣惊愕；其党于德川者，谓其将挟天子以令四方，肆力诋斥；天皇因诏长军，远离京师，拒其入见。长藩数请废免前禁，诏皆不许。

长军入京之失败 乱后，将军又率诸侯入朝。天皇下诏，一变前旨。略曰："朝臣三条实美等，不察国内大势，矫议亲征。长人忽其主命，炮击夷船，其罪至重。"当是时长人方闻外舰聚集，来报前隙，亦遣使上书曰："尺寸之地，莫非王土；纵夷上岸，天下之辱也。"不报。其西南诸藩党于长门者，皆言宜合全国之力，征讨外舰；又不省。于是长门将士，率兵三百，鼓行而西，将入京师，近畿一时为之震动；幕府命其三日归藩，又弗听。萨摩等藩，乃请进讨。先是，长门炮击外舰；萨藩亦有汽船一艘，于黄昏时，驶过赤马关，戍兵误以为外舰也，发炮击之。弹及船上，火药爆炸，伤死者若干人。后见旗帜，始知为萨舰；乃遣使往告曰："藩舰树贵藩旗帜，将来袭我，已击之矣；敢以此告。"萨侯固悉其情，因深恶之，久欲报复，故有此请。朝议从之。于是将军令长人曰："即撤军归；否则致讨。"长人大怒，扬言："将清君侧。"欲夜袭京师以迎天皇。事闻，公卿诸侯，驰赴京师，闭门严守。昧爽，长人攻门；守兵应战，更出击之；长兵败溃，将士自杀。此役也，京师半毁于火。幕府乃数毛利氏之罪，削其官爵，命大将率二十一藩之兵讨之。

伊藤博文、井上馨游学归国 幕府尝欲讨伐长门，久而不发。各国公使，谋共惩之。伊藤博文，井上馨在英，闻之，遄归。伊藤，井上，固长门藩士也，素有大志。值外人来逼，欲知欧洲情形，因得其主金钱之助，与同志数人，谋于英商，得至英求学，借知欧洲诸国政治修明，人民乐业，工商之发达，国势之隆盛，远过日本。及闻长藩与外人构隙，遂乘轮而归，谒见英使，详道藩人之愚，将归解之。英使嘉其诚恳，特遣军舰，送归长门。是时伊藤，井上，已脱武士刀服，剪发戴帽，着外人装，道路为之侧目。已至，二人说外国形势，论和战利害；藩人闻之大怒，击伤井上，至死而复苏；伊藤隐藏，得免于难。既而英聚兵舰九艘，荷四，法三，美一，薄长门海岸，炮击岸上。藩军还击，抗拒猛烈。但外舰坚强，行驶迅速，弹丸横飞，硝烟蔽海；长门炮火，远不如之，炮台多被毁，死伤者甚众。日暮稍息。明日又战，势渐不支。藩人始信伊藤井上之言，遣井上等为使乞和。使者谢罪，许不启衅，外舰乃退。公使复开会议，索军费三百万元。美法荷船，尝受炮击，各得十万，为修补损伤之费，余款均分。此战也，公使自聚兵舰，擅击长藩，与幕府初无交涉；军费则令幕府偿之，岂得谓平？战后，英伯爵罗素来至日本，谓其公使曰："英国政府，不愿以武力侵犯日本，伤及幕府诸侯。虽以微弱之海军击之，概当惋惜。兵舰仅可用于困急时以自防耳。"三覆斯言，此次用兵，其侵犯日本主权，无可讳言；索偿军费，尤为无理。又如美船，先未受伤，已得赔款，何由更受十万金？一八八三年，美国会议退还日本七十八万元，斯可见欧美诸国当时之奢求无餍矣。

长藩内部二党之消长　幕府下讨长门令。后三月，由征西大将率士卒一万七千，发自京师。时长门战士，非仅武士；躯干强壮之农民，亦有入伍者。号令严明，训练整齐，复建筑城垒，购买火器，兵势大振。及东军来伐，藩内之议论不一，遂分二党。其一欲婴守城池，抗拒东军；其一主恭顺幕府，悔罪乞和。卒之恭顺党胜，藩侯毛利父子，屏居寺院，毁藩内寨栅，尽撤守兵，诛戮藩吏之谋抗幕府者，以示悔罪恐惧之意，因遣使者报之征西大将。大将命止攻击，约令毁城交犯谢罪；使者许诺。大将奏谓长人伏罪，遂班师。师已退，主战党复盛，号召于藩内曰："俗吏托名恭顺，导敌毁城，侮辱藩侯。举兵诛罪，今其时矣。"于是将士之欲战者，争集附之；败恭顺党而握藩政。

讨长声中之开港问题　变闻，幕府议决将军亲征。家茂令于国内曰：

"长藩毛利氏怙恶不悛，予当奉诏亲征，沿途诸藩，其各整众俟命。"俄而家茂入京，请下诏讨伐；朝议许之。家茂来至大阪，收聚兵粮。会英、美、法、俄、荷聚兵舰八艘，驰人兵库（神户）海湾，请开其地为口岸；且曰："苟不速决，将之京师。"幕府力不能拒。且讨长之兵已发，事务纷繁，内外交迫，家茂大惧，因称疾辞职，欲使庆喜继为将军，上表奏请，并乞开港；遂退回伏见，将俟朝命东归。人心惶恐，不知所为。于是庆喜闻之，单骑来谏，因悉其情，交章上奏，请批准条约。天皇窘甚，诏家茂力疾视事，惟不许开放兵库。家茂因奉诏，数长门八罪，率军西讨。忽萨藩上奏曰："讨伐长门，师出无名；征索兵赋，不能从命。"幕府之主张，复大受打击。先是，京师变乱，萨兵力攻长人，多获其良。既而谋覆幕府，慨然变计，遂善视长藩之俘，礼而还之。萨之参议西乡隆盛，更密遣使者，通好长门。隆盛，萨藩武士也，尝倡攘夷论；幕吏捕急，因自投于海，遇船得救；故益恶幕府，百计倾覆之。于是萨长之怨遂释，故萨不出兵。其党于长门者，皆不应命。

幕府讨长之失败　人心涣散，幕府气夺。将军知不能战，数遣使者，召长门藩侯入见。既而不至，又延其期。且曰："来，则还汝江户留邸之俘。"遣人促之。毛利庆亲但遣使者数人往见；已终不至。幕府无奈，始促兵前进。惟时将军之威严已失，战士之勇气日丧。长藩得暇，招练重兵，建修山垒，购买军械，设备拒战；又数幕府罪状，以激军心。讨伐之师，多自诸藩来者，众心不齐；动于感情之武士，率袒长人。其统领大将，又畏怯无能；将军远在大阪，更不能鼓励士卒。长人则自知败后必受奇辱，人殊死战。及兵相接，长人四散袭击，又熟知地势，据险抗守，辄败东兵。然东兵人众，由四面环攻。长门人士，恐久见围，势将崩败，乃请萨摩藩侯，上哀奏书二，借摇东军之心。东军数败，长人遂乘胜，攻平其邻近小藩之助幕府者。既而东军复大举进攻，又败退，诸侯或引兵自归。将军家茂大惧，令庆喜视师。将发，将军病死。天皇乃下诏罢西征之师，令庆喜继为将军。庆喜遣使喻长人罢兵；长人不许，后乃听命。此役也，幕府竭其财力，聚集兵徒，倍蓰长人，竟不能一胜，威名扫地，诸藩益不受其节制矣。

新开兵库港　庆喜袭职，英、法、美、荷公使来至大阪，贺将军就职，并请开兵库为通商口岸。幕府婉拒，公使请益急。初，长人许和，犹置戍兵于其战服之邻藩。及外交变起，庆喜欲先决兵库问题，然后议长事。西南强藩，上书幕府，以为失缓急之序。庆喜不听，上书天皇，乞许其请。时孝明病崩，朝议先朝不许，不能立决。明治天皇乃下诏，咨询众议。及将军率其臣属及诸藩入朝，萨侯又称疾不至，屡召仍不起。诸藩会议，争论逾月，终许开港。而西南强藩之与议者，皆托疾就国。于是幕府之外患虽去，西南之隐谋益亟。

第十篇　幕府覆亡

强藩劝将军归政 外人请开兵库为通商口岸，将军庆喜上书奏请，情辞迫急；朝廷因咨询公议，召诸侯入朝，西南强藩，多托故不至。既而议决开港，由天皇认可。土佐藩侯山内丰信不服，亟称疾归。及开港令下，令文偶涉强藩，藩侯不服，上书申理，不省，皆归。幕府与强藩之隙于是益深；山内丰信因令其臣上书于将军，略曰："天下政权，宜在朝廷。朝廷设议政局，改革时弊；广立学校，培养人才；训练军团，守卫皇都；与外交涉，则合众公议：凡此数者，苟能采行，斯国势可张，得与万国并立。"他藩继之，上书幕府劝将军归政。时关西大藩，互相连结，共谋幕府，势力强盛。庆喜得书，因大会幕吏列藩，以归政奏文示之，询其意见。亲藩内藩，意多不欲；独萨土二藩之使者同声劝说。既退，庆喜独留二藩之使者，聆其纵论；使者详述归政之利，庆喜意为所动。庆喜之为人也，文弱怯懦，不足有为。其父齐昭，自禁锢后，常以"尊王""大义灭亲"之说教之；庆喜习闻其说，尊王之心素强。及居幕府，备悉府库空匮，势力衰微，上则朝命迫急，外则强藩嫉恶，下则浪士横行，而外舰时来，重索赔款，威逼开港，内自恐惧，不知所为。故土藩上书，名为陈说；强藩助之，无异威胁。将军内无所恃，终于屈从矣。

幕府告终 庆喜归政之意既决，一八六七年十月十四日具疏上奏。其时朝臣分为二党：一党幕府，谋沮归政，以关白为首；一主即许其请。天皇下其事于公卿；公卿会议，萨土诸藩之使者在焉。皆曰："天下之事将定于一，迟疑不断，则失时机。"明日，议决许之；天皇更诏列藩来京，会议新政。诏下，九日后，庆喜上表，辞征夷大将军。逾月，强藩来京，多仇幕府者，会议于小御所，赦长门之罪，许其侯入京，复前此仇幕各藩士之官。十二月九日，天皇诏废摄政、关白、征夷大将军、议奏、传奏、守护等职。俄下谕曰："自今而后，大小政令，皆从天下公议，裁于圣心。"幕府于是告终。

幕府覆亡之原因 幕府基于源氏，历北条氏足利氏而至德川氏，制度大备；前后六百余年。一旦倾覆，其故繁多，前略举其一二，兹述其他原因如下：

一、奢靡穷困　江户幕府，自中叶而后，将军多年幼者，无知无能；大权归于大老中老，幕吏贪利受赂。德川氏之子孙在江户者，穷极奢侈，衣服器皿，日趋精巧；美术工艺，大为发达；歌舞盛行，风俗颓败；将军虽数禁之，迄不能改。历代将军又多好学之人，鼓倡文学，致其子弟专好读书，怠于武事，渐流怯弱。甚至武士组织学会，讲经说道；世受俸禄之战士，好勇斗狠之气，一变而为崇尚礼义，不胜文弱。后值岁歉，人民死亡，国用不足，将军纲吉尝至涕泣，以其统治一国竟无十万金充谒日光寺之费。于是幕吏进策，鼓铸恶币，充斥市场。既复良币，幕府益困；乃更发行纸币。又因幕府以欠藩侯之款，许其自印纸币，他藩见而效尤。票类淆乱，价值不一，有金票、银票、铜票、钱票等各种之异；沿及季世，纸币流通者，多至一千六百余种。于是生活艰难，贸易阻滞。幕府欲节宴会之费，改诸侯谒见之期，听其为质之妻子归国；强藩遂无顾忌，后虽招之，每不肯至。幕府久困，政令不行，崩亡之势，自不能免。

二、神道教及忠君说之盛　幕府初建，家康阳尊皇室，借服诸藩之心；一方则藩侯禁与朝廷往来，定为律例。适升平之世，国内无事，藩侯以读书自娱，其勇敢不驯之气渐已消磨。至纲吉又讲说《周易》，身为提倡。时值中国明亡清兴，明臣之不服者，若朱舜水等，遁之日本。舜水抵长崎，水户藩侯敬其为人，礼聘至藩，亲执弟子之礼。舜水讲宋儒尊君之学，申王霸之辩，弟子甚多。藩侯化于其教，修理毁陵，建立死王事者楠木正成之墓；编《大日本史》，其规模条例，多仿朱子《通鉴纲目》，尊君诛奸，辨明偏正，以尊氏之乱定南朝为正统；由是朝廷对于幕府之关系乃大明显。日本之学者，则藤原惺窝，首倡程朱之学。其徒林道春，博涉群书；复标榜朱子，排斥陆王，攻击道佛；惟于神道，时有袒护。弟子多以躬行实践相励；而神道渐盛，流于怪诞荒谬之说，尤以山鹿素行为甚。山鹿初修朱子之学，后斥宋学，鼓倡神道，著述丰富，详阐武士道之旨。吉田松阴师承其说，流传甚广。日本原以神道立国，天皇托于神胤，神道学者即根据此说，谓“天皇之国，万世一统”；将军非其分而窃之，义极明晰。忠君思想，日益膨胀；刚烈之藩士，遂有攻击幕府者。幕府不知其故，数兴文字之狱，犹复奖励藩士读书，厚赐孝子节妇，忠孝之说，愈益深入人心。及幕府季世，有高山正之者，性好击剑，跋涉山川，倡说大义，鼓舞志士。每至京师，遥望宫殿，辄跪拜曰：“草莽之臣正之。”又尝赴足利尊氏之墓，数其罪恶，慷慨言曰：“何物尊氏！残贼忠良，戕杀皇子，播迁天皇！”且言且鞭，声泪俱下。风声所感，志士奋起；幕府归政之机，渐成熟矣。

三、亲藩之离心　家康封子于要地，成辅车相依之势，号曰亲藩，羽翼将军。及幕府季世，首作难者，乃亲藩水户德川齐昭也。齐昭博学能文，留心政事，深喜西洋战法及医术等，密遣近臣，南至长崎，求其学术。尝为幕府所幽；后复起用。值陂理来日，齐昭建议陈不可和之十事，文辞佳丽，语意激昂，流传一时。其亲臣藤田东湖，神道学者也；尤博通古今，尊崇天皇。及美使来之江户，齐昭上疏，争论违敕之罪；将军弗听。齐昭旋称疾，辞幕府参议之职，致书朝臣，请其谏止。约成，将军遣使入京，奏请批准，朝议不许。其所以然者，固由顽固之朝臣囿于祖宗之法；抑亦幕府内部涣散，素为朝臣敬仰之齐昭影响所致。卒之幕府逼于外人，无策可筹，乃由将军私自签约。会将军无子，忠于天皇万世一统之藩士，属意齐昭之子庆喜；齐昭亦自以为必其子也。但幕吏惧其改约，迎立纪伊亲藩之世子为嗣，更摈黜齐昭。齐昭乃结尾张越前二藩，私与朝臣往来；国内志士，奉之为主，天皇至赐敕以勉励之。此举也，天皇朝臣始与藩侯结合，二百余年之《武家法例》，由此破裂。幕吏侦知其谋，大惧，亟兴大狱，重罚其党。于是人心愈愤，浪士蜂起；外藩与朝廷相结益深，共谋幕府；幕事遂不可为。

四、浪士之激昂　狱兴而后，浪士横行，聚集徒党，以攘夷为名，谋杀公使，焚劫外人；尤痛心于主和之幕吏，遂杀大老井伊直弼及其下幕府耳目等。会水户藩士，托齐昭遗命，传檄四方，共歼丑类；应者二千余人，所在骚扰，且袭横滨——横滨，外人聚集之所也。将军令人捕之；群众失败，以长门萨摩方共谋幕府，相率往归。幕府亦知民人恨己，佯为改图，崇天皇之命，修因外事得祸者之墓，招还禁锢远流之大臣，罢黜定约之幕吏；而浪士之患，犹不能止，扰及平安。朝臣恐惧，天皇因诏外藩驻兵于都下，以卫宫阙。长门将士，来至京师；隐招浪士，收之成军。幕府亦仿其法，募集浪士，给俸养之，名曰新选组；而浪士益无顾忌，势如火焰，天诛党之乱遂起。天诛党者，由浪士相结，潜戮幕吏，自以为奉天行诛也。尝号于众曰："幕吏惟知德川氏三百年之德，而忘朝廷三千年之恩，重赋厚敛，为幕府爪牙，荼毒天皇赤子，故加天诛。"又传檄曰："皇祖开国，皇孙御世，天子为天下之主，人民为天子之臣。其辩大义，明顺逆者，宜事朝廷。事定之后，得除田租之半。"党徒众多，声势大振，旋即败逃，多之长门。未几，浪士据银山以叛，传檄讨幕。略曰："天子陷在贼中，为人臣者，皆宜切齿奋起。况兹州士民，当南朝之时，讨伐逆贼尊氏，大节载于史册……其共勉之。"一时应者千人。将军命藩兵进攻，党众多死，余因亡命，纷扰益甚。幕吏畏惧，至不敢私自出入，往来必以侍从；幕府盖浸失其统治之权。

五、强藩骤起　自藩侯之驻兵京师也，时有建议，隐谋幕府；或输金朝廷，借要天皇之宠。公卿之恶幕府者，复引之为援。强藩之欲望益奢，专图富强，阳托恭顺天皇之诏，隐与外人贸易，购其枪炮兵舰，采其军制学术。萨长二藩固尝构隙于外人；外舰攻之，藩兵败退。因知旧时代之战术决不能御敌，改组军队，严加训练，兵势颇振。而幕府战士，器械窳败，训练不精。卒至长门之役，幕府衰状，昭著于外；强藩结党，请其归政，固其所也。

六、藩士之尊王覆幕　诸藩之所以服从幕府者，非有君臣之义，力不能敌耳。幕府衰微，兵不能战；强藩势盛，久欲起而代之。更观藩政，自昔家光定会同之期，藩侯岁来江户，谒见将军；境内政事，一委于其臣。及其归藩，耽于安乐，不理庶政。藩内实权，握于藩士之手；藩侯徒拥其名耳。此等藩士多智能精明，欲望甚奢；欲倾覆幕府，借以进身，故皆愿发难；其中尤以长门萨摩二藩为甚。二藩奇哲之士，若伊藤博文、井上馨、大久保利通、西乡隆盛等，皆好功名之士，尊王覆幕，志坚意决，百折不挠；此固为爱国心所驱，抑亦为其进身地欤？

七、外交之困难　浪士以攘夷为号召，杀戮外人；各公使辄与幕府交涉，重索偿金。英公使尝定杀一英人偿金五十万元。外人为浪士所杀者甚多，其赔偿之金额皆如之。浪士又毁使馆，因由幕府遣兵严加保护。自与外人交涉以来，幕府以事繁，已设外交奉行等官，专司其事；及各公使入见将军，礼仪尤盛，在在需用巨款。迨订商约，规定税金值百抽五；收入数微，只敷费用。其先，荷人通商，地有租金，岁有贡献，今又废除。后长

图 10-1　大久保利通

门炮击外舰，其重炮子弹，购于外人；以其火器攻击其人，各公使乃索偿金三百万元。然偿赔款者，非长门藩侯，乃为人民所诟之亲外幕府也。内则将军欲结朝廷，岁增输粟，时值大饥，田赋减少，府库耗竭，费用反增。以至长门之役，费用不足，出师迟滞，终为长门所败。幕府惯为敷衍之策，不能图久远以增善其国计民生，终乃威令坠地，藩侯离散而瓦解之局成矣。

综上而言，幕府之覆亡：由于内部衰微，将军幼怯，幕吏贪庸，府库空匮，亲藩不附，战士脆弱，神道复兴，尊王说盛；及定商约，朝藩相结，浪士蜂起，外舰来逼，开港赔款；其原因至杂，外交适为其攻击号召之资耳。虽然，幕府不于此时覆亡，终必不能存在。盖幕府托天皇之命，统治一国；其下藩侯，自为区域，法律不一，钱币各异，交通困难，阻碍进化。一旦开港，事务繁多，天皇威重，自不能久制于幕府；知识输入，人民尤不能终困于小藩。就制度而言，朝廷幕府诸藩之官署林立，员吏众多，耗费巨帑；行政命令，手续繁琐，其必覆亡，可无疑义。

幕府对外主和之功　举国上下，以亲夷罪幕，而幕府受外人之逼，订立商约，闭关，开港，果孰利于日本耶？曰：各国之风俗思想，多不相同；外商来至其地者，思想随之，常能使学者深思远虑，较其利弊，衡其得失；采人之长，补己之短，学术文化，前进不已。若闭关之国，安于旧习，思想狭陋，改革困难，终亦必无进步。当江户初年，苟续与外人交通，国内必蒙其益；乃严行闭关，妄自尊大，日趋于弱。及定约后，外商贸易，获利较厚。更细论之，日人以低廉之值，购其精巧之物，国内之剩余生货，因得输出，生产之力增加，而生活较易；幕府虽为此亡，其功绩犹在。设幕吏若朝臣之愚，浪士之横，不量力以拒外人，杀戮公使，劫掠货物；其损失赔款，将必倍蓰于前。日本能免如中国庚子之辱者，其主和幕府之功欤？

第十一篇　武士道

武士阶级之养成 自镰仓幕府成立以来，武士服从其主，纵横捭阖，世为战士，享有特权。迨室町幕府季世，战争云起，全国纷扰，惟利是视，以至风俗陵替，道德沦亡。其大小藩侯，日事兼并；召募战士，以厚利诱之，结其欢心，收为己用。而武士亦忠于其主，水火不辞。其战胜者，藩人礼之，厚益其禄；武士因浙骄傲，僭居于农工商民之上，自为一阶级。及江户幕府成立，家康重赖其力，削平国内，因与以种种利权。俗谓武士杀人不得为罪，其言或乃过甚；但其气势凌人，可无疑义。武士既自成阶级，鄙视农工商民，不复与之往来或通婚姻。其在幕府，辄与以数口或一家之粟，间亦有给以土地者；若事藩侯，其俸禄如之。彼等战争之时，转斗于战场；承平之日，出则为侍从，入则治国政，身佩刀剑，意气伟然。武士之子，身在襁褓，所有玩具，多系木刀之属。年始五岁，腰佩小刀；家人父母，辄教以剑术，于每日清晨，练习武艺，及至十五，得佩利剑。剑之

图 11-1　日本武士

状类不同，武士视之，犹如珍宝，不肯轻易示人。惟得良剑者，则以夸于同侪；自武士外，平民亦不得带剑。武士之数，约四十万人；合计其家，凡二百万人。

幕府列藩奖励武士好学 家康虑武人难制，谆谆然以学问劝诱藩侯，尊任儒臣，文学渐盛。子孙师承其意，设立学校，教授生徒。幕下武士，因于暇时得能就学；中国之学术，因而流传益广。其下藩侯效之，提倡学术。才能之藩士，遂组织学会，深研经典；而农工商民，不在其列。武士一身，兼具文学武艺，傲视一切；闲居无事，歌咏诗赋，讲论学理，或主朱子，或承王氏，各执一说，诋斥不已。幕府因定朱说为正宗，使忠孝之说，深入其心，故能事上尽礼。武士之读书者，多为幕藩所信任，与闻政事；因之渐以学术为进身之阶，益自奋勉；往往才能英哲之士，出于其列。或藩侯纵于淫乐，境内政事，悉归于藩士。及将军纲吉之晚年，百弊丛生，道德沦丧；惟义士复仇常传名于世。其后武士奉以为圭臬，兹补述其事如下：

浅野长矩之不辱 一七〇一年，天皇命使者来之江户，宣谕朝旨。将军命赤穗邑主浅野长矩延接朝使，长矩武人，不习礼节，固辞其事。中老曰："吉良义央娴知典礼，子从之学，何固辞为？"义央数接敕使，意甚骄傲；学礼于其门者，皆厚赠之。长矩归邸，谋于家臣，令备仪物。家臣对曰："是义央之职也，将何赠焉？"长矩从之；义央不悦。会至廊下，长矩问曰："敕使入内，将迎之于阶下乎？"义央嘲之曰："此等琐事，子犹未知。朝使若至，子必失礼，将为众笑。"长矩大惭。义央又借事厉声辱之曰："鄙野之夫，不知礼节，何能迎接大宾？"同列闻之，多窃笑者。长矩愤不能忍，其色立变，辄拔佩剑，刺击义央，遽伤其首。报至幕府，将军拘囚长矩，谓其率意斗狠，以私灭公，杀之，而收其封。于是赤穗藩士三百余人，会于城中，大石良雄在焉。良雄，长矩之老臣也，为人任侠好义，长矩疏之。及闻事变，乃慷慨言于众曰："主辱臣死，今日吾侪死节时也。自杀非艰，得死维艰，将何以处此？"众皆曰："愿枕城以死。"良雄曰："君主虽亡，其弟犹在，奉之为君，得延先祀。宜请于幕府；如不能得，然后自杀，从先君于地下。”众皆称善；有一人持异议，即挥之去。因遣使者二人，诉其意于受城使者。良雄复召其党，议守城之策；至者五十余人。知众涣散，不能守城，乃约曰：“俟使者来，重申前请，然后自杀，明心见志。”众皆曰：“善。”遂刺血盟誓而散。

大石良雄等袭杀吉良义央 赤穗使人，来至江户，将见受城使者，而使者已发；乃相聚谋，见长矩之戚，述其来意。其戚惊曰：“事达幕府，将重得罪。”立缮书函，详论利害，令使者速去，还报良雄。良雄得书，告其党曰：“死于城下，非徒无益，反累君弟，殊为不智。”别议复仇之策而散。当是时也，举邑惊惶，文书堆案；良雄治之，各得其所，人皆叹服。及幕吏至，良雄致城与之；率其党人，来之江户，散伏城中，侦义央动静。义央养创于其戚上杉氏之第；上杉氏，望族也，防守周严，良雄忧之。既而得间，交结茶侍。其人久侍上杉氏，出入于其第中，知义央创愈归家之期，以告良雄。良雄召集同志四十六人，裹甲备兵，夜袭义央之第。其家侍从于寝中惊觉，仓皇而出，不及备战；拒者辄死伤。四十六人者，斗入义央寝室，不得其人；手抚被褥犹温，知其未逃，乃更搜索；走近厨傍，闻其有声，遂以斧斫门，果得一人。众争趋之，以刃斩其首；示战伤之侍者，皆曰：“是我主也。”众踊跃相贺，以布裹其首，携至长矩之墓，伏地哭泣，以首祭焉。

良雄之友天野直之 事闻，幕吏拘良雄等四十七人，无一逃者。幕府议罪，初嘉其义，意欲释之；后恐释之，将开报复构难之端，判决处死。良雄等遗言请得附葬于其主之侧，幕吏从之。时人敬之，号曰义士；幕下臣僚，赠赙丰厚；士民往谒，络绎不绝；才能之士，或作传记，演为戏剧；一国之中，莫不知有赤穗义士名者。后更为建祀庙，迄于今日，祭拜弗替。先是良雄谋杀义央，托其友天野直之制造兵器。或告直之于官；官逮直之，严刑拷问，身无完肤，终不得情。官愤，收其妻子，备极苦毒，皆不肯言。

直之求于官曰："家人不知。一人犯科，罪宜及身；愿身受死，无及无辜。"官从其言，复鞫直之，血肉淋漓，死而复苏者数，终不肯言。仅告官曰："迨至明春，事自明矣，今苟相逼，身虽齑粉，不能相告也。"官无可如何，置之狱中。及良雄事成，直之详述其谋；官感其义，减罪放之。时人闻之，益重良雄。

武士精神，发扬光大于义士复仇，已见上文。兹略述其生活思想。

武士幼年之训练及战时之态度　武士幼时，父母授以口口相传之信条，详于正心修身，勉以勇猛战斗，其说浸渍，深入于心，成为习惯。及其稍长，或患疾病痛哭。辄诫之曰："汝临战场，臂为刀斫，将复若何？"又长，从师习艺；黎明即起，练习剑击，日无间断；且诵经书，尤重习字。盖俗谓观人字迹，知其为人寿禄故也。武士读书，偏重圣贤名言；忠君爱上之信念益固。其战斗也，务服从其上，实践正义，不主奸谋；正义所在，勇往直前，弱者为强，怯者为壮；能战则战，可死则死，命之使然，不愿脱逃。其战败者，则谓徒死塞责，命如犬马，犹属易事，惟能忍辱成功为难。若战胜时，有屈服者，则怜恤其人，以为不可杀之。

武士在家庭中及社会上之行为　武士对于情欲，务自克制，不明示人。其在家中，父不抱稍长之子，夫不近亲爱之妻；抱则失其尊严，近则似于纵欲。西人故谓东亚之人，罚妻于众人之前，爱妻于闺房之内，虚矫掩饰，重违人性；其能处之泰然，不知历若干年之痛苦，始造成此坚不可破之诈伪也。其事藩侯，服从无违，生死趋之；其所以然者，好名之心驱之耳。武士能享令名，为人尊敬，视为至荣；如被轻视，亦引为奇辱。当承平之时，娴习琐仪，出入进退，鞠躬饮酒，皆有定礼。若见长上，不得大声疾言，惟屏气以对。至待宾客，则言必信，行必果；凡许人者，虽水火不避；见人在困难中者，辄挺身赴救。

武士之自杀及殉葬之风　武士豢于幕府诸藩，忠于其上；在患难之中，弃置身家于不顾。主苟受辱，力谋报复；不成，则以死继之。自杀之风，因大流行。家康时，有谋杀之以复仇者，不成，从者获之，讯得其故，家康嘉许，命筑高台，听其破腹自杀以荣之。习尚所趋，社会奉为信条，藩侯死后，臣属号称忠者，多自杀以死。举才能自好之士，殉之地下，殊堪惋惜。后家光之世，此风稍杀。先是家康季年，城主有名藤堂高虎者，恶殉葬之习；年老，制造一函，谓群臣曰："他日殉我者投名于此。"投者七十余人。高虎亲持其函，谒家康曰："此皆臣之股肱也，愿其辅佐后嗣，敢请公命，止其殉葬。"家康许之。高虎归藩，召其臣属，示以家康禁止殉葬之命。其中有一人曰："臣身被创，久为废人，愿独从葬，何如？"高虎患之。事闻，家康传命曰："凡殉葬者，夺其封土。"高虎病殁，无敢死者。至家光重申前禁，故殉葬之风寖衰。至于自杀，终不能禁：犯罪者，借免受罚；受辱者，假之雪耻；谏主不听者，用以表明心迹。综之，生命价廉，不敌忠君之荣名而已。

武士之妻　武士家庭，妇女以尽妇道为上。所谓妇道者，善事翁姑，爱护小姑，敬礼夫君，教养子女，治理家政；凡此美德，非性情温和历久训养者不能为之。方其幼时，父母抑其不驯之气，教之读书，习学女工。稍长，操作家务；更佩短刀，练习武艺。将嫁，父母谆谆然以从夫为训，并诫之曰："善事夫子，毋纵其欲。"嫁后，管理琐务；忠于藩侯，一如其夫。若藩侯受辱，则勉其夫为之报仇。夫为人杀，妇能复仇，必力行之。若其不能，则教养其子，使永不忘，以成其志。或有夫死，将受强暴之辱者，多自杀死，史中所载，多不可数。

武士道与佛教及儒学　武士之道德观念，皆由揉造而成，颇受佛教及儒家之影响。佛教自镰仓幕府成立以来，名僧辈出，讲说经典，建设大寺。源氏族人，多佛教信徒；其武士亦如之。佛宣轮回之义，无知之武人，深信其说；身临战场者，自谓忠心事上，鬼神佑之，心地光明，无入地狱之苦，有生富贵之乐，故不畏死，战斗凶悍。及江户幕府成立，武士多能读书，孔孟朱王之学，盛行一时。孔子作《春秋》，褒贤贬奸；孟子养至大至刚浩然之气；宋儒主忠君事上；王学重知行合一；皆足励其精神。其发扬光大神道学者，则山鹿素行，少游于林道春之门，后倡武士道说；著《武教小学》《语类》《配所残笔》等书，详阐武士道之主旨。后祖述其说者，连绵不绝；山鹿之义子及孙，颇能光大之，传之吉田松阴。松阴著《武教讲录》；武士道之学术，遂大盛行。

武士流为浪士　综之，武士道云者，殆武士所行之道云尔。其所理想之人格，高尚纯洁，吾人只可认为希望，决不可以其希望而谓四十万之武士皆圣贤英哲也。试以浪士证之：浪士者，固亦武士；以已脱离藩籍，无所归依，带剑周游，行类乞丐；藩侯有事，亦尝雇佣之。其所以脱籍者，或因犯罪为藩侯所逐，或惧刑逃亡。当幕府季世，境内承平，藩侯奢靡，费用不足，故尝去其武士。然浪士浸多，无所管束，遂乃纵意所欲，报仇雪愤，饮酒犯罪。及幕府与外人订约，彼等奋起，刺死幕吏，屠戮外人，焚毁使馆；更传檄远近，起兵攘夷，所在纷扰。虽其后与强藩相结，亡幕之功实与有力焉。然设如其所愿，莫为限止，则日本拳匪之乱，应先于中国；幸哉日本朝廷之能驭之也！

武士道之在今日　武士勇往直前，不畏患难，忠心事上，生死以之；迨其后幕府归政，而武士阶级，随之俱亡，然其道德之结晶，固日本立国之根本也。然则其影响今犹在乎？曰：然。中日日俄之战，日本举国一致，争先从军。每一军出，父送其子，妻别其夫，当船离岸，脱帽致敬，人无欢呼；欧美观者，惊为怪事，其强抑情绪，由来久矣。故其军临战场，勇猛前进，宁死毋退，毫无畏惧，其勇敢有足令人钦佩者。方今日人，尊敬天皇，一如昔日；天皇偶临国会，议员无敢仰视。行政官吏，俸禄微薄，为世界强国中之最，而才能之士，甘为官吏，服务天皇。普通人民富于敬上之心，子敬其父，少礼其长。吾师贝德士尝述日本人力车夫，不愿疾走，超越前车，尝至数十辆相续；贫女为仆者，工价低廉，若不较者然；主人待之，极其和善；其风亦殊足多。虽然，人民囿于忠君之说，罔然从上，过于模仿，抑亦不能别有创作。盖创作精神，在于发长个性，不为习尚所拘，而能尽其所长。此或亦日本所缺乏也。惟好勇不屈之人，易为精兵；故数战之后，跃为强国。今之日本，其犹武士道之日本欤？

第十二篇 明治初年中之改革

（1867—1873）

被废幕时之波折　一八六七年，孝明天皇患痘而崩；子睦仁即位，是为明治天皇。明治虽年少，然勇于进取，长于决事，尤知人善用。当践祚之初，全国纷扰，土佐藩侯山内丰信首请将军庆喜归政；庆喜从之，上表辞职。尾张纪伊二侯，自以身属亲藩，扶翼无状，遂自劾辞官；朝议称其劳积，优诏不许。于是二侯感悟，誓忠于天皇，亲藩离贰，将军之势益孤。天皇既诏许归政，独令西南藩侯，来至平安，议定国是。藩侯佥谓宜废幕府；天皇乃即下诏废关白征夷大将军等官。初，庆喜上表，天皇尝赐以密诏，谓归政后将重用之。及废幕令下，庆喜幕吏及公卿党于将军者，皆见摈不用；诏设总裁议定参与三职，悉以仇幕之亲王藩侯藩士充之；向之仇幕得罪者，免罪复官，许其入京；其亲幕者，尝握重权，执政时久，一旦失位，心自不服。诏下之日，亲幕藩侯有率其众归于二条城者，以庆喜在其地故也。天皇更遣人传命庆喜，令其自辞内大臣及归封地；当时藩侯，未有

图 12-1　明治天皇

图 12-2　大政奉还

尺寸之地奉与朝廷，独令庆喜纳土，此其待遇之不平，益令幕吏惊扰。庆喜乃与其亲臣议，以为“近日朝议，皆奸臣矫诏所为”。因令其兵严备不测；诸藩之守阙者，亦争戒严，状如对垒。然庆喜众少；从者因谋曰：“如坐而受制于人，孰若据大阪咽喉之地以制人哉！”庆喜然之，遽归大阪。朝廷惊疑，乃使人说之曰：“官衔例称前内大臣；幕府管地，其俟公议课税。”庆喜答谓：非税全国，不能独课其地——相持未决。会浪士之在江户者数百人，匿于萨藩之邸，掠劫财物，袭击幕吏，庆喜闻之，令发兵爇萨邸，屠戮暴徒；又复上疏，请斥萨臣之与朝议者，朝廷不省。

幕兵之败　庆喜已使人上讨萨表，召亲藩内藩之兵，谓将清君侧。但亲藩尾张，归心朝廷，不肯出兵。其来会者，凡三万人；庆喜命将率之入京。朝廷则令萨长等藩之兵严守要害，阻其前进。幕兵前来，人马困乏；入夜，守兵出而袭击，彻旦不息。明日，天皇更拜亲王为征讨大将军，率藩兵在京者，兼程助战，军势大振；幕兵遂溃。初，败报数至大阪，幕吏犹恃其人众，不以为意；及闻众溃，上下惊愕，士气沮丧；或请庆喜驰归江户，力谋再举，或请其出监军，背城一战，争辩不已。庆喜孱弱无能，不能自决，卒乃于夜，仓皇乘舰东走；城中无主，惶恐纷乱，人争先逃；但余属吏二人，留守空城。三日后，藩兵入城，见其器械粮糈委弃如山，悉据而有之，军士大喜。大阪既下，西南之路，通行无阻，援军日集；朝廷乃更声数庆喜之罪，夺其爵位，令兵进讨。

庆喜之屈服 庆喜归于江户，征讨之师，日渐逼近。尾张藩士，有欲助江户者；藩侯谕以大义灭亲之理，诛其首谋，庆喜之援兵遂绝。且自大阪陷后，将士气沮。及西军来攻，或请借兵于外，或主严守要害，或说海军袭据大阪，迄无定议。庆喜与胜安芳谋；胜安芳明大义，力劝归顺。庆喜从之，以书诫其属曰：“勿拒官军。不用命者，犹剸吾腹也。”遂退出城外，居于寺中。然将士有不悦其行动者，犹私相团结，各自拒战。庆喜数使亲臣上书谢罪，请求停攻。胜安芳固善于西乡隆盛，复往见之，陈说庆喜悔罪之状。隆盛因上呈，说征讨将军，暂勿前进；继遣使者二人，宣旨赦庆喜之罪，令其归献幕府管辖之地及军舰火器，将士在城中者即出城。庆喜奉诏；将士之不服者，多自逃去；海军管领榎本武扬率军舰八艘夜遁。武扬尝学海军于荷，其坐舰为日本舰中之最大者，既驶至陆奥，余众窜至奥羽者，与其地之藩侯结合，相与共谋报复，声势大振。及西军进讨，历久战争，次第败之；武扬失援，复驶往虾夷，据有其地；朝廷更追讨之，余众乃降。乱平，幕府之地归于朝廷；天皇命人继庆喜之职，领骏河、远江、陆奥等地，食禄七十万石，号曰静冈藩，又分奥羽为七藩，虾夷为十一藩，以封功臣。

废幕后之外交 方庆喜之潜归大阪也，外人惊愕，各国公使因来至大阪，谒见庆喜。法使问曰：“今后交涉，谁能负责？”庆喜曰：“政体将凭公论定之。事前，余惟崇信义，守条约，以重邦交。”众退；法使乃进策曰：

“战必难免。苟需援助，法愿助君。”庆喜却之。及战，朝臣岩仓具视告议定参与曰：“自庆喜奏开兵库，朝议主和。今待欧美诸国，其与中国等。”又召萨士大久保利通等，以其所著之《改革论》示之，文中详论攘夷之非，因使归藩游说其上下。复命使者谒见各公使，附书曰：“幕府条约，自后继续有效。”使团得书，开会议之；英使首主承认维新政府，列国公使，遂相继赞同。政府对外之地位乃定。天皇寻下诏于国中，略曰：“世事变易；迫于大势，朝议和外。嗟尔有众，毋怀疑惑……自今对外交涉，从公办理。”未几，朝廷复照会各公使，请其勿售火器于叛者；各国许之，宣布中立。西南强藩，以藩士游说之结果，亦上书天皇，请修外交之礼。天皇延请各公使，荷法二使，相偕入朝，礼遇甚周。然以世居深宫之神胤，忽接见“夷狄”之使者，爱国志士，拘于旧俗，大怒奋起。当英使入见，途为刺客所击，赖卫兵之力得免，伤英人二。英公使归馆，天皇即致书道负罪之意，捕行刺者，枭首示众，复与英人之伤者以恤金。先是，兵库戍兵，尝愤英人，挥枪刺之，英使令兵尾追，拘留日舰。事闻，朝命捕兵正刑以谢之。其后土佐藩士，杀法水兵十四人；法使大怒，提出要求四事：（一）遣重臣谢罪；（二）禁佩刀者入居留地；（三）偿金十五万元；（四）捕诛暴徒。限三日答复，政府许之。自此以往，外交形势，国人共喻，无复虐杀外人者，浪士之祸始止。

改革期中之官制　方讨幕时，朝廷更改官制，置太政官代，总决万机；分神祇、内国、外国、海陆军、会计、刑法、制度七科，科设总督一人；其下为参与，分掌事务，名曰行政官衙；另设议定，陈议新政，赞助订法。逾旬，改三职七科为总裁、神祇、内国、外国、军防、会计、刑法、制度八局，总裁局置正副总裁、辅弼、顾问办事史官等；各局各置督正权、辅正权、判事等。一年之中，官制屡改，始简而终繁，员吏增多。其所以然者，朝廷自谓复古，模仿古制；其实古制适于简陋无事之朝廷，必不能存于事务繁杂之过渡时代，且其重要官员，多以皇族亲王任之，易启藩侯忌妒之心；

其下臣属，皆年少英明果敢有为之藩士，无能之亲王，反为所制，故时感困难。又其先各科之组织，分设总督参与议定三职，科内事务，无人专治。及改八局，始有专员，各治其事。综之，维新初年，事无经验，困难丛生；其所以屡改者，惟求制度适宜于其时而已。

复古维新之争 朝臣始以复古为标榜，强藩则以覆幕为目的；故庆喜归政之后，复古维新，渐为朝藩争执之点。复古云者，政出朝廷，由文官辅政，而武人闲居，受其管辖，若昔孝德改革之时，此非强大藩侯所欲也。盖藩侯之所以亟于覆幕者，为夺政权耳。其所议决之政事，辄自谓天下公论。公论根据于藩侯之意旨，显见其不愿受制于孱弱之朝臣；其下藩士，又多英哲知能之士，力主统一，进行改革，益不能与顽固之朝臣共事，相恶渐深。于是天皇乃亲临南殿，率公卿诸侯，祭天祀神，而宣读誓文：

> 一、广兴会议，万机决于公论。
>
> 二、上下一心以盛行经纶。
>
> 三、文武一途，下及庶民，使各遂其志。
>
> 四、破除陋习，从天地之公道。
>
> 五、求知识于世界，以振皇基。

伤“广兴会议”“文武一途”，此皆天皇所以安藩侯之心者。会议云者，非谓国会，指藩侯会议也。其“破除陋习”“远求知识”，则又示国中有为之士以将欲改革力务富强之决心。自誓文宣读后，政府之政策遂定，而朝臣之势浸衰。天皇又下诏于国中曰：“朕以幼弱，忽绍大统。……今日之事，朕自劳其筋骨，苦其心志，立于艰难之先，缵古列祖之鸿绪，勤求治迹，庶几不溺天职，无忝为亿兆之君。……尔来列强对峙，各自争雄之时，独我国疏于世界之形势，固守旧习，不谋一新其国命。朕若徒居九重之中，偷一日之安，忘百年之忧，恐遂受与国之凌辱，上羞列圣，下苦亿兆。故今与百官诸侯誓，欲继述列祖之伟业，不问一身，艰难辛苦，经营四方，安抚亿兆；冀终开拓万里之波涛，宣布国威于四境，置国家于山岳之安。……汝亿兆，其善体朕志，相率去私见，采公议，以助朕建业而保全神州，使列圣之神灵得以安慰。……”观上诏旨，辞意空疏，若不知其所指，但以其空疏，政府得因时事之需要，解释行之，以符众望，抑亦空疏之便欤？

《五事誓文》之用意 初，庆喜逃归江户，朝命进讨。旋下诏亲征，车驾发自京师，幸临大阪，阅海军会操。大阪在平安西南，濒于大海，扼交通之冲，贸易兴盛，其城建于丰臣秀吉，高巍宏壮。及车驾至，萨摩藩士大久保利通，遂上奏请迁都于此。盖时旧都，历史上之习惯已深，难于改革；迁都则远旧习，显示人民以维新之意。但朝议不可，天皇复归平安。俄而庆喜归命，诏改江户为府。江户在本州中部，东临太平洋，便于交通；幕府建设于其地二百余年，城池之雄伟，街市之整齐，冠于全国。庆喜献城后，屋市未毁，人民安堵，故迁都之议复盛。卒至东北乱平，车驾遂幸江户，改幕府之宅第为宫殿，号曰东京，而称平安曰西京（一曰京都）。

初期议官之失败 先是车驾归自大阪，朝廷复改官制，徙太政官代于禁内。太政官分设议政、行政、神祇、会计、军务、外国、刑法七官，各治其政。又置议官，分上下二局；上局有议定参与，下局分议长议员，局员多系藩侯所推举之武士。因萨长藩侯，连署上奏，请选人材，采纳众议，朝廷借符广兴会议之誓，遂召集之。然藩士与会者，知识陋隘，性偏守旧；政府咨以废除武士佩剑之例，局员全体二百余人，皆力反对。后议救济贱民之法，及期投票，又阒然无人；政府乃命其闭会。一八六九年，又改官制，以行政官为太政官，置神祇、民部、大藏、兵部、刑部、宫内外务六省。一八七三年，卒解散二局。议官之所以失败者，其原因有二：（一）局员多为武士；武士自为特殊阶级，惟求保己权利，轻视平民，不能知其需要，自不能有为。（二）议局权限，朝无明文；其所讨论议决者，将何以实行？是其性质犹学校内之学会耳；事无专权，焉能责其有为？

民始信教自由 青年敢为之藩士，渐握朝权，进行改革，乃易衣冠，禁喝道，许民游历，去邪教之禁，令民得信教自由。初，外人在住留地者，得建教堂，国中耶教之势复盛。一八六八年，政府尝令曰："严禁邪教，凡为教徒者，当受重罚。"令出，各国公使，严重抗议，谓为轻视其国人所信仰之宗教。外交官答曰："数百年前，尝禁耶教，今惩教徒，盖本于旧律。且事属于内政，外人无干涉之权。"结果教徒之在长崎左近者，朝令徙之；然远徙者殊少。盖是时官吏，惧撄外怒，不敢实行也。一八七二年，朝议始许流者归乡，宗教之禁告终。

维新三杰合谋废藩 内乱定后，维新之基础，日渐巩固，其犹能为朝廷患者，厥为藩侯。以藩侯拥据封地，自治其人，俨若列国；其下臣属，复忠于其主，赴水蹈火不辞，不易统一也。长门藩士木户孝允，深悉其弊；归说其主曰："倒幕复政之功虽成，诸藩分据之势如故。万一不逞之徒，一呼而起，人心摇动，将酿政变。为今之计，莫急于正名，而使诸藩奉地归朝。"藩侯称善，戒之曰："汝谨勉之，毋激成变。"孝允往告大久保利通，利通以为然；说西乡隆盛，亦如之。长萨已定策，乃连合土肥，由四藩上奏。其文曰："朝廷不可一日失者大体也；不可一日假者大权也。自圣人建国开基，皇统一系，万世无穷，普天率土，莫非其地，莫非其臣，是为大体。一予一夺，以爵禄维持天下，尺土不能私有，一民不得私攘，是为大权。……方今大政维新，天皇亲总万机，千载一时之会也。有其名者，不可无其实；欲举其实，莫如以明大义，正名分为先。……臣等所居者天子之土；所牧者天子之民；安可私有！今谨收版籍以献，愿朝廷善为处置，可与者与之，可夺者夺之。列藩封土，宜下诏命，从新改定。自制度典刑军旅之政以及戎服机械之制，一皆出自朝廷，使天下事无大小咸归于一。然后名实相符，始足与各国并立于海外。……"书上，诸藩效之，争请归土。时朝廷犹不敢轻决，天皇乃诏亲王大臣行政长官及诸藩使者议之；始许其请。其有未请归土者，令自上书。旋下诏委藩侯二百六十一人为藩知事，定其俸禄，约当其封土收入十分之一；废公卿诸侯之称，号曰华族。其下藩士，改为士族，朝廷给以廪禄。于是废藩之基始立，实一八六九年也。

自朝命藩侯为知事，治理其地，封建之余习，未能尽除。木户孝允、大久保利通忧之，筹谋实行废藩置县之策，曰："非得萨长之助，事必难成。"议定，天皇命岩仓具视为敕使，偕木户、大久保二人，至鹿儿岛山口，厚慰萨长之主，赐以御剑，谕以朝旨。皆无异议。一八七一年，政府谋合强藩之力，实行废藩，罢行政长官数人，而以土肥之士代之。朝议将决，独西乡隆盛之意有不可测者。政府使人说之；隆盛曰："诺，吾将以死任之。"于是天皇召藩知事之在京者，谕之曰："……朕曩纳诸藩奉还版籍之请，命藩知事各奉其职。但数百年之因袭已久，或有名实不符，将何以保亿兆对万国乎？朕深慨之！今废藩为县，去繁就简，除有名无实之弊，免政令多歧之忧……"藩侯咸奉命；其在外者，召之入京，朝廷更委任知事，以治其地。封建割据之势遂终。藩侯在京，享十一之俸。其下藩士，政府仍如其禄以与之。

废藩之实行　诸藩封地，多自其先祖于锋镝万死之中艰难辛苦以得之，传之子孙，期于无穷，一旦朝命废之，藩侯不敢有违，其故何耶？试分述之。（一）自东北乱平，朝廷收幕府所辖及诸藩与乱者之地，面积过于全国三分之一；天皇又尝拣西南精兵为其亲卫，朝廷之权日隆。覆幕而后，君臣之义益著，藩侯所封，莫非天皇之土地。分散之小藩，何敢违拒？（二）萨长土肥四藩，地大兵强；幕府之亡，多出其力。自四藩相结，力主废藩；苟有拒绝反抗者，将生战事，自顾力不能敌，惟有奉命而已。（三）藩侯庸弱，不能有为。自朝廷委为藩知事，每不能尽其职，大权仍归于藩士之手。又其先治藩也，岁入之粟虽多，然须支付武士俸金行政费用，偶值岁歉，常患不足。今朝廷以其收入十分之一与之，孱庸者，得安享重金，才能者，更借谋入京以求高位。（四）废藩之后，四十万之武士，政府仍以其禄与之。武士力能养家，废藩与否，初若无关已事者然。其具才能掌握藩权者，政府复收而用之，向为藩侯之下，今为天皇之臣，好名之士，殊乐为之。（五）日人忠于天皇；天皇之命，辄不敢违。美人郭立富斯 Griffs 时在日本，记其所见之事，略曰：“废藩令下，藩侯召赴京师。一侯将行，武士送者数逾千人。上下悲泣，若离慈母，藩侯慷慨而去。”二百余侯之中，竟无一人肯抗皇命，其忠君爱国，有足多者。综之，废藩置县，势在必行。其能于数年之中废之，和平无事，则木户、大久保筹谋之周，殊足钦佩。

废藩前后之农工商 废藩置县，其影响于农工商民者，至为重要。先是农夫耕于藩侯之地，岁纳田税，尝过其收入之半；居于其乡，不得他徙，困苦类于农奴。其工人居藩内，制造货物，不能销售于外，价值低廉，家多穷困。商人则限于藩禁，运输不易，地位最低。及废藩后，农夫自有其田地，出入自由；货物输运，途无所阻，需要供给，各得其宜；工业渐盛，贸易亦渐发达；惟于武士则有不利焉。武士自昔享特殊权利，傲视一切；及政府采行征兵制度，彼此遂一律平等。及一八七三年，政府令藩士年俸在百石以下，而愿悉领其俸者，得领半数现金，半数公债；世袭之俸，领六年公债；终身之俸，领四年公债；公债利率，按年八分。其所以然者，武士俸金，若按月与之，仅能赡养其家，不能资以经商耕种，故今悉数与之，助其独立谋生；且国家财政困难，发行公债，亦借以轻担负。惟其时领俸自谋生活者，为数甚少。至一八七六年，政府因又下令，强其领取公债；其全数俸金逾千元者，利息五分；百元以上九百九十九元以下者，六分；百元以下者七分。结果以武士素尚忠信，鄙厌欺诈，骤出经商，往往丧失资本；其耕种者，购买田地，资先耗去，遂致生活困难，情殊堪悯。

赋税之改良 昔日藩内收入，惟赖田赋。其标准不一，种类繁多，制度杂乱，赋税奇重。及土地归于朝廷，政府谋整理之，始丈量田地，估定价值。其纳税者，钱可代米，又许人民得售买田地。由是朝臣主张渐分二党：一主立改田赋，一请继续缓进。但前说势盛，进行益力。至其田税标准，系取一八七〇——一八七四年之平均收入，定为税率，百分取三。房基较重；森林山地，纳税极少。其后减税，改纳百分之二点五。高原山地，不能耕种者，收为国有。神社田地，道路沟洫，概免纳税。凡此经营，历十年之久始竣其事，耗库金三千余万，亦云奢矣。但其制度公平确实，可以一劳永逸，维新之大政至是乃定。

第十三篇

文治武功派之党争及立宪运动

（1873—1890）

文治武功三派征韩论之争　四藩合作，政府之地位巩固，进行改革，毫无顾忌。数年之中，上自海陆军制，下及庶人服冕，诏令改革者，事以百数。及一八七三年，征韩论起，武功派之朝臣，力主出兵，文治派之首领，争论不可，党争渐盛。文治派者，其党议谓内政需改革者甚多，尚非外征之时，以岩仓具视为首。武功派者，其党议专主用兵，扬国威于外，以西乡隆盛为首。二党之人互相疑忌。先是一八七一年，朝命岩仓具视为大使；其党大久保利通、木户孝允、伊藤博文五十余人从之，游说欧美，谋改条约。大使频行，与阁僚约曰："我侪行后，不可专断大事，擅改政治。"其时文治派之势力盖较武功派为盛。及其去后，隆盛谋宣国威，又值朝鲜事起，朝议一变。方幕府之归政也，天皇尝遣使告朝鲜。朝鲜王以其国书违背惯例，却之不受。使者归国，有倡议伐之者。至是，两国之间，嫌隙又生；日使在中国者，质问朝鲜之事。清廷答曰："朝鲜虽为我藩属；其内政中国概不过问。"隆盛因有所借口，其党板垣退助、江藤新平等和之，武人在外者，更为之声援；独大隈重信等数人以为不可。大隈，佐贺藩士也，自亲政以来，人为参与，其声望威权，尚不及隆盛。于时廷议将决；文治派在欧洲闻之，遄程归国。既至，详述欧洲大势及俄人之野心，力主和平，排斥众议；武功派之气渐馁，乃迫太政大臣三条实美，仰请圣裁。实美惶恐，不知所为，托疾不朝，请以岩仓代己；天皇亲视其疾。但岩仓又托病，杜门不出；天皇问之，因为详述用兵之害。俄而开御前会议，天皇遂否决征韩之议。于是西乡隆盛、江藤新平、板垣退助等，悻悻然上表辞职而去。

江藤新平起兵佐贺　隆盛归其故乡鹿儿岛；其徒相继辞职者尤众，散居国内，互相标榜，为时所重。时政府大权，归于岩仓、大久保二人之手，人心不服，隐谋抵抗，佐贺之乱遂起。佐贺者，江藤新平之故乡也。其地初有征韩忧国二党，凡二千五百人。至是党徒合谋，迎新平西归，其势大张。县令之僚属，多为其党，因遂侵掠豪商，强借军需，终乃举兵，袭破郡县。变闻，天皇委任征讨都督，令其率军平乱；未几即定，捕杀新平。然谋应之者犹众，内乱将复起。适台湾生番，虐杀琉球漂民事起，日使向中国抗议。清廷答谓生番，化外之民，中国不问。政府借为口实，因谋用兵，以泄国内不平之气；独木户孝允不可，曰：“内政未修，遽生外事，徒苦人民。”与政府力争，卒乃辞职而去。于是朝命中将西乡从道为台湾事务都督，率兵三千人往讨；既至，登岸，诸藩降服。从道命人兴工，营造府邸，开辟荒芜，为屯田久居之计。中日之交涉，因之又起，几至决裂；幸英公使居间调停，议定条约，其事始已，时一八七四年也。（详见第十七篇）

熊本藩士因怨望而起兵　日本自废幕以来，行征兵之制，农工商民，皆得为兵，武士之权利，根本废除。一八七六年，天皇诏改禄制；华族士族之禄，限期改领公债。于是惯恃豢养之武士，始自谋生；其人素鄙农工商业，毫无经验，类多失败，中心愤闷，群思叛乱，而熊本之变遂起。初，熊本藩士尝倡言尊王攘夷。及改革令下，始怀怨望，私自相结，夜饰武士装服，袭击兵营县署，杀伤甚众，声势大振。同时山口、前原、一诚继之而起。一诚初立军功，尝为参议，会罢免归，居常郁郁不乐。及闻乱起，聚其私党，号召士族，诈言曰：“将防熊本。”其他起兵应之者凡七，皆怨望之武士，隐谋已久，原约同时举事。会熊本以机迫先发，党人先后应之，势力分散，故易扑灭。乱平，朝廷惧农民和之，由天皇下诏减轻田税。略曰：“曩定税率为百分之三，今察稼穑艰难，深念休养之道，其减税为百分之二点五。”

西乡隆盛起兵鹿儿岛　明年，明治即位已十年矣，车驾幸西京，祭祀先祖，西乡隆盛忽起兵于鹿儿岛。初，隆盛勤劳王事，进任陆军大将；及征韩论起，退居故乡，时望归之；将士武士之不服大臣者，奉之为主，其势俨然与政府相敌。隆盛设立学校，教练其党。政府恶之，尝夺其生徒，又徙鹿儿岛之军械局于大阪，嫌隙日深。会传政府使人来刺隆盛，其党闻之大怒，奉隆盛起兵。隆盛之众，一万五千余人，多久战之士，训练有素，心怀怨望，分途前进，势极凶猛。大久保利通时在神户，伊藤博文亲往告之，二人遂同归京。次晨，朝命削隆盛官爵，罪以叛逆，敕亲王为征讨大总督，以陆军卿山县有朋等为参军，发近卫等兵讨之。令下，伊藤乃知为大久保之策也。天皇更命人渡鹿儿岛，慰前藩侯岛津久光曰："逆徒作乱，蔑视朝命，朕命讨之。久光国家元功，朕素信赖；今遣重臣来，汝其致尔诚意。"久光得旨，力陈效顺，其忠于旧主者，多不与乱。

隆盛围攻熊本之失败　隆盛出军，进攻熊本；守兵登城拒之，久不能克，惟出城迎战者为其所败。其后援军大集，转守为攻；西军人少，因据险以战。两军遇于田原，炮弹如霰，官军多死。入夜，官军潜行，迫近其营。西军将士，方张宴诀别，意将战死；官兵突入，西军大乱；乘势前击，遂复田原。及晡，西军援至，复大败追兵。斯役也，战争之久，历十余日，两军阵地逼近，炮火猛烈，傍近诸山，先多松木，战后变为童山。官军已数败，西军势张，士族之怀怨望者，散居各地，隐谋起兵。然举事者，率谋泄而败；朝廷因令府县征募巡军，编为旅团。天皇更幸临大阪，慰抚战士之被伤者，赐之酒馔；皇后复以绒丝赏之；人心奋勉，军气大壮。卒乃援军麇集，攻陷坚垒；西军大挫，解熊本城之围。初，隆盛起兵，将攻熊本。其弟进策曰："为今之计，宜先以精兵数千，潜乘汽船，驶往长崎，乘夜登岸，袭击县厅，火攻兵营，据有其港，资其米谷弹药，以断官军之冲。熊本守军，势必出援；我更伏兵击之，进据其地，则邻地响应，西海定矣。"隆盛不从，遽出兵以攻坚城，故不克而败。

隆盛破围重入鹿儿岛　是时政府海军之势颇盛，因运输军队，进据西乡之根据地鹿儿岛。西军之人心摇动，大败而遁；官军因围之于可爱岳，日夜攻击。隆盛告其将士曰："事势不利，乃困守于此；夫以一隅之士，苦天下之兵，于今半载，大丈夫之事毕矣。贪生贻羞，诸君义不欲为，与其使士卒徒殒于矢石，宁自尽以救之，我志决矣。"语毕，举座默然，独一将言曰："我军虽败，尚有众五千，苟纵横突击，必能冲围而出。夫死于战，犹留鹿儿岛男子之英名，固胜于自戕也。"众皆从之。夜半，西军拣选精锐，突前驰击，势如风雨；官军不为备，遂被破围而逃。西军素谙地理，善于跋涉；其地居民，复为之耳目，故能避实冲虚，三破重围，复人据鹿儿岛城，官军追及围之。

隆盛死后政府之威权 隆盛登城拒守，遣使者二人谒见参军。参军告以所传暗杀之诬及征伐之故，留其一人；其一遣归，报告隆盛。将行，山县有朋复附书致隆盛；使者还述参军之言，且曰："菊次郎无恙。"——菊次郎者，隆盛长子也。隆盛默然；既阅山县之书，更愀然曰："我义不负山县。"因召集将士，使者复述参军之言，举事证之，众皆惊悸；或曰"可降"，或曰"战死"，众议不一。既约明日再议，又不果。时官军来围者益众，日夜炮击；城中将士，各送要物归家，沐浴更衣，为战死之计，约期将破围而出。官军谍知其期，先期一日，四面袭击，西军大乱。有欲退者，将士厉声曰："敢逃者斩。"立杀四人，众殊死战。隆盛在垒，几为官军所获；从者恐其受辱，杀之。其下将士，知事不可为，多自杀。战后，验隆盛之尸，见有肥而无首者，股有伤痕，手有刀瘢，皆其少时所伤，知为隆盛也；并搜得其首葬之。此役也，政府出兵六万，耗四千余万元，阅八月而克之。于是政府威权，非武士之力可得抗拒，成为昭著之事实，自后国内遂无内乱之忧。所可惜者，武士不忘报复，谋刺主谋平乱之大臣，俄而智勇兼备之大久保利通，竟于入朝之时，为凶徒六人所杀。其因战败死亡者，多国内奇杰自好之士，激于私义，动于蜚言，酿成战争，至于流血，亦可哀也已！

板垣退助请召集民选议院 初，西乡等辞职而去，板垣退助因不服文治派之专政，一八七四年，始上书天皇，请求召集民选议院。略曰："今日政权，上不掌于天皇，下不在于人民，独为朝臣所垄断，政令无信，朝出暮改；任免出于情私，赏罚由于爱恶；言路壅蔽，困苦无告；长此不改，势必土崩。欲救斯弊，在于采天下之公议，召集民选议会。"此论流传，风靡一时。有反对者，作书驳之，而和者殊少。或更反驳其说，舆论纷纷，遍传于报纸。政府迫于众议，知不可拒，天皇乃下谕先开地方会议，略曰：

"朕践祚之初，曾以五事誓于神明。自是而后，久欲推行斯意，召集人民代表，凭公论，定法律，以期上下和协，民情畅达，务使全国人民，各安其业，共担国家之重任。今特先开地方会议，使人民协同公议。……"地方会议者，阁民自治之基础，由府县知事及人民代表会于一室议订府县法令之议会也。人民未得参与国家立法之权，自为板垣所不满；板垣因归其乡邑，召集子弟，组织讲社，盛倡民权自治之说。应者风起，设立党社，互通声气，势力渐大。值木户孝允，以争伐台湾之故，辞官而去；政府大惧，力筹调和朝野之策，由井上馨游说木户板垣，征其同意。一八七五年，各党会于大阪，大久保、木户、板垣、井上、伊藤在焉，议决政体君主立宪，采泰西议院制，设立元老院大审院等。天皇旋下诏曰："朕即位之初，大会群臣，以五事誓于神明。……今扩充誓文之意，设元老院，以广立法之源；置大审院，以固裁判之权。……"其元老法官，皆由天皇委任；木户板垣再为参议。终以板垣力主急进，与朝臣不协，辞官而去。益痛诋朝政，鼓吹立宪。一八七七年，西南乱起，板垣党徒，来至京师，倡信三权公立，开民选议院；元老院之激进派议员，有谋举兵立宪者，事泄被拘。明年，乱平，缓进派之大久保毙于刺客之刃，政府乃颁府县法令，许其召集会议。

大隈重信谋开国会　板垣自再弃官后，纠合同志，四出演说，组织爱国社；及西南乱平，国内怨望之武士，无所泄其愤，渐与板垣之党结合。党人以立宪自由为号召，值此改革之初，醉心欧化之青年学子，为其所动，党徒日增。一八七八年，党人会于大阪，各地分社咸遣人与会；由大会议决，选举才能之士，往各地演说，鼓吹党义，广收同志，鼓舞人心。明年，复开大会于大阪，人数大增。又明年，复开会议，代表与会者，数千人，议决向政府请愿。政府闻之，急颁集会条例，严令官吏解散其会。大会已先知之，因改其名称日期成国会同盟；且扬言曰："继续前进，迄国会成立。"遂举代表二人，分道上京。二人递请愿书于太政官，太政官谓人民无条陈政事之例，拒绝弗收；诣元老院递之，又谓非建言，不纳。于是人心大愤，进行愈力，时人多以志士称之；益各自奋励，或上书亲王，或游说大臣，奔走陈说，不辞劳苦。俄而期成国会同盟，设本部于东京，分全国为八区，组织机关，勇猛前进。各地之请愿委员，又复相继入京，请愿政府，历访大臣，官吏不胜接应之烦；政府遂下令曰："凡上书建言者，其书必经地方官厅提出。"于是倡民权者，失其所以进行之路，一转而向民间运动。

大隈之职被免　党人久谋报复，专俟时桃以攻击政府。先是政府以一千四百万元经营虾夷。值一八八一年，有萨摩商人，谋以三十万元购买其地之国有产业。虾夷开拓使，萨人也，言之于朝。政府将许其请；独大隈重信坚持不可。大隈自翼赞改革以来，心恶藩阀之专；及议售卖官产，毅然力排众议，由是议未能决。会天皇出巡，主其事者，追及车驾，请批准；天皇从之。事闻，报纸喧传，肆力攻击，尤以大隈派之机关报纸为最烈。人心奋怒，结社演说，诋詈藩阀；大隈谓惟开国会可绝藩阀政府之根，窃与岩仓等谋，将上奏天皇，请以明治十六年（一八八三年）为开设国会之期。谋泄，朝臣震骇；天皇归京，开御前会议，取消前令。明日，诏曰："……向以明治八年设元老院，十一年开府县会，莫非创业开基，循序渐进之道。……顾立国政体，列国各异其宜。……我祖我宗，照临在上；扬遗烈，扩鸿谟，变通古今，断而行之，责在朕躬。今将以明治二十三年（一八九〇年）召议员，开国会，以成朕初志。俾在廷臣僚，咸得假以时日，专任经画之责。至于组织，职权，朕将悉心裁定，及时颁行。……若仍有喜躁急，煽事变，害治安者，自当处以国典。特此明言，谕尔有众。"此诏文中所谓"变通古今，断而行之，责在朕躬"者，明示人民政策皆其所自定，隐为藩阀辩护。日本人民忠于天皇，天皇诏令，无敢或违；故特申言之，借免攻击政府。至云将处急进党人以罚，特防其聚众示威，诋詈藩阀，使人不安耳。于是即日诏免大隈之职；其党于大隈者，皆辞职去。

诏下，深恶藩阀图谋报复之士，辄于国会未开之前，号召同志，组织政党，谋握政权。板垣先以其期成国会同盟之一部分会员，组织自由党；复与其各支部连合，建立党纲。大隈纠合其徒，设立改进党；当被举为总理，揭其党纲，布告国内，声势俨然。于是藩阀大惧，因创立宪帝政党，力主保守，袒护政府；然势甚微。自由、改进二党，相与对立；就中板垣氏偏于理想，专鼓吹自由平等民权之说；大隈则富于政治经验，其策划多可实行。大党而外，各地方之小政党闻风继起，或附大党，或自独立。

一八八二年，朝命伊藤博文考查欧美宪法。适自由党党魁板垣退助，出游欧美，与官吏偕行；时人疑其费用出自政府，改进党之报章，首载其事。两党因之交恶，忘其公敌，转相诋諆，人稍厌之。又自板垣行后，自由党无统驭之人，渐趋于激烈，以为空言无效，自由必以铁血购之，数谋暴动，致起扰乱。政府利用时机，颁布繁苛之集会条例，立宪帝政党首自解散。板垣归国，与其党谋曰："条例严禁分社，总部不能统监党员，不如使之各自秘密运动。"亦自解散。时独改进党犹存，大隈乃扬言脱离党籍，而誓于其党曰："废除形式，协力进行。"

伊藤博文组织内阁与修改条约　一八八三年，伊藤博文归自欧洲，声望益增。盖是时岩仓已死，在朝诸臣，才能识见，无出伊藤右者；朝廷因委为制度局总裁，兼理华族事务。未几，遂分华族为五级，曰公侯伯子男。明年，太政大臣三条实美上表辞职，请废太政官等，改设内阁；天皇许之，诏设总理大臣，其下置外务、内务、大藏、海军、陆军、司法、文部、农商务、交通九大臣，宫中置内大臣；即命伊藤为总理，组织内阁，而以井上馨任外务。伊藤施行其政策，条理井然，人民欣悦；但在位稍久，民间所期，过于其政绩，渐有攻击之者。会井上馨谋废治外法权，许外人会审，舆论非之；农商大臣因与意见不合，辞职而去，朝野哗然。后藤象次郎因更别立一党，号曰大同团结。后藤，西乡隆盛之党也，自辞职而后，佐板垣氏组织自由党。适以其时俄人建筑西伯利亚铁路，东亚危急，不能内讧，遂放言高论，风动一时；自由、改进二党之分子，有奉之为首领者，势力雄伟。于是板垣复起，以减轻地租，改正条约，言论自由，集会自由为党纲；

召集党徒，选举委员，上京请愿，将欲包围政府。政府乃宣布保安条例，即日施行，逐党人于都门三里之外，限令三日退归。当时被逐者五百余人，报章讥嘲，人心愤怒。会政府设立枢密院，乃以伊藤为院长，黑田为总理大臣，大隈为外务大臣，后藤为交通大臣，借和舆论。

继续修改条约 大隈承井上失败之后，继续改正条约，许外人得充大审院之法官数席。事闻，朝野政客，群起非之。井上时任农商大臣，辞职而去；伊藤更率枢密院驳论其非。大隈力排众议，进行益力；伊藤乃辞枢密院之院长，在野攻击，舆论益哗。于是自由党等，互相联络，为示威运动，慷慨激昂。后藤象次郎复与大隈争论，请开阁议；俄而辞职；天皇召集御前会议，久不能决。会大隈归家，途为凶徒所刺，伤重，乃中止改约。于此纷扰之时，伊藤等编纂宪法，亦已告成。一八八九年，遂由天皇下诏，总理副署，公布于外。

过渡时代政党之需要与其缺点 宪法告成，政党运动之功为多；但其攻击政府，吹毛求疵，毫无建设之批评，时或詈及个人，诸多违法，政府禁之，殊难断其得失。若就政党意义及组织而论，日本当时，实无真正之政党。盖政党者，人民所组织之政治团体，须有明显切实之党纲或政策，为一部分或全体之有选举权者所赞同，借以谋选举之胜利，期其终能实行；其党员须于国中占有多数之有选举权者。今日本政党之组织，乃皆失意怨望之政客，借以为号召；其党纲条文，概笼统空泛，不能实现。时又无选举法令，规定人民之有选举权者，自无从得其同意。故其党纲，皆出一二领袖之私见或理想。其借义气相号召，专以攻击为事者，充其所至，不过破坏；终不能掌握政权，实行其志。故其所谓政党云者，谓之政治学会可也。虽然，党人之功，固有不可泯者。当其奔走演说，号召党徒，设立报馆，鼓吹立宪，身遭困难，百折不回。人民因崇而敬之，闻其说者，渐知立宪之义，读其书者，为之奋然兴起。其感动人心，勇往前进，不畏难，不辞苦，固亦过渡时代为国民先导者所应有事也。

第十四篇　宪法与政府的制度

伊藤博文之编纂宪法　自一八八一年，天皇下预备立宪之诏，明年，遂使伊藤博文考察欧美宪法。伊藤因游历欧洲诸国，较其宪法之异同，求其运用之方法，究其政治学者之论说。顾当是时，德自普法战后，工业发达，国势兴隆；其宪法虽由各邦批准，实出于俾斯麦一人之手，故能与德皇以任免阁员之大权。伊藤素仰俾斯麦之刚毅有为，居德最久，因深识其统驭国会之术。又明年，归国，朝廷任为制度局总裁兼宫内卿。伊藤以制定宪法自任，首去华族之名，改称公侯伯子男，以为组织贵族院之基；又废太政官，设立内阁，天皇即任以为总理大臣。一八八八年，伊藤复游欧美，归而为枢密院长，草纂宪法，与枢密院一一议之；天皇亲临，略加修改。一八八九年，宪法告成。天皇乃大会群臣，宣读其赐予人民之宪法，设宴庆祝，各国公使在焉；又赦政治犯，恢复其自由。是日也，人民欢忭，提灯相庆，实为日本有史以来唯一之大典。宪法共七章，凡七十六节，试举其重要者述之。

宪法第一章天皇之大权　宪法第一章，凡十七条，载明天皇之大权。

图 14-1　伊藤博文

（一）任免大权。日本官吏，上自中央大臣，下及地方郡长，名为天皇任委，实总理及各部大臣主之。其受任命者，得随时免职；故官吏服从政府之命令，不敢少违，而为中央集权之政府。

（二）海陆军权。海陆军队，皆归天皇统率；其编制兵额，属于天皇之大权，议会不得过问。

（三）对于议会之大权。天皇召集议会，无论何时，得令其停会闭会，或解散下院。议会议决之法案，必俟天皇裁可，始为法律；其否决者，不能有效。议会立法之权，实与天皇共之。如遇紧急之时，国会业已休会，天皇得发敕令，其效力与法律相等；于法律范围之内，行政长官得发命令。

（四）对外大权。天皇批准条约，接见大使，宣战媾和。就事实言之，日本缔结条约，皆守秘密，议会不得过问。英法等国，国会有干涉外交之权，惟以外交事务繁杂困难之故，多以外交大臣或总长任之。外交大臣能以外交手腕而使国会对敌宣战；但必俟其通过。日本宪法，则载明天皇有此大权。

（五）恩赦大权。天皇授予爵位及各种荣典，并得宣告大赦特赦，减刑复权。

（六）非常大权。国遇战争，或非常事变，天皇得宣告戒严，暂停普通法律，而以军政代理法庭；又得施行非常大权。（参观第三十一条）

第二章人民之权利义务 第二章共十五条（十八—三十二），载明臣民之义务权利。其义务有二：（一）服兵役，（二）纳租税。其权利凡十：（一）被任为文武官，（二）移住自由，（三）身体自由，（四）得享法律之裁判，（五）住宅无故不得侵犯，（六）书信自由，（七）享有所有权，（八）信教自由，（九）言论结社自由，（十）请愿自由。以上权利，其范围皆以法律定之。日本法律草案通过于会议者，原须得天皇裁可，始为有效。其第三十一条又明言本章臣民之权利，于战时事变之际，不妨天皇施行之大权。依此条文，所谓权利自由者，殊无担保。虽然，此专就理论言耳；专制已久之国，一旦许其人民享有权利，积久则成为习惯，谋欲夺之，势必不能。法国之现行宪法，虽无只字规定关于人民之权利；但其人民享有权利，未必少于以宪法载明民权之国也。

第三章议会法　第三章凡二十二条（三十三—五十四），详载帝国议会法。日本议会为二院制：曰贵族院（上院），曰众议院（下院）。议会之组织，详于下篇。每年会期，定为三月。二院同时由天皇召集，其开会停会、闭会、解散下院，皆以天皇之命。下院解散，必于五个月之内，召集新会；出席议员不及三分之一者，不得开会议事。在会期内，议员在议院中发言，于外概不负责，非犯内乱外患之大罪者，不经议院之许诺，不得逮捕。议院之权有二：（一）议决政府或议员提出之草案；（二）议决预算。按诸议程，议员所议者，尤以政府之提案为多。盖以行政官吏习知人民之需要；其提出法案，几经专家考虑审察，然后交议，由下院讨论之，修改之，或否决之。当其辩论之时，阁员出席于议院者，得解释答难。草案经下院三读通过之后，则移于贵族院，待其通过，上奏天皇。议案经一院议决而他院欲修改者，由两院委员协会议之。此项委员凡六人，上下议院各选出三人，议决之后，上奏天皇，天皇则裁可，或否决之。其裁可者，经公布之后始为法律。二院享同等权利，草案有先由贵族院通过而交下院者，其程序如前。惟预算草案必先交于下院。（其详见后）议会又有质问之权：质问云者，询问内阁之政策或外交事件，而请阁员答复之也。答复如不满意，议员仍不得如欧洲大陆诸国提出不信任案，而能必使之辞职。议会讨论之时，阁员虽可出席；其身非为议员，不得投票。

第四章国务院大臣及枢密顾问　第四章共有二条（五十五—五十六），规定国务大臣及枢密顾问之职权。第五十五条云："国务大臣，辅弼天皇，且任其责……"所谓任其责者，何所指耶？宪法公布之初，政治学者，不知国务大臣将对天皇负责，抑对议会负责。伊藤解释宪法，谓其指对天皇负责。对天皇负责云者，大皇本于其意，委任阁员，不必限于政党首领；阁员有不惬其意者，无论何时，可免其职也。伊藤初意，以为阁员负责，系指各个人而言。其后惯例，一人免职，全体阁员，皆随之俱去。其辅弼云者，日人解释之，以为敷陈意见之谓也。日本法律，天皇敕令，非经国务大臣之副署，不得有效。副署者，示其与天皇同意也。阁员苟为政党首领，对于议会负责，则天皇大权，归于国务大臣矣。故必天皇有任免之权，遇有不能与之合作者，可以罢免。第五十六条，载明枢密顾问（枢密院）之职。顾问皆为曾有勋劳于国之大臣；遇有国家大事，天皇咨询其意，始得召集会议。其所咨询，惟关于宪法问题。枢密院外，又有元老；宪法中盖无只字及之。然元老以其荣誉勋劳，介绍新阁，位极尊而影响至大。

第五章司法之规定　第五章凡五条（五十七—六十一），皆关于司法之规定。第五十八条云："法官以具有法律所规定之资格者任之，不得无故免职。"法官根据法律，裁判讼事，日本司法，可谓独立。然所谓司法独立者，非如三权分立之说；乃法官不受立法机关行政长官之干涉，而能依据法律判决曲直之谓也。其事实如司法组织，必由法律规定；捕获囚徒，尝恃行政官厅之助力，非立法行政皆与司法有关耶？第六十一条，明言行政裁判所与普通裁判所之分。其制盖取于法国，利益有二：（一）官吏因公事被控于普通法庭者，受审之时，手续繁多，或将碍其职务。设立行政裁判所；可去其弊。（二）普通法官，无专门知识，解释复杂之行政事务，其判曲直时或不公；行政裁判所，得免此弊。普通法庭，共分四级：（一）区裁判所，处理非讼事件，及法律规定较轻之民事刑事。（二）地方裁判所，受理人民不服区裁判所之判决案件；其民事刑事，不受区裁判所处理者，控诉于此。（三）控诉裁判所，审理人民不服下级裁判所之判决者。（四）大审院，为全国最高之法庭。四级之中，区裁判所有法官一人；余采合议制。裁判所外，又有检事，补助法庭执行职权之机关也。遇有刑事，代人控诉；对于民事，审查证情；又能代表公益，陈述意见。其性质殆如行政官也，而受司法大臣之统驭。

第六章预算　第六章关于预算，凡十一条（六十二—七十二）。宪法载明预算必经议会之协赞。然第六十二条则云：“行政手续费金，不在此例。”第六十三条又云：“现行税租未更改者，依旧征收。”第六十六条，略谓“皇室经费，依定额支出者，无待议会之协赞”。第六十七条，载明“岁出属于宪法上之大权及法律上政府之义务者，非经政府之同意，则帝国议会，不得或除或减”。“宪法上之大权”，系指官吏俸金、海陆军费、勋章褒金等。“法律上政府之义务”，系指公债子金神社费等。第七十一条又曰：“若本年预算不能成立，政府可取上年之预算以施行之。”综观以上条文，议会关于预算之权，其范围殊狭。盖预算与政策，二者至有关系；伊藤深惧议会借预算之权，次第扩张而束缚政府，故于宪法重限制之。帝国议会，召集之后，尝借减预算，攻击政府。会两院以预算起争执，上奏天皇；天皇因解释宪法，谓两院对于预算享平等之权，借此以减其势。

末节四条（七十三—七十六），其最重要者，为修改宪法问题。第七十三条，明言改正宪法条文之时，所具之议案，当以敕令，交于议会；两院之出席议员，非各有总数三分之二以上，不得开议；非得出席议员三分之二以上之同意，不为有效。就其所根据之学理言之，天皇原以宪法赐与人民；如其修改，虽为全国人民所欲，而非天皇一人之意，亦不宜为；故其手续困难，较之美国宪法，犹远过之。而在事实，则其条文，载明政府组织之大纲；其宪法历三十余年迄未修改。至其唯一利益，又在使人民重视宪法，习其条文，保而守之，演为风俗。

日本宪法不规定地方自治　日本宪法七十六条，无只字关于地方自治。盖其地方制度，采于德国，与法相近，统一集权制也。日本地方官吏，固由中央派出，奉行中央政府之命令，办理地方行政之事务；而法律又认地方为自治团体之行政机关。其阶级最下，地方最小者，厥为町村，设有町村长及议会。町村长为行政官，执行议会之议决案；议会则由其地人民所举之代表组织之，议决预算，制定条例。其上则为市；市之组织，大体与町村相似。又其上为郡县府，三者各有参事会及议会；参事会为行政机关，执行议会之议决案、议会议决预算条例公共事务等。凡此团体，皆受知事群长之监督，其职权殊小。

日本宪法之重大缺点 宪法全体，条文空疏，字句宽泛；其细则将因环境变迁而改者，皆以法律定之，故能久未修改。伊藤之起草，其用心良苦，吾人评论，决不能以今日之理想为判断。有足为伊藤病者，其即修改宪法之条文乎？其改正之困难，已略述于上。他日有性好动之政客，不愿久束缚于宪法，而放弃其预算大权及责任内阁，则困难立生。欲解决此问题，将有二途：（一）因时之需，天皇以敕文移交于议会，令议修改宪法。（二）本于民意，解释宪法，扩张议会之权。又宪法中之条文，常有足令吾人发噱者，厥为第一条所载“日本帝国由万世一系之天皇统治之”。细思其义，此不过日人之思想习惯，而以之规定于宪法耳。然则日本之宪法，其将与天皇同其始终欤？

第十五篇 立宪初期政府政党之冲突（1890—1894）

二院议员之资格　一八九〇年十一月，天皇召集议会。其议会有二院，曰贵族院，曰下院。贵族院议员，凡有五种：（一）成年以上之皇子。（二）二十五岁以上世袭之公侯。（三）伯子男之代表，其数约当封爵五分之一；凡年逾二十五岁者，享有选举及被选之权。（四）勋劳大员及富于政治经验之大臣，为天皇任命者。（五）府县纳直接税最多者，凡十五人选出一人；其当选者，天皇命为议员。属于（一）（二）（四）者，在职终身，其属于（三）（五）者，每七年一改选。下院议员，由选举人公选。凡日本国籍之男子，年龄二十五岁以上，纳直接税十五元，居于选举区满一年者，有选举权；三十岁以上，纳直接税十五元以上，居于选举区内逾一年者，享有被选权。当时人民四千余万；有选举权者，四十六万，略过总人口百分之一。其被选为议员者三百人，多属醉心欧化动于感情之华族地主之子，昔尝谋组政党与政府为敌者，政府恶之，尝禁其活动，党人大愤。当一八九〇年七月一日，举行选举，分散之小党，先团结连合，号曰立宪自由党。独大隈党徒，自成一党，仍其名曰改进党。二党在下院者，共得一百七十余人，占议席之多数；党人因互相提携，以求报复。

第一次议会之召集及解散　十一月议会召集，天皇亲与开会式礼，致辞曰："朕即位以来，二十余年，内治修定。……幸缔约诸国之邦交，日益亲近。但海陆军备，为保障和平之故，不得不略事扩充。明年预算及各种法案，朕命国务大臣，提出国会。深望卿等，公平慎重，审议协赞，得使后人取法焉。"政府之预算案，既提交于议会；党人以报复之故，倡言休养民力，节省政费，减去预算一千余万。总理大臣山县有朋，出席解释，希望通过原案；党人仍逞其才辩，严辞质问。内阁无奈，自行让步，许以明年整理政务，节减经费；下院酌减数百万元，始得通过。会期终了，山县辞职，天皇命松方正义代之。松方初为属吏，精明果毅，善于理财。会俄太子来游，日人患神经病者，于途中击之，重伤，仅得免死；一时日俄邦交，骤形严重。政府赖调停谢罪，始得无事，遂颁严厉之治安条例；议员请其取消，不可。俄而地震，损失甚巨；松方亟于救民，支出灾款数百万元。议员谓距召集议会之期已近，竟不待其通过，支出库金，大愤。适立宪自由党，恢复前称曰自由党，举板垣退助为总裁。板垣与大隈相见，开民党恳亲大会，共谋藩阀政府。政府自山县辞职后，其所承诺节费之前言，未尽履行，下院益愤。一八九一年十一月召集议会，政府之重要提案，概遭否决。内阁因议决解散下院，由天皇下解散之诏。

第二次议会之纷扰 二党首领大隈板垣，设有机关报纸；攻击藩阀政府，胪列其理想政策。日人易为感情所动；其有选举权者，多富厚之家，其人尝受教育，醉心欧化，崇信自由。专事鼓吹之大隈板垣，因四出演说，号召党徒，以期选举之胜利。内阁惧其势盛，授意于人，组织政党，谋与之对抗。其内务卿密饬地方官吏，助其候选人员，或以金钱买票。商人与政府有关者，更令投票助之。人民已知其谋，益恶内阁。及期选举，警察以武力干涉，全国骚然，民心汹汹，流血死者二十五人，伤者三百八十八人。但其结果，议员袒阁者，不过九十六人之少数。元老在阁外者，争论其非；天皇因罢干涉选举之内务卿，而以党人副岛种臣代之，借缓舆论。一八九二年五月，议会开会，政府为避免预算之争，施行上年之预算决案，仅增二百万元，请议会通过，下院竟否决之，转交贵族院，贵族院力主恢复原案，相持不决，乃上奏天皇。天皇咨询枢密顾问；下诏以二院享有平等之权为辞。二院始自让步，通过预算。于是下院将提内阁干涉选举案，副岛种臣力任调停；会其政策为同僚所阻，辞职而去，舆论哗然。松方内阁因辞职；天皇召伊藤、井上、山县等使组织之，是谓元勋内阁。

议会削减元勋内阁预算案 元勋内阁，伊藤为总理大臣，井上为内务大臣。井上审核地方官吏干涉选举明显者罢免十一人，是年冬，召集国会。议员谋报复者，谓其阁员皆藩阀分子，不可信任。国会开会之日，伊藤适病，井上为其代表，出席，读致辞，中述政见，意甚诚恳。读毕，议员数人，责其仅能诵读不能演说以窘之；内阁提交预算草案，下院减少政费八百万元，取消制造军舰费三百余万元。政府不可，下院议决休会五日，促内阁审思；政府坚持原案，更命国会停议十五日。期满开会，下院议决上奏天皇；其辞有："国会者，协和上下，进行政务之机关也。自国会召集以来，行政立法，不克共济，多以陛下之臣不能尽其职守。明治二十六年之预算，臣等审核细目，费过其实，又未详细说明。臣等停会五日，请其审思；陛下之臣，竟持前议。海军船费，亦已否决；阁员乃扬言曰：'将谋解释宪法，进行前议。'臣等惊惶，请其解答，终皆不能……"云云。

议会与政府协商通过预算 越三日，天皇下诏曰："……朕总大权，废藩改革。……又开议会，欲使尽公议以赞大业；施行宪法，今当初步，不可不慎始谨终。……顾宇内列国之势，日急一日；倘或纷争旷日，遗忘大计，因而误国运进张之机，是非朕奉事祖宗威灵之志，又非立宪之美果也。……朕命阁臣整理庶政，审思熟计，务无遗算；然后朕亲裁定。至于军防，怠缓一日，遗悔百年；朕今节内廷之费，以六年为期，每年出助三十万元；又命文武官僚，除有特别情状者外，亦以六年为期，各纳其俸十分之一，补造军舰之不足。朕赖阁臣议会之辅，其各慎其权限，和衷共济，克翼大事。……"诏下，议员感动，与政府协商，选举九人为协议委员；伊藤及大藏卿往与之议。且许之曰："下届议会召集之前，将必整理行政，节省政费。"议成，国会酌减常费二百六十万元，通过预算。明年闭会。

国民协会与改进党合作、第二次议会之解散 伊藤力践前言，设整理行政委员及海军委员，调查政务，罢免官吏三千余人，节省经费一百七十余万元。内阁又与自由党相亲，谋得其助，于下届会期，通过政府提出之要案。大隈嫉之，与国民协会相结。国民协会者，干涉选举之内务大臣所组织之政党也。党员九十余人，始以伸张国权，扩充军备为党纲。及松方内阁辞职而后，骤改政见，攻击政府，竟与昔日势不两立之改进党联合。一八九三年十一月议会开会，首讦自由党之领袖星亨氏。星亨时为下院议长。按议会条例，议长任期与会期相始终。而讦之者，竟不之顾，谓议长受赂，迫其辞职；并除其名。星亨之党为其辩护，目为不法，互相诋詈，秩序扰乱；终以众寡悬殊，成立通过，除星亨之名。党人怒犹未已，以农商务大臣有受赂之嫌，议决上奏，请天皇罚之。于是伊藤内阁，上书辞职；天皇召集枢密顾问，咨其意见。俄下诏曰："任免阁员，朕之大权；汝下院议员不得干涉。"又命伊藤复职，阁员依旧视事。议员终无如何，乃借外交为攻击之具。初，民间爱国之士，不愿外人居于内地；议员咨请内阁严重禁之。阁员答非如此，不能改约。当是时，外交大臣已与各国磋商改约；惟其进行严守秘密。议员不知，议决上奏：（一）废领事裁判权。（二）海关自主。（三）禁沿海贸易。内阁患滋纷扰，徒碍进行；天皇下诏，令其停会十日。逾期开会，外交大臣，出席答辩；及终，天皇又下停会十四日之诏。后乃解散；预算要案，尚未议及。

第三次议会之选举及解散　一八九四年三月一日，举行选举；政府监于前事，谕地方官吏毋得干涉。各党求得胜利，竞争剧烈。自由党员，变其故态，力助政府。其谋报复者，与之相诋，扰乱日甚，至于流血；死者一人，伤者一百五十三人。选举结果，自由党得一百二十席，占下院少数。其多数议员，皆内阁之敌，以反对藩阀政府为事者，坚持责任内阁，主张对外不得退让。五月，新会召集，下院首即弹劾内阁，以其解散议会之故；议决上奏。且数内阁之罪，内不进行改革，外丧国家权利。下院议长，上呈表文，天皇不纳；议长交与宫中大臣。明日，天皇召见议长，谕之曰："朕不批准奏文之意，无须诏谕。"议长回至下院，报告始毕，天皇之诏已至。其辞曰："朕据宪法第七条，解散下院。"于是下院又解散。

贵族院袒护内阁　政府与下院冲突之时，贵族院常助政府。其议员三百一十人中，贵族一百六十四人，纳直接税而被选举由天皇任命者四十五人，官吏受敕命为议员者一百一人。贵族官吏，富于政治经验，注重政策之得失；富商地主，久与官吏相通，赖政府之提倡工商业，得获厚利，常袒内阁。是以上院无谋报复内阁之政客，卓然独立于政党之外，内部整齐，意见一致。政府因利用之，控制下院，其权浸大。即如宪法第六十五条，规定预算先提出于众议院。一八九二年，政府预算，列入建筑军舰费二百七十万元，下院否决之；案达上院，上院主复原案；两院相持不决，乃上书天皇，请其诏释关于两院议决预算之权限。天皇下诏，略曰："贵族院及众议院之权相同；各得本其所见，议决预算；当其意歧，可按议会条例连席会议决之。"政府上院之相互助盖如此。

政府与下院冲突之五原因　一八九〇——一八九四,四年之间，而下院解散者三次。政府与下院冲突之烈如是，果何故耶？兹更举其原因如下：（一）阁员为天皇所任命，与议员无关涉；而议员专羡英法之责任内阁。所谓责任内阁者，内阁对国会负责之谓也。其在英法，阁员皆为政党之领袖，身居要津，指挥国会；一旦失其多数议员之信任，立须告退。日本议员，谋享斯权，遂启纷扰。（二）阁员多英哲果断之士，精强若山县松方，明毅若伊藤井上，皆国内元老，躬与废藩归政之谋，威望久著，故敢断然解散议会。解散之后，各党竞争，所耗不赀；且解散之次数愈多，党人之受影响愈甚，阁员初意，或将借此以控制之。（三）人民有选举权者，较之人口总数，比例甚微。多数人民，囿于数千年之专制习惯，视选举得失，与已无关，对于下院之解散，若未闻知。其活动者，多少年盛气之士，日与内阁为敌，摘发其短，专事破坏。其行动言语，非多数国民之意。其所以能屡解散者，亦因无援助耳。（四）代议制行于欧美，由其历史上之习惯而成。日人骤采其法，于其习惯，初或不能相容，人民不知所以用之，冲突势难免也。（五）解散下院，载于宪法，出于天皇之诏。日本臣民，忠于天皇，对于诏旨，无敢违者。

政府谋移国民注意力于对外　综之，解散下院，次数愈多，怨隙弥深。内阁知其预算草案终不得通过，遂于一八九三——一八九四年之间，皆不提出，施行上年预算。此策抑终不可以久行，则所谓宪法者，将必根本摇动。政府患之，乃谋对外，求国人之同情，议会之协助，借以巩固宪法；终遂有中日之战。

第十六篇　明治二十七年中内政之发达

（1867—1894）

自明治即位，迄于中日战争，前后共二十七年。其政治改革，立宪运动，前已述之。若夫陆海军之扩充，财政之整理，司法之改良，教育之普及，交通之发达，农工商业之前进，宗教之改革，凡此种种，其进步之速，有足令人惊异者。兹略分述之。

陆 军

实行征实制　朝廷初无直辖之军队，自将军归政，始设兵部。一八六八年，创设兵学寮于京都，教育青年，以充军官。后二年，山县有朋等自欧洲考察归，请采法国军制。明年，天皇征兵于萨摩、长门、土佐三藩，以为亲兵。俄废兵部，置陆军省。山县主废士族阶级，实行征兵；议定常备兵服役三年，后备兵服役四年。山县之言曰："他日增加军队，不能专赖士族。欧洲征兵，无士族平民之分，而国势强盛。长门尝募农民以充队伍，兵皆能战，不必忧也。"于是分全国为六军区，以东京、仙台、名古屋、大阪、广岛、熊本为练兵地，开始征兵。将校以兵学寮毕业生充之；其稍有才能者，多居要职。政府聘用法人，编定军制，教授学生；又遣学生往法，专修军事学。及西南乱起，民兵与战者，纪律严明，勇敢善战，过于士族。乱平，更扩充陆军省。一八七九年，又改订征兵律令，增加服役年限为常备三年，预备三年，后备四年。旋改预备四年，后备五年；废纳款免役之例；立陆军大学，教授军事；又擢下级军官为临时学生，授为少尉，以练军队。其统兵大将，多为长人。每年特派检阅使，考察下级军官教练之勤惰，检其学术，使不敢怠。及中日战时，国中能战之兵，二十四万。兹列其军费如下：

年	经常	特别	合计
1868	1，038，120	——	1，038，120
1883	9，691，134	570，724	10，261，858
1893	12，419，829	2，301，397	14，721，226

海　军

海军预算之扩张　自昔陂理来后，幕府渐知海军之重要，设海军传习所于长崎，聘荷人为教授；当时共有舰三只。旋遣学生至荷，专习海军；又设建船厂。及将军归政，已有军舰九只。幕府而外，萨摩有船十七只；其势浸盛，人才众多，遂能专握海军之权。幕府乱定，朝廷收其船只归于兵部；俄而并收诸藩船舶，购二只军舰于英，置海军兵学寮。当时朝议海军采用英制，专聘英人教授军官，遣学生至欧。后设海军省，制定海军条例，其时有军舰十七只，共一万三千余吨，铁甲舰仅有二只。政府知立国于海上，尤以扩张海军，造船购舰为急务；乃划海岸为东西二部，指定东京湾长崎为驻泊之军港。一八八二年，天皇下诏，扩充海军，以八年为期，制造军舰四十八只，岁支三百万元（未尽实行）；后更发行海军公债。一八八八年，立海军大学，专以振兴海军，教育人才。其后建筑之舰，次第告成；但其吨数，尚不及中国北洋舰队之多。一八九二年，内阁增加海军预算；议会人民，深恶萨人主持海军，由下院将案否决。明年，伊藤内阁，复主张增加海军预算；议会不可，相持不下。于是天皇下诏，节省宫廷之费，命官吏减薪，补助扩张海军；预算始得通过。又明年，中日战起，日本已有军舰二十八，水雷艇二十四。舰上之炮，多系新式，船身较小，行驶迅速。将校或曾实习于欧洲，或已卒业于海军学校。其下兵士，自沿海岛屿而来，其期限，凡被征服役者，常备四年，预备三年，后备五年；若自愿投效者，服役八年，预备四年；体力强壮，训练有素，此其所以战胜欤？兹列其经费表如下：

年	经常	临时	合计
1871	886，856	——	886，856
1881	2，851，576	256，939	3，108，515
1891	5，412，490	4，089，200	9，501，690
1894	4，573，605	5，679，549	10，253，154

财　政

太政官票　明治初年，列藩自治其地，政府之收入短少，需款浩繁，始发行纸币，是为太政官票。其始托名振兴实业，令藩侯出资，借作准备金；而其数有限，发行者益多，人民轻之，票价低落。政府因禁其折扣，民间愈疑，几不复通行。政府乃限票额，改兑换法；纸币价值，始渐恢复。一八七一年，废藩置县，诸藩之地，归于朝廷；由藩侯发行之纸币，遂为财政上之一问题。卒由政府承认担负，宣布公债条例；号一八四四——一八六七年间之藩债曰旧公债，一八六八——一八七一年间之藩债曰新公债。旧公债于五十年内偿清，惟无利息；新公债于二十二年内归还，年息四分（百分之四）。至于田税，向以米谷代钱，苛重繁琐，因改为纳金。朝廷深知农民疾苦，许民领有土地，听其卖买；又改正地租，特设专局，丈量田地，较其丰瘠，历五年始成；其税率定为百分之三，旋改百分之二点五，除去杂税二千余种，农民便之。

财政上三大计划　政府因革除弊政而田赋减少；其增加收入，救济困难之法凡三：（一）增加奢侈品税及间接税。奢侈品指酒烟之类，间接税指糖酱印花税等。时值境内无事，人民相安，工商发达，货物之输入输出者，其数大增。故税率虽低，而收入增多。（二）发行纸币。政府财政基础巩固，所发行之太政官票，渐能流通；其额为四千八百余万。又发民部省票，大藏省兑换证券，开拓使兑换证券，共一千八百余万。然以票式粗陋，易于模仿，奸民作伪者多，乃以新纸币代之，托由德人制造，凡一亿三百五十三万。嗣以增发加多，渐将不能兑现，票价低落，而物价转贵；驯至金银输出者多，不足流通。政府知其危险，乃增加税率，节省费用，以其剩余之半，收回纸币而焚之；又以其半，购买现金，以作准备金。后更限制现金输出。于是纸币渐能恢复原价。（三）发行公债。政府自定新旧公债之后，续发公债，名目繁多。例如建筑铁道，扩张海军，皆募集公债以经营之。一八八六年，国家财政渐裕，政府因颁布整理公债条例，减其年息。此其国内公债之大略也。又尝募外债于伦敦，初时利率比较普通者为高；其后信用渐固，在市上价格渐增。

银行以渐发达 金融流通，多恃银行。政府于整理财政之初，即鼓励商民，投资汇兑公司，许其发行金票、银票、钱票，以经营汇兑放账储蓄，是为银行之滥觞。一八七二年，颁布银行条例；于是汇兑公司，皆为银行，数约一百五十。但其资本，小者数万，大者数十万；散布各地，各不相关；银根缓急，不能调和。且其发行纸币，名为兑换券，实则不然，是将扰乱金融也。一八七九年，政府劝奖商人，设立横滨正金银行，初欲借之整理币制，继而专营外国汇兑。一八八一年，朝命松方正义为大藏卿。松方素有理财之名，及既在位，主张纸币兑现。且曰："非振兴外国贸易，奖励出口，无法吸收海外之现金。"遂于出产销售之地，设立使馆，借以辅助商务。明年，松方切言"银行散立，无补财政"之害，请设中央银行，政府许之，设立日本银行，兑换纸币，借使纸币与正货之价无大差异。其他银行，届其规定时间，失其发行纸币之权。经济之基础益固，工商等业，日益发达；政府收入，数倍于前。兹列其岁入、岁出表于下：

年	岁入	岁出	剩余
1868	33，089，313	30，505，086	2，584，227
1873	85，507，245	62，678，601	22，828，644
1878—1879	62，443，749	60，941，336	1，502，413
1883—1884	83，106，859	83，106，859	——
1888—1889	92，956，933	81，504，024	11，452，909
1893—1894	113，769，381	84，581，872	29，187，509
1894—1895	98，170，028	78，128，643	20，041，385

中日战后，中国偿银二亿三千万两。日本政府深知银本位之害，商于清廷，按照时价，改为英币镑数，偿金与之。政府骤得多金，遂利用时机，

改定币制，易银本位为金本位，废去银元。盖当时欧美诸国，概已以金为主币，银为辅币。辅币之使用每有一定之限制，而普通之银，直等于货物，其市价涨落不一；因之银本位之国家对外贸易，商人毫无把握，危险甚大。自金币改定后，始与外商处于对等之地位，不至为所操纵矣。

司 法

《新律纲领》 幕府之法律简陋，人民不知法之为何。其犯罪者，常以刑讯，生杀之权，操于幕吏。而在诸藩内者，法律监狱，多不相同；苛酷黑暗，不可思议。及将军归政，设立刑部省，司法制度，始得从事整理。一八六九年，天皇敕刑部省编定新律，以宽大为主。刑部省参稽古制，杂采清律，编成新典，号曰《新律纲领》。虽其于短促期内，敷衍而成，不合于刑律学理者甚多；但较前律，宽大多矣。一八七二年，改刑部省为司法省。明年，以藩士江藤新平（时为下院之副议长）为司法卿。江藤建议：司法省总辖裁判所之一切事务，可得专折奏事；司法卿监督法官，得黜陟之。寻令法庭审判，许人民傍听；又为养成法律人才计，聘请法人，教授学生，以备改革。俄分司法省之属为三，曰裁判所（法庭），曰检事局（检察厅），曰明法寮（法政学校）；次第设立裁判所于府县，许人民得控告，上诉。既而江藤之《改定律令草案》成，进呈天皇；朝命颁行。江藤之为司法卿也，整理司法，制度渐备。其后因争征韩论，辞职而去。木户孝允，板垣退助等，更倡言司法独立。一八七五年，设立大审院；院为国中最高之法庭，专理民事刑事之上告及下级裁判所之不合法者。当时法官，概娴于法律，富有经验。兹列其法庭之组织如下。

大审院 {（刑）——重罪裁判所——轻罪裁判所——违警裁判所
（民）——控诉裁判所——地方裁判所——区裁判所}

编制民法商法 《新律纲领》，已废除焚刑；罪轻者，许以纳金赎罪；枭首者，准其亲属收葬；处死刑者，须奉旨批准。及江藤新平，复参酌各国法律，定为三百十八条；是为《改定律令》，并废除磔刑，减轻罪罚。一八八〇年，政府颁布刑法；其中多采法国之拿破仑法典，以主其事者，法国法律博士巴利拿也。刑法既备，益专从事于编订民法商法。先是一八七一年，设制度考查局，专译法国法典，以供法官参考之资料。其中关于民事者，渐为法官所采取；又委定民法编纂委员。及一八八五年，为谋改正条约，亟于编成民法，遂于司法省内，置法典取调局，以巴利拿为顾问；其商法则聘德国法律博士吕斯列草之。及其成功，民法偏近法国，商法类于德国，而民法多不适于日本之风俗习惯，且有与之矛盾冲突者。乃延其实行之期，又复修改。

监狱之改良　监狱之黑暗，政府知之，亟欲改良。一八七二年，遣人至香港、新加坡、印度等地，调查英属地之狱制。其明年，制定监狱之图式而颁布之，惜犹未能实行。一八七六年，编定犯人给予之法，定其供给饮食寝具沐浴之最低限度。明年，令内务省管理全国监狱事务，于是监狱始得统一。旋又颁布保释条例，凡刑事被告人在审讯期中，苟有保证人而纳保证金者，可免于缧绁。一八八二年，订监狱则，分别在监人年龄之大小，及初犯重犯之男女，各以其类别居于狱中。又定监狱为三等，订立课程。若年不满十六，或逾六十及疾病衰弱者，皆得按其体力所及，减免工作。其工作所得之资，听其赠予亲属，或购买书籍食品。其有剩余，俟其出狱，如数与之。又规定狱中通信接见慰问者之时间。当其暇时，令教诲师训导之，教以读书习字算术图画诸科。一八九〇年，修正狱则，较前益宽。改良监狱之主旨，要在尊重在监人之廉耻，而时其教诲，增其生活能力。其后以建筑监狱之费甚巨，非地方之力所能任，遂由国库补助之。对于不良之孩童，又另设监狱以教养之，等于学校。监狱益进步矣。

司法独立，法律改良，司法官富于学识经验，监狱日益进步。日人久欲废除丧失主权之外人裁判权，终于外人无所借口，遂乃改约。惟其法律制度，采于法德，草创之时，未能周详，多不合于国内之风俗习惯，此其所以数谋改正欤？盖一国法律之产生，多由于历史上之遗传，道德之观念，固不能率尔采仿也。

教育

学制之订定 当明治即位，誓于神祇，其第五条即曰：“求知识于世界，以丕振皇基。”教育政策，必须兼采东西文化，其意于此可见；故首设立大学（此犹教育省），统理全国教育事务。惟以亟于废藩，未能兼顾教育，广立学校；其后乃改大学为文部。一八七二年，订定学制；天皇下诏，有“自今之后……必期邑无不学之徒，家无不学之人”云云。当时计画分全国为八区，区设大学一，中学三十二，小学三百有十；惟未即实行，不过对于教育之一种希望而已。文部以需教员急，设立师范学校，造就师资，增设小学中学。一八七七年，开办东京帝国大学，分文理法医四科，于是始有大学。其后留学生归自欧美，呈述所见；政府数改学制。其重要者，小学高等，款由地方税供给；定六一十四岁为学龄，令孩童入小学读书，实行强迫教育。小学卒业者，得考高等；高等卒业者，可考中学或专门职业学校；其上为大学。小学课程重要者，为修身、国语、算术、历史、运动；高等为修身、国文、算术、历史、地理、理科、英文；中学尤重外国言语科。其所谓修身者，一种保守旧道德之教科书也。天皇尝下诏曰：“朕惟我皇祖皇宗，肇国弘远，树德深厚。……朕愿与尔臣民，拳拳服膺，咸一其德。”凡此课程学龄，时有更变，盖其教育，初在试验时代故也。

女子教育 学校课程，极其严重。自星期佳节国庆而外，无甚例假；暑假期短；孩童入学，上课期间逾十月。小学高等，皆采男女同校之制。女子入中学者，其数较少；一八八六年，全国女子中学，仅有九校。后虽增加；而入学机会，远不如男子。其入学宗旨，在养成妇道，为他日之良妻贤母。

教会学校及私立学校 官立学校而外，有教会学校。自外人初来传道，即建设学校，教授生徒。及维新初年，人民羡慕欧化，鄙弃汉学；政府设立之学校，未甚发达，教会学校，其势渐盛，小学高等中学大学，学生日多。其后政府所设之学校渐多，设备管理，优于教会学校，教会学校之势渐衰；但其功有不可没者。教会学校而外，有私立学校。其最著名者，为福泽谕吉之庆应义塾。福泽尝游欧美，不求利达，因设义塾，聚集生徒，谆谆然以输入泰西学术为己任。一八九二年，福泽扩张其义塾，增设大学，分文学、经济、法律、政治四科。其生徒闻达者不知凡几。次则大隈所设立之早稻田大学，亦负盛名。早稻田初称东京专门学校，成立于一八八三年。其宗旨盖欲脱离权势之羁绊而使专研究其所读之课程，尤提倡国语，专授政治、经济、法律等科；学生甚众。其他私立者尤多。盖以人民爱国，乐于公益，勇于输捐；而在上者，又能鼓吹励奖之。学校增多之后，政府之监督渐严，教科书必经文部之审定，以求划一。其后受德国之影响益深，专趋于军国民教育。

文学作品及报纸　学校林立，学生数增。文学及报纸，应时势之需要，发达殊速。作品多为小说戏曲新诗；以作者深受欧美文学之影响，偏于模仿，创作遂少，其影响人民最大者，厥为报纸。报纸始于一八六一年。初由长崎奉行，令译荷报，转呈幕府，后以不能供读者需要，始设报馆，惜其发行一号而止。一八六四年，美人尝发行报纸，每月二次；又不及十号而停刊。继之起者，十有余种。但主其事者，皆非专业，组织编辑，简陋无序，专诋幕府；幕府禁其出版。及维新初年，木户孝允发行报纸，《东京日日新闻》《邮便报知新闻》《朝野新闻》等继之而兴。其编辑者，富于才识，时作论说，发表意见，批评政事，势力大盛；政府检察之律始严。既而政府定议会召集之期，党人怨望者，发行报纸，鼓吹学说，标示主义；时或不顾事实，偏于攻击政府。福泽谕吉以为不可，乃与同志创设时事新报馆，以不偏不党为宗旨，专论事实，评其得失，借定改革进行之方针；销数日增，势力渐盛。后数年，报纸价廉，流传益广。资本家谓可营利，投资于报馆者骤多，因而增聘记者，购买机器，消息灵通，印刷迅速，报纸之进步益速。其所助于普通教育者尤多。

交　通

铁路之建筑　日本地势，山脉连亘，川河短流。当幕府季世，道路不修，桥梁朽坏，行旅不便。及维新初年，伊藤大隈倡言建筑铁路，而政府无款筹办。会英商有自华归国者，途经日本，英使介绍之于伊藤大隈，议借英债三百万镑，以关税作抵。二人上奏于天皇；天皇许之。英商归国，募集资本，购买材料，聘请工匠。日本朝野闻之，谓其将夺贫民衣食，斥为非计；其激烈者，复谓借款于外，实为卖国。既而英工程师至，舆论大哗。政府遣人至英，意欲收回；以票价骤昂，乃止。及期兴工，筑京东京滨横滨铁路，凡十八英里。越二年告成，天皇亲临，举行开业典礼，国人亦渐知其利，益事扩充。迨西南乱平，政府更募集公债，建筑铁道。其明年，兴工；工程师多为日人。至中日战时，铁路告成者，五百五十八英里，价值三千六百余万元。平均计算，每英里六万余元。

商办铁路之发达　国办铁路发达之初，商办铁路继之而起。一八八一年，岩仓具视设立公司，号曰日本铁道会社；借谋华族财产之保全。岩仓与政府订约：建筑五百余里之铁路，营业九十九年；若每年利息，不足六分，概由政府津贴。政府许之，限以七年竣工。于是其他会社踵起。一八八八年，内阁始颁布商办铁路条例。一八九二年，五谷不登，经济恐慌，铁道事业，因之不振。但其已成者，凡一千一百余英里；共一千七百余英里。

汽船会社　幕府末年，解造船之禁。及将军归政，有船四十四艘；诸藩之船九十四只。政府已收其船只，因奖诱商人，设立汽船会社，借船十余艘与之。但会社内部，时启纷扰，外国商船，复与之竞争，遂归失败。独三菱会社，经营海道——其创办者，土佐人也，由土佐藩侯，借船数艘与之——组织巩固；岩仓大久保助之，政府更贷以所有之船，岁助二十五万元。又设商船学校，借以培养人才。当西南乱起，三菱会社，运送军队军需，厥功甚伟。乱平，政府因以新购之汽船与之，其势大盛。后更与共同运输会社合并，改称日本邮船会社；政府岁以八十八万元助之。开办之初，有船合三万九千余吨。一八八四年，大阪以西航行内海之轮船，其数大增；亦自合并，号曰大阪商船会社。但以当时进出口货，由外船输运者，占百分之七十七；政府因益奖励轮船航行于海外。中日战时，赖其运输军队；其后发达益速。

邮局电报及电话　铁道轮船，日益进步。邮局电报，其发达亦如之。一八六八年，政府先置驿递，司邮便事务，视道途之远近难易，定取资之多寡；是为邮政之始。后三年，传令各驿，置信箱，售邮票，定其收信时刻。一八七三年，禁民间信局传递信件；复改定邮资，无论地方远近，取资均同。其信局之失业者，政府劝其合并，组织陆运会社，转运货物，且与以特权；后改为内国通运会社，掌握国内运输之权。自是而后，邮政发达益速，信用昭著。一八七七年，加入万国邮政公会。后二年，英国许撤租界内自设之邮局；各国相继从之。以邮局营业，次第扩充，汇兑储蓄等，亦大为发达。电报之始成立，自一八六九年西南乱后，政府益知其重要。一八八五年，干线遍于全国。政府又与丹麦大北电线公司议订条约，建设上海—长崎间之海底电线，与国内之电线相接。电话开办于一八九〇年；不及三年，东京一市，用户大增。大阪神户，继起营业，发达亦速。

农工商业

农产与人口之比　封建既废，农夫（犹农奴）领有耕种之地，许其卖买，农产得有输出，生活稍高。政府亟于改良农业，设试验场，培植自西方输入之植物种子，试用农具；扩张农业教育，劝设农会，精选种子，防除害虫；又复鼓励人民，开垦荒芜，田地益辟。农产出品，以米麦为大宗。但其所出，不足以养其每年增加之人口，食物之价大昂。农事之余，养蚕种茶，有以之为专业者。蚕分三期，春季最盛，夏次之，秋为下。茶之出产，一八九四年，增至三倍。牛马家畜，无甚增减。

造林　中古以来，各地名山建有佛寺。僧人乐居幽境，于其寺之左近，遍植树木。德川时代，取之以时，保护甚周，森林尚盛。维新初年，林政废弛，滥伐者多。政府乃恢复古制，劝民植树，维持森林。先定官领民领之地域，宣布条例；设树木试验场及山林学校，从事培植。官领高原，多险峻之地，政府收之，极力经营以造成森林。

渔业　日本四境环海，渔业甚盛，政府复奖励之，创立水产会，考查水产，改良渔具，研究销路。又设水产传习所，借授普通渔业知识，改良渔船。由是渔人渐能驶入远海；从事捕鱼，又设公司，制为食品，以输入外国。

矿业　矿业始于古时，采取之法，殊为简陋。维新之初，聘用英、法、德、美技师，为开采之计。一八七三年，聘地质学者于美，考查诸矿，测量产额。又设专门学校，教授采矿冶金之术。政府急欲求其发达，凡矿山之属于国家者，皆许人民开采。矿主借用新式机器，出产大增。其重要者，为金、银、铜、铁、铅、煤等。兹列其表于下：

年	金（两）	银（两）	铜贯（百两）	铁（贯）	铅（贯）	煤（吨）
1877	93421	294541	1051319	2191132	72691	499106
1882	72455	4634556	1497628	3243583	62161	929213
1887	138838	9498097	2950338	4071□46	102810	1746296
1892	178348	15869021	5536061	5268417	286859	3176840

纺织　实业之发达最速者，首推纺织：纺业，以国内之棉，不足供给，乃购之于印度等地；织业开办较迟，其进步亦速。方其初办，聘用外人，购置机器，悉心经营；政府又力助之。兹将其发达情形列表于下：

纺　织

年	工场	锤数	年	匹	价
1872	3	8204	1884	——	5964870

续表

年	工场	锤数	年	匹	价
1882	13	28204	1887	36668368	24176622
1892	45	475992	1894	55950498	65515899

商业 自铁路发达，运输便利之后，商业随之。政府设立专门学校，辅助商业；又设领事，调查各国商情。既而国内银行，日益巩固，商业愈益兴盛。列表如下：

年	输出	输入	总数
1867	15553472	10693071	26246543
1877	23348521	27420902	50769423
1887	52407681	44304251	96711932
1897	163135077	219300771	382435848

宗　教

定神道为国教 幕府末年，神道学者，倡祭政一致之说。及将军归政，遂定神道为国教，设神祇科；复严佛寺神社之分，寺内不得安奉佛像，僧人不得管理神社。政府将借政权，扩充神道，任命管理寺社者，兼教导之职，岁支国帑为俸金；其职等于官吏。神官更借演剧以传播其教；于各重要之地，设有神社。其社中之神，可分四级。（一）天皇。其数十余。凡得入社者或曾胜强敌；或经大改革，民受其利；或于大乱之后，尝能维持治安。（二）亲王大臣。因其人忠心事君；或尝平乱有功。（三）忠心事君之臣民。盖尝不辞生死，亟赴王难，以救天皇者。（四）自然界之神。天地日月之类，日人以为其先祖也。神社祈祷之礼仪，政府订之。宪法虽许人民信教自由，而小学学生必须致敬于神社，果得谓之自由欤？其政府答辩，固谓神道非宗教也，岂其然乎？

佛教之改革 维新之初，政府将禁佛教。藩侯之逢迎者，辄没收佛像，火而焚之。一时僧人大恐，人民惊惧，几起大变。政府乃谋镇抚，通谕各属，谓朝廷之意，非欲如此严办。然犹令皇室亲王，公卿子弟之出家者，蓄发还俗，又迫僧人，不得出入官衙，以困辱之。惟公卿之不欲废佛教者，谓其尊重国教，于祭政一致，未尝背谬，因许其高谈教义。其先谋改革，能自振拔者，则本愿寺也。寺自维新之际，即自厘革寺务，首创普通学校，传教于上海等地。此外各宗，亦能严守戒律。其高僧更研究学问，以阐发妙义；或游历欧美，以资知识；且援西方之无神论，以攻击耶教；刊行佛书杂志，以为宣传。其能如是进步者，盖受外界之激刺而能奋兴也。

耶教之盛衰 耶教自弛禁后，势力浸盛。传教师至者，辄创设学校，教授英语；对于学生，谆谆然劝其信教。时值维新初年，攘夷锁国之说，不复能存在，西方思想之输入，若决江河莫之能御。又以传教师富于普通学术，热心宣传，教会学生卒业后服务于社会者，率负有盛名。人民因目耶教为文明宗教，倾心欢迎。于是教徒骤增，十字架见于街市村野者，触目皆是。及一八八五年，日本学者之思想，转趋旧学，反抗欧化之势渐盛。佛教徒又复忌嫉耶教，即借欧人所盛倡之“进化论”以破耶教“创世纪”之说。二教争论，纷呶不已。然其后日人亟谋改约，传教师为之归国运动者甚多；虽无功效，其热忱固不当忘也。

综而言之，日本维新后内政发达之速，诚有足多者。然其能于此短时期内，收获若此之丰，亦非无故。盖日本于开港之先，非无文化；其人民非若非洲美洲之土人。彼以东方固有深渊之文化，兼采西人曾经试验得良结果之制度科学，而吸取融化之，收效固非甚难。其政府又奖助之，不遗余力，此其所以勃兴欤?

第十七篇

明治二十七年前之外交

（1867—1894）

修约大使之失败 日本与欧美诸国之通商条约，载明至一八七二年，经双方同意，可得改约。日本政府深知条约重丧国权；其时又值维新初年，凡百新政，待款举行；因谋收回海关自主权，借裕国库。一八七一年，天皇命岩仓具视为全权大使，大久保、木户、伊藤副之，游说欧美，冀达改约之目的。大使至美，述其国内废藩之政绩，及外交上亲善友邦之诚意；商于美政府，废除协定税率及治外法权等。美政府终于拒之。已而至欧，请于各缔约国，亦未有许之者。岩仓使命，全归失败。盖其时诸强国，为谋商业发达之故，群起争夺权利，自不愿以其所已得者，转还主人。其于中国，且力谋攫取，于日本，自不肯放弃。大使在欧，以闻朝臣将构衅于韩，遂遄程而归。此行也，日本使臣皆奇杰英明之士，愿望甚奢；终于无成。其所得者，乃以身历诸国，目睹其政法修明，工商发达，国势兴盛，而则效之心益强耳。

自内政整理以后，日本始得从事于国外；其步骤为交换土地，收复岛屿，并吞琉球，威逼韩国，中日战争，改订条约等，兹分述之。

日俄交换千岛库页 先是俄人尝自冈札德加半岛，进据千岛，来至虾夷。及一八五八年，中俄订立《瑷珲条约》；俄人遂占有黑龙江流域北部之地，东至库页（日人改称之曰桦太，一名萨哈连），勇猛进行，与日人之居留其地者，时起冲突。俄皇请划疆界，幕府拒之。及陂理约成，俄人重申前请；卒议定仍循旧例，两国人民，杂居其地。顾俄人徙居者众，幕府惊愕，屡遣使至俄，商议地界，不成。其后俄人侵入对马岛；岛属日本，往来韩国必经之地也，俄人据之，建筑军营，将有久驻之意。且扬言曰："俄之出此，防英法之夺之日也。"英人恶其占据要害，因以兵舰迫之退去，俄人纳焉。一八七一年，天皇托美使致意俄皇，将以北纬五十度为二国在库页之界线；俄皇不许。旋美使建议，由日本出资收买，政府将以二百万元购置之；朝臣又言其无用而止。天皇寻致书于俄，请以划界事归美国公判；俄皇又不可。其后数遣重臣如俄京交涉，皆不得要领而归。一八七五年，复与

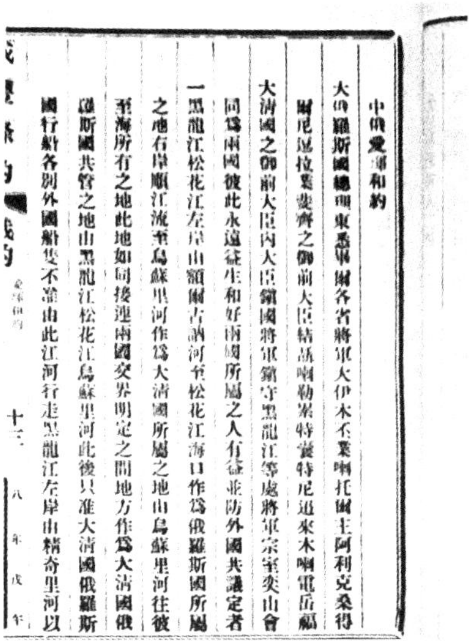
中俄瑷琿和約

大俄羅斯國總管東悉畢爾各省將軍大伊木不業喇托爾王阿利克桑得
爾尼逕拉業斐齊之御前大臣精話喇勒業特囊特尼迸來木喇電岳福
大清國之御前大臣內大臣鎮國將軍鎮守黑龍江等處將軍宗室奕山會
同爲兩國彼此永遠益生和好兩國所屬之人有益並防外國共議定者
一黑龍江松花江左岸由額爾古訥河至松花江海口作爲俄羅斯國所屬
之地右岸順江流至烏蘇里河作爲大清國所屬之地由烏蘇里河往彼
至海所有之地此地如同接連兩國交界明定之間地方作爲大清國俄
羅斯國共管之地由黑龍江松花江烏蘇里河此後只准大清國俄羅斯
國行船各別外國船隻不准由此江河行走黑龍江左岸由精奇里河以

愛琿和約　十三　八年戊午

图 17-1　中俄《瑷珲条约》

俄协议，决以千岛归日，库页归俄，两国之疆界始定；然交涉已经十余年之久矣！

日本收回小笠原岛　本州东南，有一小岛，始为日人小笠原氏所发见，遂以其名名之。幕府锁国之时，严禁人民制造大船，徙居其地者益少。及十九世纪中叶后，英美人渐移居其地；幕府忧之，因通告英美，谓其地系日本领域，将置官吏，对于外人权利，概不侵扰。二国公使不答，将军遂遣兵戍之。当幕府归政时，戍者皆归；未几复往。美人居留其岛者，组织团体，自定法律，又有从事劫掠，以海盗为生者；日本官吏，因严禁之，时致冲突。美使抗议，交涉频繁，政府乃劝其人他徙。一八七四年，美国务卿告其国人曰："小笠原岛，国会未认为美属；凡移居其地者，是自流于荒岛也，政府不能保护。"英人经审察之后，对于该地之为日领，亦无异言。一八七五年，日政府始完全收复其地。

中日之琉球台湾交涉　琉球自经萨摩藩侯征服后，为之附庸；同时其王复朝贡中国，受清赐封。及朝廷废藩，萨摩之附庸，亦应隶属于天皇；因召琉球王入朝，至列其名于华族。旋议县其地，宣言琉球与各国缔结之条约，概遵守之；清廷提出抗议。会琉球船只行近台湾，为风所破，生番杀其登岸之水手。日本请办番民，清廷不理。一八七三年，日人有至其地者，几复被杀。事闻，朝野大怒，有欲只身讨番者。副岛种臣曰："师出无名，犹与寇等。"朝廷因命副岛为大使，来中国议其事，且交换商约。先是一八七一年，日本尝遣重臣与李鸿章议订商约。约中订定：日人贸易于通商口岸而犯罪者，由中日会审；其在内地犯罪者，受审于中国法庭。当时清廷以日本为同文之小国，尝鄙夷之，又以琉球之故，不肯批约。种臣至天津会李鸿章；旋至北京，向总理衙门，提出琉民被害事件。清廷之答覆竟谓"生番系化外之民，中国不过问"。

中国争台湾而遗琉球　种臣报之政府，朝臣主战者，借为口实，欲出兵讨生番。值厦门美领事乘轮归国，途过日本。其人固尝在台湾，屈服惯杀漂民之生番者，及之日本，羡其进步之速，竟荐其友，协助出兵之事。旋由文治派谏沮，寝其谋。一八七四年，国内党争激烈；政府大惧，谋伐台湾，借泄武人之愤，命陆军中将西乡从道为台湾事务都督，率兵三千，渡海侵台。有美人三赞助其事，又得美船为之载兵。将发，美使遽索还人船，严守中立。英使且告政府曰："此役也，将构衅于清。"朝廷因欲中止出军，而从道即夜鼓轮而去。日军登岸，诸藩多屈服，独牡丹生番拒战。日军纵火，焚其居舍，余众逃降。从道营造都督府，为久驻之计；且寄书与福建大吏，具述其状。大吏请收兵，不许。清使俄至，说令归国，从道答以无朝命，不可。日使在北京者，因以台事抵牾，争执不决，中日邦交，益形严重。天皇乃命大久保利通为全权大臣，来中国议台事。大久保至北京，诣总理衙门，谒亲王大臣；会议凡七次，皆互相切责，毫无让步。大久保欲治装归；英使恐其决裂，致启战争，妨英商务，乃居间调停。和议告成；其文曰："……兹以台湾生番，将日属人民，妄加杀害。……今与大清议明退兵善后办法，开列三条于后。（一）日本此役，本于保民之义，大清不得认为错误。（二）抚恤遇害者之家，赔偿建筑费用。（附有细则）（三）注销往来公文关于台事者。”其细则载明被难之家，清给抚恤银十万两；日本撤兵，其在台地建筑物等，清自留用，给银四万两。斯约也，不啻认琉民为日人民，琉地为日领土；向之悬案，实已解决。甚矣哉清廷外交之无人也！

格兰特论当时东亚情势 琉球虽为中日属国，实系自主，日本之县之，非其所愿也。一八七九年，其王隐遣使告清。清廷提出抗议，两国交涉又起，将及于战。会美前总统格兰特（Grant）周游世界，方留北京，以为中日战争，欧洲强国之利也。其言略曰："东亚地大物博，人口占世界三分之二。其能独立自主者，中日二国而已。二国人民，勤敏而尚勇，苟习西方之机械科学而善用之，自能改订丧失权利之条约，更得从事于商业竞争。日本近已发达，外人不复能以侵略政策加之，中国苟力求前进，事亦易为。余知外人贸易于东方者，惟在维持现状，垄断利益，所望二国能自

图 17-2　美国总统格兰特

合作，使其失意焉。”其言外人之欲望，黄种战争之非，亲善之利，至为痛切。[①]清廷然之，请其居间调停。格兰特建议三事：（一）清廷撤回恫吓日本之照会。（二）二国各遣代表，商决问题。（三）不受外人干涉；惟无法解决之时，得请外国公判。其所判决，二国皆当遵守。两国从其议；日本遣代表至北京，会议三月，将取琉球而分割之。签字之日，清使忽生异议；其事又本非日本之所愿，会议遂散。其明年，适清廷有俄国交涉，遽置琉球不问；及事定，琉球之争论复起。然中国抗议，文虽严重，实无开战之心。既而越南变起，清廷遂不复言琉球事矣。

日本侵略琉球之野心　琉球交涉之所以失败者，由于清廷而骄傲，意轻日使；其时朝臣徒计皇帝虚誉，而昧于国际公法，日本现状；又无缔结条约之才能。方日本并吞琉球，虽曾提出抗议；乃至琉民被害，反由日人请办番民，而中国终以“化外不问”答之。台湾交涉后，议订条约，又复承认生番所杀为日属人民。依据约文，清于琉球实已完全放弃矣。夫以一纸约文，丧失属地，清廷诸臣，其愚殊可怜悯。然琉球虽为中日属国，在习惯上，不过聘使朝贡而已；从无干涉其内政之例。日本不问情实，竟屋其社而夺其自主之权，其侵略之野心为何如耶？然而中国人犹未悟也。

日与朝鲜订约认为自主之国　朝鲜自江户幕府以来，聘报日本，未尝间断。维新之初，天皇使人告于朝鲜，其国书有天皇诏敕等字；韩廷谓其非邻国来聘之礼，拒而不受。天皇复遣使往，劝其报聘；韩廷不许，下令于国中曰：“日本变法，近于夷狄。国人与之往来者，杀无赦。”使者归国，西乡隆盛等请出兵伐之，不可，辞官而去。当时韩王年幼；其父李昰应摄政，号曰大院君。大院君性情豪迈，喜事敢为，专欲抑制外戚，攘斥外人。先是一八六五年，俄舰来请通商，大院君令法教师劝其退去，教师不应；因疑其为间谍也，遽屠杀之。英法公使诘问清廷；清廷答谓：朝鲜虽奉中国正朔，至其内政，向不干涉。法美诸国，遂于此时要求朝鲜许其通商，不得则令兵舰胁之。韩人拒抗，终不肯屈。一八七五年，日本军舰驶入韩国西岸之

图 17-3　日本并吞琉球图

江华岛；戍兵发炮击之。军舰还炮，毁其炮台，旋复报告政府；天皇因命大使往韩，诘问其故，且议修好。大使至韩，提出草约，限其于十日内答复。时大院君已还政，朝臣会议，逾期不决。日使扬言：“将立去韩，兴师问罪。”韩廷不得已，概许其请，致书道歉，交换日韩通商条约。其第一条曰：“朝鲜为自主之国，与日本享平等之权。”日韩邦交于是恢复。

李鸿章对于朝鲜片面之外交政策 日本自称东方开化之国，亲善欧美各强国。日韩商约成后，美国谋通商于韩。一八八〇年，遣使如日，托其驻韩公使致书于韩，请许美国通商。韩王拒之；美使因滞留长崎。李鸿章闻知其事，邀其来津，议订商约。美使至，李鸿章力主约文载明朝鲜属于中国。美使初谓不可，后乃由韩王致书于美，自述其与中国之关系。其约文有“自古以来，朝鲜为中国藩属。但内政外交，概由自主，与美享同等之权”云云。约成，英法诸国，皆与订相同之约。李鸿章之为此，其意盖欲证明朝鲜属于中国也。初，日本以朝鲜之事来告，清廷谓其内政不能干涉。及日韩商约告成，日本认朝鲜为自主之国。李氏深恐朝鲜属于中国之事实，将为列强所否认，故招美使至津，借以表示朝鲜臣服中国，惟上国之言是

图 17-4　李鸿章晚年像

听。此其用心甚苦；所可惜者，商约国书，文义矛盾，其外交终归失败耳。

一八八二年朝鲜之内乱 日韩邦交恢复以来，日本在韩之势浸盛。当是时韩国一般有为之士，知非变法不能图强，号为开化党；其亲清者以大院君为之魁，号曰守旧党。二党在朝，互相倾轧；卒以迫于大势，遣学生二十四人，赴日留学，更聘日武官，操练军队。一八八二年，新军因欠饷怨望，附于大院君以作乱。时大院君已久归政，以韩王懦弱，其妃闵氏专政，恶之。而闵妃以大院君之故，渐欲亲日，积怨益深。大院君谋杀闵妃，事泄，韩王及妃，皆已逃去。乱者杀日武官七人，袭击使馆；日使潜逃，东渡长崎。于是日政府命井上馨赴韩交涉，议订条约五款：（一）限二十日内，韩国逮治凶徒之罪。（二）恤死者家属五万元。（三）偿军费五十万元。（四）日本军队，得驻汉城，保护使馆。（五）遣大使谢罪。韩皆许之。清廷闻变，令马建忠率军舰赴韩。建忠召见大院君，拘之，送往北京；更遣兵登岸，守护汉城。大院君至，清廷置之保定，不许归国。大院君素亲中国，至是反为清廷所幽。

日公使助韩开化党作乱 李鸿章见事日急，亟颁中韩商约，许华商享受特殊权利；委任朝鲜海关监督，整理岁入；复令韩使驻于天津。清廷先命马建忠协理朝鲜外交通商事宜，其后复委袁世凯为全权委员以代之。袁氏刚毅敢为，干涉朝鲜政务；韩王患之。盖自始所谓属国者，内政一任其自主；今骤变政策，韩王心不自安，乃转而亲美，借求援助。开化党之势，因之大盛。其党魁金玉均等锐意维新，且于大院君乱后，如日道歉，羡其进步之速，因交其上下，引为援助。日本政府，隐为笼络之计，待之甚厚，退归韩国赔款四十万元。玉均恃日助己，谋诛大臣之守旧者；而日本自袁氏驻韩后，势力大减，故公使隐为之助。一八八四年，朝鲜举行庆祝邮局落成典礼；国内大臣及各国公使咸在焉，独日使托故不至。会宴将终，开化党人纵火执兵，屠杀大臣；日使更率兵入宫助之，威胁韩王，欲拥之以揽政权。明日，袁世凯率兵至；韩民恶玉均等暴动者，争来助之；韩王潜归清军。日使知事不可为，率兵归馆，途为暴民所辱。当是时，韩民激于义愤而起者所在皆是。日商在汉城未逃者，多遭杀死，焚其屋舍。党人与乱者，更屠其家族，鲜得免者。日使已逃去，报之政府。天皇命井上馨如韩，办理其事。明年，复使伊藤博文来中国，订《天津条约》，其结果终有中日之战。（其事详后）

修改条约始末 自岩仓具视出使欧美，改约失败以来，国人渐知治外法权及协定海关税率之害，群起合谋；历二十余年之久，与外国会商六次，始告成功。其勇往前进，惨澹经营之苦心毅力，有足称者。方一八七八年，日政府商于美国，修改关税条约，美国答谓俟他国许可，美即赞同。及转商于英，英人以增加关税最不利于其商业，倡议反对，他国从而和之，遂作罢论。一八八二年，井上馨更请于英，废除治外法权，聘用外人为法官，又不成而罢。越四年，复开会议。是时大审院亦已成立；朝廷又聘外人编纂法典，公布实行。适伊藤为总理大臣，提倡欧化，奖励交际，外人多称美之；美传教师在日者，至为之归国宣传，说其政府改正条约。外相井上馨与各国公使会商，许聘外人为法官，废去治外法权。人民闻知聘用外人之议，横加批评，舆论嚣然，卒至井上辞职而去。于是天皇命攻击井上最烈之大隈，继为外相。大隈谓与各国公使合议，不能成功，因先商于美，议定取消治外法权，惟仍许聘用外人；美国许之。德俄诸国，寻相继认可。而攻击大隈者，仍以任用外人为违背宪法。伊藤至辞枢密院长，肆言其害；阁员反对者，辞官而去；大学教授亦上书天皇，力争不可。但大隈坚持其说；天皇为开御前会议，双方相持，入夜不决。适大隈归邸，途为刺客所击，重伤一足，改约之议遂寝。其后伊藤复组内阁，陆奥宗光为外务大臣，陆奥谓英在日之商业最盛，得其许可，各国自无异言；因命驻德公使亲赴伦敦，商决其事。一八九四年七月十六日，与英国立约调印，其重要者有三：（一）开放全国。（二）定期废去治外法权。（三）定期取消协定税率。十一月，美国继英许之。其后各国皆许之。

改约成功之主因 取消治外法权，固赖群众运动；实由于编纂法律，组织完备及法官公明，狱制改良之故。或谓中日战后，列国因其强盛而始许之，兹以事实证之，未尽然也。中日战争，始于七月二十九日，当日舰击沉中国输送船，其时英日商约，已签字十余日矣。吾人所当知者，协定税率，诚有不能保护国内工商业之害，但其基础，当定于改约之先。彼借口协定税率而自谓中国不能进步者，其自馁亦太甚矣。

【注】

①当时美国政府深恐格兰特之言，致遭列强之忌，特发宣言，谓其行动，当由个人负责云。

第十八篇 中日之战（1894—1895）

天津条约中国对韩势力之让步　朝鲜一八八四年之乱，日本公使参与其谋。韩人愤怒，杀日商民，焚毁使馆；公使逃之釜山。于是日本以井上馨为全权大使，率兵舰至韩；谒见国王，呈递国书，严重交涉；并议订条款：（一）由韩国道歉。（二）赔伤害损失等费十一万元。（三）严治暴徒之杀日人者。（四）偿建筑使馆费二万元。（五）韩廷为其使馆卫兵建筑兵营。清廷闻变，遣使者之韩，参与和议；井上峻辞拒之。日人旋谓清兵曾助韩民攻击日商；其明年，更派伊藤博文来中国，会议韩事。清廷命李鸿章为全权代表，与之交涉。伊藤先入北京，将呈国书；总理衙门托言皇帝幼冲，拒其谒见。伊藤返之天津，与李鸿章会商韩事；双方辩论，各不相屈。伊藤将归，李鸿章让步，且谓将办兵士助乱有据者；因缔结天津条约，其条款如下：（一）尽撤中日二国驻韩之军队。（二）中日皆不预闻朝鲜练兵之事。（三）朝鲜有事，一国认为必要出兵时，必先行文知照其缔约国。论者尝以断送韩国之罪，归于此条约；为斯言者，实昧于当时之情势。日本自与朝鲜缔约以来，久认朝鲜为自主之国；欧美诸国，亦多以独立国待韩；当日韩交涉，井上故并拒绝清使与会。及伊藤来津，则是认朝鲜与中国有关矣。推李氏订约之意，盖以日韩相近，往来便利，其出兵较迅速；必先知照然后出兵，则能为之备。其所让步者，惟第一二条耳。约成，二国之怨益深，亟谋报复，战机日迫；兹分述之：

日韩之邦交益恶　（一）日本地近朝鲜，人民视之若属国。维新初年，武人尝欲构难于韩而不果。其后国势强盛，工商进步，人口数增；蕞尔小岛，不足以资发展，益欲兼并朝鲜。而袁世凯在韩之急进举动，结果反激增日人之野心，伊藤尝叹息之。一八八九年，朝鲜官吏托言岁歉，禁止五谷出口；日本食料之来源骤断，价值奇昂，人心惶恐。后知是岁朝鲜收入之丰，为近三十年所未有，舆论哗然，佥谓朝鲜违背商约。公使严重抗议；二月后，韩乃开禁。其后二年，韩复申前禁。公使为其商人，要求赔偿损失十四万元。历久交涉，韩廷许赔款四万余元。政府大怒，招回公使，而以

图 18-1　外国人画笔下的总理衙门的官员

年少敢为之政客大石正已代之。大石与韩廷交涉，要求赔偿十七万元，限十四日答复；逾期不得要领，即当撤旗归国。李鸿章闻之，大惊，急命韩廷赔偿日商十一万元，其事始已。日韩之邦交已日益恶；复值日本召集议会之初，下院时与内阁冲突，政府解散下院，至于再三，伊藤宪法，殊多困难；若将修改，又政治家之所踌躇顾虑也。政府为保全其宪法计，乃谋对外以求与国民合作。

袁世凯监督朝鲜之严厉 （二）自清廷委任袁世凯为全权委员，袁氏因统理韩国交涉通商事宜，实行其宗主国对于属国监督之责。一八八七年，韩王遣大臣出驻美国，未得袁氏认可，袁氏即令撤回；韩廷屈服。既而公使得其认可，乘轮抵美，谒见各国公使。袁氏谓其不待中国公使之介绍，擅自拜谒，迫令罢之。会美国驻韩公使，劝韩王自立，李鸿章即商于美国，将该使召归。韩廷又受袁氏之命，请之于美；美遂召回公使，而令他人代之。袁氏为扩张势力计，尝经营全韩电报，谋筑铁路。日本请于韩廷，许其建筑釜山汉城间之铁道，经营釜山通日本之海线；韩廷以袁氏之故拒之。

图 18-2 袁世凯

于是日本嫉恶清廷，过于朝鲜；韩之君臣，心不自安，亦有微言。及大院君归，各国传谓袁氏将欲立之为王，借并朝鲜；日人大惧，谋韩益亟。当时清廷诸臣李鸿章、张佩纶等，奏请扩充军舰，倡言练军谋报复；北洋舰队，举行会操。日本日窥伺之，并得其奏文。二国之邦交，各趋极端，险象呈露，遂不免于一战矣？

朝鲜臣民之无能 （三）朝鲜政府，衰靡不振。韩王又庸懦，上秉成于大院君，下见制于妃闵氏。二人争权，树党倾轧。其下大臣，属于世家望族，积习深沉，改革困难。在朝握政权者，多懦弱文学之士，偏于守旧，而昧于大势。其谋改革者，则自信过甚，趋于极端，自为一党，不能合作，徒事破坏。结果乃使庸臣，环顾四邻，有利我者，我则就之，否则远之；主见不一，政策无定。其下人民，惟知纳税，视朝廷存亡，若不相关。朝鲜举国麻木不仁，遂为中日逐鹿之场，酿成战争。

中国对韩外交上之孤立 （四）俄自不能逞志于欧洲，转变政策，经营西比利亚，借伸势力于东亚。其驻韩公使施其阴谋，渐得韩国君臣之欢。日本见而大惧，其政治家，固谓内政不修之朝鲜，将必并吞于俄；夫然，将使日本见逼于强俄，其不利莫甚焉。因亟谋夺之于清。至美德诸国，皆利朝鲜独立。当袁氏之干涉朝鲜外交，美国尝向清廷表示不满。德皇则利黄种残杀自弱之政策，不愿干涉。中国在外交上，全处于孤立地位。日本遂无所忌，竟至决裂。

金玉均被刺 （五）朝鲜一八八四年之乱，新党失败，其领袖金玉均等，逃之日本。韩廷诛其家族，下及仆辈。复求玉均于日；日本弗与。玉均已留日本，心极愤懑，数谋革命，事泄而败。韩廷大惧，隐谋刺之。其刺客托言与李鸿章之子相善，诱玉均曰：“但得其父一诺，大事立成。”玉均欣然，与之偕至上海（或谓李鸿章致书招之）。次日，遂出手枪，击杀玉均。各国公使，言于清廷，应处凶犯以相当之罪，且勿辱死者之尸；日使更请以凶犯归其裁判。李鸿章皆不之许，特令军舰载犯及尸，送归汉城。韩王诏分玉均之尸，重赏刺客。于是日人大怒，舆论嚣然。日韩之感情益恶，中日之冲突，已无可免避。会东学党之乱作，遂启二国战争之祸。

朝鲜东学党之乱、中日出兵朝鲜 东学党者，朝鲜愚民所组织之秘密会也。党人倡言保存东方学术，反对宣传耶教，时起骚扰。其后政变数起，赋税苛重，人心思乱，党徒益众。一八九四年，党人起兵，民争附之。韩王命招讨使率兵八百人往讨。兵士行不裹粮，日给铜钱百文，听其向民间购食，散漫无纪，受其扰者，皆愤而助党人。旋陷重城全州，得其枪炮弹药。韩王复遣五百人往攻，中道溃散。于是党势大张，声言诛灭闵党，匡君救民；全韩骚动。韩廷大惧，问计于袁世凯。世凯令其请求中国，出师援助，韩王从之。李鸿章深信日本下院内阁之冲突未已，无暇外顾，议决出兵，令驻日公使依据《天津条约》，通知日本。其六月七日，照会出兵文有云："我朝素宏字小之仁，断难漠视藩服之难。"日外务省答谓："朝鲜王从未自承其属于贵国。"明日，其驻华公使又照会总理衙门云："……朝鲜内乱孔炽，本国不得不派兵前往，业已命将出师。……"清廷请其不必出兵，辩答未已，而日本军队已抵釜山，前进汉城；清军援韩者，则驻于牙山。东学党闻有重兵来讨，恐惧逃散。袁世凯因照会驻韩日使大鸟圭介，略谓乱徒已散，中日两国，可同时撤兵；大鸟不应。六月十七日，日本外相又咨请清使略云："……朝鲜内政，亟应代为修整。两国拟各简命数大臣前往朝鲜，同心稽察各弊。其分应整顿……者，如国库出纳，遴选官吏，及募练弹压内乱额兵等皆是。"二十二日，中国拒绝其请，复文云："……其内政作何整顿之处，应任朝鲜王好自为之。……贵国既认朝鲜为自立之国，岂能干预其内政。……"同日，日外相复驻日公使文云："……朝鲜王尝蓄阴谋，致酿祸变，大为敝国之害。……敝国万难坐视。……是以决计代为设法，以保太平之局。其所应查办之事，已详前牍。……今两国退兵之先，必须订定规模，俟朝鲜王办理就绪，其执政以次各官，亦各有条不紊，方可奏凯班师。……"清廷终不肯从。七月十四日，其驻京日使乃照会总理衙门曰：

"……中国仍执须令日本退兵原议，毫无合力整顿之意。似此情形，两国若起争端，实惟中国执其咎。……"文意强硬，不啻二国之绝交书也。

日使向朝廷要求四事　李鸿章初接日本共理韩政之文，大惊；转谋和平，请驻京各国公使，向日调停，俄使致书于日，劝其撤兵；外相复谓时机未至。英患战争妨其商业，出任调停；又以清廷众臣意见不一而无结果。七月某日，大鸟圭介忽令日军队在韩者，悉往汉城。大鸟面谒韩王，诘问中国保护藩属之意；又呈改革案，促王施行。王逡巡数日，不得已，下诏罪已，派重臣三人为改革委员，协议改革事宜。大鸟旋向韩廷要求四事：（一）日本得置汉城釜山之军用电报。（二）朝鲜依据前约为日建筑兵营。（三）撤退中国军队。（四）废弃中韩之一切条约，限其三日答复。及期，韩廷弗许。二十三日，大鸟率兵，迫令韩王，接受其改革内政案。袁世凯见事机已非，托辞请归；清廷令唐绍仪代之。袁氏去后，韩廷失其凭依，遂于二十五日，承诺大鸟之要求，宣布废弃中韩之一切条约。同日午前，日本军舰击沉中国输送船于海，战事遂启；其近因则日本对韩之共同改革案也。欧美学者，有谓中日之战，由中国破坏《天津条约》；是说也，殊无根据。清廷痛于数丧属国，谋存朝鲜藩属，而朝鲜君庸臣懦，不能自主，以至酿成巨祸，各宜分受其责。至如日本以地理上经济上之关系，久有兼并朝鲜之心；借其内政不修，托言共理政务，终致战争。三国之中，日本应负最大责任，可无疑义。

牙山之战　清军驻于牙山，有兵六营，淮将叶志超统之。已见日军大至，志超催请援兵；李鸿章犹不欲战。其后始遣轮船输送兵士，自大沽出发，驶向朝鲜；令军舰二艘护之。行近朝鲜之西岸丰岛，忽被日舰发炮轰击；输送轮船，或降或沉。是役也，日本未死一人，中国军士之沉于海者，近千人。同日，韩廷承受日本意旨，许其驱逐在韩之清军。淮军驻于牙山，久弛操练，暮气深重；器械不一，弹药不足。统领叶志超专俟援兵，坚筑堡垒，防敌袭击。而日军在韩者，人数较多，兵器精利，遂于夜半分军进围牙山。守将聂士成拒战。其兵，每营仅有枪械三百五十；其他一百余人，皆持矛戟。日军远发重炮，弹落如雨，守兵多死，余众溃走；诸垒次第失守。叶志超统兵在外，不敢来援，牙山遂于二十九日失守。八月一日，中日二国，下诏宣战，列强相继宣布中立。

平壤之战 开战之始，日本海陆二军，皆奏大捷。懦弱无能之朝鲜君臣，惟日本之言是听。八月二十日，大鸟圭介与韩缔结新约。其重要者如下：（一）朝鲜政府改革内政。（二）京（汉城）仁（仁川）京釜（釜山）之铁道，许日本建筑。（三）保存日本所设之京仁京釜之电线。（四）两国派员，协议朝鲜独立自主。越六日，二国遂结攻守同盟之约。日本复遣大军，追击清兵。时清兵已至平壤；援军渡鸭绿江来会。平壤者，箕子故都也，负山带河，形势险要。诸将议据险以待，建筑炮台，分四军守之。日将知之，定包围总攻之策，分四路来击，清兵不能相应。日军攻陷北垒，将攻城门。清军守垒者，惧敌断其归路。溃走城中，悬白旗乞降。日军许不进攻，约其明日献城。及夜，叶志超率全军突围而遁，退守鸭绿江西岸。

黄海之战 中国军舰自丰岛战后，严守威海卫港，不敢巡弋敌舰。日本因得于此时，运送军队，进攻平壤。既而清廷命海军提督丁汝昌统率舰队，护送军队之大东沟。丁汝昌，淮将也，不甚知海军；以淮军之故，统帅北洋舰队。海军将佐，多福建人；不愿汝昌为其长官。汝昌率军舰十二艘，水雷艇六艘，驶抵大东沟。值日本舰队游弋黄海，见之。其司令伊东祐亨，令作一字阵形前进；汝昌指麾舰队，作人字阵形以待之。清舰于远距离先发巨炮；日舰不应，待至炮弹能及之地，突还炮击。又日舰形小，行驶迅速，突过清舰右翼，包围夹攻；清舰大乱。独致远舰长邓世昌督战最力，然船受重伤，倾侧欲没。世昌命开足汽机，驶撞敌舰，冀与之同命；未及而沉，舰中二百余人皆死。其余军舰，或先逃去，或已起火。其急于逃者，甚至自相撞裂，或触礁没。司令丁汝昌方战斗时，弹落于其舰中，船身震动，汝昌自上坠下，几至闷绝；俄而苏，纠合余舰，逃入威海卫港。斯役也，清舰

图 18-3　致远舰官兵（中间为邓世昌）

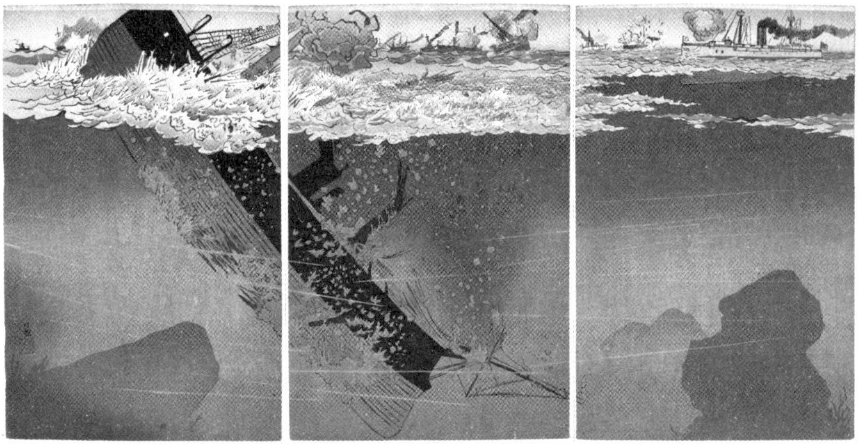

图 18-4　日本绘画：击沉清军舰艇

沉没者四；日舰重伤者三；日本大胜。其战胜者，亦由于将佐勇敢，临危不惊；且操练有素，发弹命中。而中国舰长，妒嫉猜忌，士卒懦弱，不知所为；舰中火药，有以细石充之，借图私利；焉得不败？由是太平洋西部海上之权，归于日本矣。

奉天东南部之战、金州旅顺之战　黄海战后，日兵分为二军。第一军山县有朋帅之，取道朝鲜。第二军大山岩统之，自海道来犯大连。山县驻于平壤，命先锋队进据义州。义州隔鸭绿江与九连城对峙，江广水深，清军乃弃江而守。日军侦知其实，夜半渡江。黎明，进攻九连东北之高山，将借以拊城背，陷之。城中守兵大惧，不战而逃。日军已得九连，进陷安东。山县更分其军为二：一趋凤凰城，一向大东沟。声势浩大，守兵争遁。奉天东南之地，几未一战，悉归日本第一军占领。其第二军自金州东之貔子窝登岸，进攻金州。金州者，旅顺之门户也，前临海湾，东北有山，形势险要，皆可据守。清军弃之，坐守空城。日军分三路夹攻，兵临城下，炸毁北门，蜂拥而入。败兵逃之大连；大连守军为之气沮，弃炮台不守。日军围攻大连，发炮击之，无应战者；探之，则阒无一人。大连既失，旅顺陆路之交通遂绝，军舰在港者，先自逃去。日军分三路来攻。其炮台为德人所筑，依山而立，坚固无比；及大连失后，败兵麇集其间，士气丧沮，不能拒战。日军运大连之重炮轰之，进据山巅，摧毁诸垒。守将乘轮先逃，余兵悉散。由是中国第一要塞，卒乃变为日本海军之根据地。

盖平海城之战 第一军占领奉天东南部后，运输军实，休养兵卒。明年，转攻摩天岭附近之地，进据海城。会清军万人，自满洲北境而来，谋复凤城。日军守将，率兵出战，败之。清军遂变战略，反攻海城。海城者，辽阳盖平间往来必经之地也，自失守后，盖平孤立。清军守盖平者，转向北去，集于牛庄，盖欲从别道以通辽阳，借相援助也。日军侦知，遣兵袭其后；然寡不敌众，鏖战将败，而援军大集。其来援者，途中遇雪，深至没胫；已至，战败清兵。斯战也，断绝清军西通辽阳之途，余兵不敢复战。日军别遣支队，进攻盖平，陷之。清军在辽阳势孤，分兵反攻海城，又复败退。

威海卫之战 日本海军，自黄海战后，声势大张。李鸿章请于军机大臣，商遣南洋舰队与北洋余舰共守渤海。军机大臣迟延十四日，始与南洋大臣刘坤一议，拒绝其请。李氏无奈，令丁汝昌严守渤海，余舰匿于威海卫港。日本谋攻直隶海湾，以分清兵之势，议决攻取威海卫，扫灭清舰；又侦知登州东南之防备甚疏，乃遣一军，潜渡荣城湾，猝然登岸。其地原有守兵，大惊溃逃。日军进据荣城，派舰专伺清舰，知其不出，不能有为。其陆军驻于荣城三日，未遇袭击；乃分军前发，由海军发炮掩之；且佯攻炮台以为牵制，而陆军越险突上。守兵惊愕，争先逃去，日军遂得孤山之摩天顶炮台。摩天顶地势甚高，日军据之，炮击其左近炮台，陷之；中国余舰遂失其凭依，欲逃不得。初，荣城陷后，丁汝昌恐炮台不守；反为敌资，转攻舰队，数请毁之；守将不可。及战，守兵溃逃，汝昌遣兵登岸，毁之，又不及。清舰困守刘公岛。日舰炮台，发炮击之；鏖战竟日。及夜，潜放水

图 18-5　日本浮世绘：海军军官们研究进攻中国的战略战术

图 18-6　刘坤一

雷，沉清舰一。明日，复施水雷，破沉重舰。余舰伤坏，不能再战；将佐气沮，不肯用命；汝昌犹望援军，终不能至。外人劝其出降，汝昌致书伊东祐亨，约其毋伤中西官民；伊东许之。及降，汝昌自杀。北洋舰队，遂无余烬，渤海门户，为日占据。

营口之战　日军自陷盖平，固守海城。二月，清兵一万五千，分三路夹击，又复败退。会湖南巡抚吴大澂，率湘军来援。大澂身为文士，素不

图 18-7　中日甲午海战图

知兵，其军号曰湘军，多新募者，遇敌先逃。日军乘势，进据牛庄，转攻营口。营口设有炮台，在辽河左岸，形势险要；守将闻敌将至，不战自退。日军据之，乃于辽河右岸，排列重炮，轰击对岸田家庄台之清兵。战三小时，守兵六十余营全溃。日舰得威海卫后，别遣舰队，进窥澎湖台湾。三月，驶抵澎湖；其陆军潜渡登岸，同时进攻。守兵溃散，炮台重城，相继失守。俄而和约告成，战事始已。方中日战争之时，日军所向皆捷，其故何耶？盖中日之冲突已久，战固难免，日政府早为之备，振兴工商，巩固财政，训练军队，扩张海军；又于中国情形，了如指掌；而清廷幼主懦弱，妇人专政，内治不修，财政紊乱；其所谓改革者，不过疏章上之费辞虚语。人民，则视国家之利害与己无关；海军，则统领无人；陆军，则新募未练，器械不完，弹药不足；驱之使战，譬犹群羊挡豺狼耳。

中国议和大使被拒绝　初，清军数败，李鸿章知非日敌，商请驻京各国公使，居间调停。英使请于日本政府，日犹未答；德俄二国，斥英提议，日本因遂拒绝其请。于是清廷更向日本，直接谋和，任天津海关税务司德人为和使，携李鸿章致伊藤博文之书东渡。使者请见伊藤；伊藤谓其为李氏私佣，所携非国书，拒绝弗纳。当是时也，旅顺已失，清廷改派户部左侍郎张荫桓湖南巡抚邵友濂为全权大臣，赴日议和。日本则任总理大臣伊藤博文外务大臣陆奥宗光为议和大使。二国使臣会于广岛。清使于邦交未复之时，忽呈国书；伊藤谓其非全权证书，退还不受。张邵二使，乃以上谕示之。上谕略云：“……兹派尔为全权代表，与日本之全权大臣，会商事宜。尔仍一面电禀总理衙门，请旨遵行。……”会商事宜，意何所指？请旨遵行，又非全权。伊藤因照会二使，询其权限；二使答无专对议决之权。伊藤乃见二使，拒绝谈判；且曰：“中国惯以孤立猜疑为政策，外交上缺公明信实之例。”立命轮船送之回国。日本舆论，赞其英断；欧美列国，咸笑清廷之失体。盖清廷派遣张邵二使，意欲得知媾和条件，借诱外人干涉耳。

李鸿章被日人狙击、中日媾和　威海卫陷后，清廷大惧，始派李鸿章为全权大臣，专任议和。李鸿章来至马关，会见伊藤陆奥，交换证书，请即休战。明日，伊藤提出休战条件，其重要者二:（一）大沽、天津、山海关皆归日军暂据。（二）其地所有军械军需，缴与日军。李氏不可，争持数日。李氏请其提交媾和条件，伊藤约以明日。李氏归馆；日人有不愿和者，出手枪，于途中击之，伤颊。伊藤闻之，赴馆慰问。欧美诸国，佥不直日人所为。伊藤因主无条件休战。阁员诸将，多持不可。伊藤乃夜谒天皇，得诏许可。在奉天、直隶、山东三省，两国休战二十一日，不得有增派援兵等事。伊藤提交媾和条件，李氏草长文驳之。伊藤请其切实答复，勿为怨言哀诉。李氏一一改其条件；伊藤不可。最后由伊藤提出修正案如下:（一）中国承认朝鲜为完全独立自主之国。（二）中国割让奉天南部（辽东半岛）、台湾、澎湖列岛于日。（三）中国赔偿军费二亿两。（四）重订商约。（五）日军暂驻于威海卫，担保和约实行。李鸿章谓其苛酷，力争修改。伊藤坚持一字不能再易，期以四日答复。当是时也，休战之期将满，日本输运兵船，驶过马关，势将再战。李鸿章电告总理衙门，得其覆电:

图 18-8　马关条约会场

“可争得一分，则争一分。”乃签和约。

三国干涉还辽、日俄战争之酝酿 约成，李鸿章归国。清廷痛心丧失发祥之地，思借俄国为之斡旋。初，李鸿章犹在马关，即电告驻华各国公使以日本之要求。俄久经营西比利亚，谋得不冻军港于东方，闻割让辽东半岛之报，固欲出而干涉；李鸿章乃复以利诱之。四月，俄开海陆军委员会议；又得法人赞助。法自普法战后，复仇心亟。时值德之工商发达，国势膨胀，且联奥意为同盟。法国大惧，百方结俄；凡俄外交政策，法皆予以助力。俄更说德，德亦许之。德皇初则信黄祸之说，颇利黄种人自杀，故斥英人调停之议；一八九五年之初，曾通知日本，谓其苟据满洲，易启列强干涉；已见日终战胜，惧其于亚洲大陆得有根据之地，遂违国内舆论，显然以助俄。四月二十三日，三国公使劝告日本政府，放弃辽东半岛。俄又聚集东方舰队，陆军凡五万人，借示日本若果拒绝其请，将启战争。伊藤大惧，商于陆奥，决议照会俄国，除金州外，辽东半岛仍归还中国；俄皇不可。中国更利用其时，要求日本展期批换和约。日本内阁会议，谓问题不决，将招不测之祸，主张放弃辽东半岛；迅速换约，即由外务省照会三国政府，从其忠告；三国遂无异议。日使来之芝罘，交换条约讫；天皇旋下还辽之敕，令驻华公使，商议其事。中国许偿日本银三千万两。俄之干涉，说者谓李鸿章实隐与俄订有密约，许其建筑管理中东铁路。于是俄之侵略满洲，日亟一日，卒乃酿成日俄之战。李鸿章“以夷制夷”之外交政策，结果复全归失败。

日人欲望之奢侈 中日之战，日军未尝小挫，群众心理，不欲即事议和。及李鸿章东渡订约，日人谓其内阁要求过宽，议员将提质问。未几，三国干涉还辽，政府许之，舆论哗然，攻击内阁。一时报章杂志言辞激烈者，皆被政府禁其出版；反对内阁之议员，开会演说，警察又阻之；于是人心益愤，方开战之初，为万民所崇拜之伊藤首相，至是人民乃有谋杀之者。大藏卿松方正义，且以赔款短少，辞职而去。此其故何耶？人之欲望无穷，易生怨恨，群众心理尤每趋于极端而发生剧变，事实往往如是。至其所实得者，则（一）赔款二亿三千万两。（二）占有台湾澎湖之地。（三）商业上之利益。其影响较大者，又有数端。（一）内阁议会始能合作。（二）萨长藩阀之势大盛。（三）利用赔款，整理财政，扩张军备，提倡工商。（四）欧美列强始信日本内政之进步，日本在国际上之地位骤高。综之，皆其二十余年维新之结果也。

第十九篇

中日战后十年中之内政外交（1894—1904）

松方及伊藤内阁与议会之冲突　伊藤内阁，自中日战后，渐为人民所恶。先是外务大臣陆奥宗光，尝为自由党员，劝诱其党，与政府提携；伊藤又得国民协会之助；政府议员，因得占下院多数，通过草案，毫无困难。伊藤遂荐自由党总裁板垣退助为内务大臣。会政府之外交失败，陆奥以疾去职；素负理财盛名之松方亦已辞职，财政待理。一八九六年，伊藤遂辞职。天皇召松方组阁，任为总理大臣，兼大藏卿。松方会晤进步党魁大隈，得其援助；遂延之入阁，为外务大臣。松方，大隈，始以言论动人，废去报纸条例；其于财政，自改银本位为金本位外，无他建设。进步党员，谓松方内阁，不能践其前诺，渐有愤言。且阁员多为萨人，内部时起争论。明年，大隈辞职而去。旋以台湾事务，内阁大为反对党所攻击。初，日本既得台湾，乐于冒险之浪人，相率西渡谋利。有法官保护台民，官吏罢免其职。其人即根据宪法，法官不得无故免职，讼言于政府；政府答谓宪法暂未能实行于该地。于是法官归国，详述官吏之严酷；报章登载，舆论大哗；下院各党因相结，宣言反对政府。及议会召集，提出不信任案；天皇即下解散

图 19-1　陆奥宗光

之诏。松方知其益为党人所恶，于选举之先，自请去职。一八九八年，伊藤继起组阁，以井上馨为大藏卿。三月，举行选举，自由、进步二党之势如故。天皇召集特别会议，提交民法，选举法及增税案。民法则以收回治外法权之期将至，必须议会通过，始得颁布。选举法减少纳税之资格，扩张人民之选举权。增税则增加农民之担负。议会通过民法，否决增税，未及讨论选举草案，政府又令解散。

党阁之内讧 议会解散之后，党人大愤，互相团结，成一新党，曰宪政党。选举之结果，议员三百人，而宪政党员占二百五十二人。伊藤因自请辞职；元老大臣无愿组阁者。伊藤乃举大隈板垣以自代；由天皇下诏，命其组阁。大隈自为总理，兼外务大臣；板垣为内务大臣；除海陆军外，其他阁员，皆以党人充之。大隈之党百十有一人，板垣之党九十六人；其阁员之分配，为五与三之比例。俄而大隈之党文部大臣，以妄言去职，自由党请以己党代之，不得。值自由党领袖星亨氏自美归，其人尝为进步党所辱，亟谋报复，内讧日深。于是二党分裂，板垣之党仍称宪政党，大隈改其党名曰宪政本党。内阁旋解散。

议会通过增税案及选举法 党人失败，伊藤时不在国，天皇命山县有朋组阁，山县借星亨之援，与宪政党合作；又以重利，啖其党员；当时内务大臣至许星亨得专利电车；放卖山林。政党之风纪大坏，转助内阁。是年，通过其所提出之增加田税案及选举法。选举法之改革，始倡于下院；但为贵族院所阻。伊藤尝提交改革草案于议会，惜以反对增税案而解散，未能议及。扩充选举，固人民所属望，山县所提交者，与伊藤之原案无异，故由议会通过。其重要之点凡三。（一）废被选人之财产资格，减投票人十五元之税额为十元。（二）改小选举区为大区。（三）改议员三百人为三百八十一人。于是人民有选举权者，凡九十余万人，视前约加四十万人。

立宪政友会与伊藤内阁 伊藤归国，渐与军阀交恶；一九〇〇年，谋组政党。宪政党员，自知为人民所恶，劝说伊藤，加入其党，以资号召。伊藤欲借以匡正政党之弊，许之。改其名曰立宪政友会。宪政党员，全体加入，举伊藤为总裁。伊藤召集党员，演说政见，否认政党内阁之说；倡言：去私为国，改良政治，谋人民之幸福。党人本其所述，发刊宣言，气象一新。旋星亨要求山县，许党人入阁；山县不可。党人宣言与之脱离；山县遂辞职。是年十月，伊藤继为总理大臣，以党人中影响最大者为阁员。及议会召集，下院通过内阁提交之增税案，转交贵族院。初，伊藤为贵族院议长，声望素著；及其与政党接近，贵族院之议员，渐与山县相亲，山县党员，因否决其议案；朝令停会者二，促其审思，始得通过。于是军阀派之元老，皆谓伊藤内阁，托天皇之诏，逼令议会通过议案，而使至尊之天皇，加入党争，内讧渐深。伊藤之党，惟有井上，其势不敌；而其阁员，又不能融洽，互相倾轧。伊藤意甚怏怏，因上表辞职，奉还爵位，天皇许其辞职，不许还爵隐居；并令枢密院长西园寺公望暂时代阁；西园寺素亲伊藤者也。既而元老会议，井上馨欲组阁，不得。

桂太郎内阁　元老既不组阁，天皇命陆军大将桂太郎为总理大臣。桂太郎长人也，其家与井上有旧；尝至欧洲，专修军事行政组织，数与战争，立有战功，仕至陆军大臣；复与山县相亲，及其组阁，阁员多为山县之党，因得贵族院之助；伊藤又无报复之心，政友会遂不反抗，妥议预算。一九〇二年，政府发表“英日同盟”，举行选举，下院得终四年会期者，始于此时。选举之结果，政党势力如故。既而召集，否决政府增加地税扩张海军案，朝命解散。再选之后，反对党之势大增。一九〇三年，议会开会；桂太郎乃与伊藤协商，议定整理政务，节减经费，以扩张海军。政友会已与政府合作，遂通过其重要议案。伊藤身为元老党魁，声望俨然，山县等惮之，因欲其脱离政党。会议会闭会，天皇委伊藤为枢密院长，伊藤遂于其时辞政友会总裁，举西园寺代己。及日俄邦交，益趋严重，人民愤内阁外交之缓慢，有倡议开战者，组织对俄同志会，大隈之党与焉。迨议会开会，奏答敕语，不依议会惯例，遽弹劾内阁之外交，朝命即令解散。一九〇四年

图 19-2　桂太郎

二月，日俄开战；举国人民援助政府，举行选举，毫无扰乱。八月，议会开会，复上下一心，共谋对外，议定临时军费三亿八千万元。是冬，又扩充军费七亿八千万元。其议决也，并未详细讨论，时间至为短促；人民爱国之精神，有足夸者。

军阀势力下之日本内阁　自三国干涉还辽之后，国人佥知军备之重要；又值台湾之乱，枢密院通过法令——山县有朋时为院长——属地总督，海军及陆军大臣，必以在职之海军或陆军中将以上之大员任之。其意盖恐无军事经验之文官，得居陆军海军大臣之职，将妨军事之发达及进行也。原夫大将中将之在职者，必受命于陆军或海军之参谋部；其得升级，固其才能胜任，亦必其人为军阀所喜，而愿服从其命令。由是军阀势力下之陆军海军大臣，必将与军阀合作；遇有内阁之政策与之不合者，无论何时，军阀得令受其指挥之阁员辞职。阁员一人辞职，则共同负责之内阁，势将去位；其继起组阁者，苟为军阀所恶，亦必不能告成。军阀又得利用阁员，于内阁议会之时，陈述所见，以影响及政府之政策。其关于属地军事者，总督必先商于陆军或海军大臣，其关系又至重要。而其大将中将，陆军则长人为盛，海军则萨人最强。长萨二藩之军阀，各谋其利益，巩固其地位势力，遂不可侮。伊藤尝忧其事；后以与山县不合，且其势小，不能与敌，自一九〇〇年失败之后，遂终不能组阁，军备则以军阀势盛之故，增练师团；添置军舰；扩张兵工厂以造新式军器；推广军事教育以训练将佐；结果国家预算遂以军费为最多。一九〇〇年，国库支出共二亿五千五百万元，就中军费占八千八百万元，竟逾全数三分之一。

军备以外之各种内政　然扩张军备之内阁，固未尝忘其他事业也。教育则提倡甚力，肄业于中学专门学校者大增；女子教育，进步亦速。又文部定例增加小学校员之薪，复令府县置视学官，以监督教育，考察学生之卫生事宜。交通则铁路、轮船、邮局等，甚为发达。且以铁路之成者获利甚厚，投资者其数骤增，各地公司，争谋路线，尤以一九〇〇年为其极盛时代；政府因订铁路条例。轮船自中日战后，政府知海运之重要。宣布航海奖励法，奖助国内制造轮船，航行国外。一八九六年，日本邮船会社扩张航行欧洲之路线。东洋汽船会社亦于此时成立，航行美国；次第扩充达于澳洲印度等地。其往来上海朝鲜间者，船数已增，而航行于中国之长江者，根基复渐固。邮局因交通便利之故，日益发达；经营邮政而外，兼营汇兑贮金。电报电话，随之俱进，工商业等同时进步。货物之输出输入，数额大增，其售销于中国者尤多。政府又设特种银行，若劝业银行、农工银行，专以奖助农工为务。其放出借款，期长而息薄；国内实业，因得改良。

日政府之经营台湾　马关约成，中国割让台湾与日。当地绅民之不服者，递呈巡抚唐景崧，请其暂统政事。景崧因自为总统，宣言：“……台湾为民主之国。”又致各省大吏电曰：“……崧……允暂主总统，由民公举，仍奉正朔，遥作屏藩。”黑旗军大将刘永福，更统兵助之。于是日本天皇任海军大将桦山资纪为台湾总督，率陆军兵舰而至。陆军登岸，兵舰助之，遂攻陷台北。永福率兵退守台中；日军追击，复退据台南之险要而守。台南气候益热，交通困难，行军不易，日军乃散布台中，俟时前进。俄而海军自南部登岸，守兵拒战甚力，后终败溃，永福逃去。此役也，日军与战者，二万五千人；其死亡或罹疾者，数近万人，能久亲王与焉。事定，驻军台湾，收民间兵器，设立警察，维持治安，更布发民政，官卖鸦片①，建筑铁路，修理海港，经营农林，扩张工艺，推广商业，创设小学，教授日语。其始一八九五年——九〇一年之间。政府补助台湾经费，凡千万余元。一八九六年之收入仅二百余万元，至一九〇一年，增至一千二百余万元，台湾经济渐能独立。属地政府更讲求卫生事宜，借增移民之数。日人移居者，由政府助其建筑费用之半，给与购买农具之金。其行政组织，首领厥为总督。总督隶于内务大臣之下，而受其监督，听其指挥；其关于军事者，必先商于陆军或海军大臣。帝国议会所通过之议案法律，皆切实施行于台湾。总督之职权，治理全岛之政务，施行一切之法令，监督其属之官吏。总督之下，有海军、陆军、警察等长官，各司其事；并组织行政会议。会议之时，总督身为主席；凡重要法令，必经其通过，始得有效。全岛分为二十行政区；各有区长，其权殊微，盖中央集权制也。

朝鲜之局势 中日战争之始，日韩二国，缔结条约：韩王允许改革内政。战后，日本遣井上馨为公使，助朝鲜改革。井上至韩，进行各种计划，上自行政军队，下至庶人服制，多有改易。韩人习惯，成立已久，人心偏于守旧；一旦施行激烈之改革，非其所愿，朝臣有辞职去者，法令不出于都门。井上令民翦发，由韩王父子身为之倡；民多不欲。旋以在汉城者，被强迫剪发，乡民大恐，相率不肯入城，柴米价昂，几酿绝粮之患。井上既为韩人所恶，日本政府因以三浦代之。三浦军人也，亟欲增其国威；朝鲜诸臣，多谄事之。而王后闵氏，恚其母族之失势，渐亲俄国，排斥日本，因欲尽逐新臣，首即解散新兵，以孤其势。于是军士愤甚，谒见大院君；大院君鼓令反抗，一八九五年十月之乱遂起。大院君于夜间率叛军入宫；宫中大乱，王后因被弑。天明，日使三浦入宫，日兵随之，分守宫门；俄美公使，继之而至。三浦与乱之说，喧传于韩，各国舆论，皆非日本；日本党人，群起攻击政府用人之不当，内阁乃召回使馆人员而拘之，代以精干之小村寿太郎。韩王既为开化党所制，从事进行改革，一八九六年，因与俄使相结，托保护使馆为名，由俄国遣兵驻守。未几，韩王乘间出奔俄国使馆，寻下诏革诸臣之职而杀之，代以亲俄派之守旧诸臣，时变起仓卒，亲日大臣，鲜得免者；日本在韩之势力，丧失殆尽。韩王在俄使馆且一年，事实上行政之大权概归于俄国。俄人获得种种权利，并得采伐鸭绿江附近之森林，以筑西比利亚铁路。日本不得已，先后由山县、小村与俄缔结条约，互相承认二国在韩之利益，处于平等。既而俄忽背约，迫令韩王，聘俄将校，并罢英人总税务司之职而改用俄人。英国大怒，严重抗议；韩王始复英人之职。于是朝鲜上下，佥患俄人之横，又转而亲日。

列强分割中国之议　马关条约，中国许日本开沙市、重庆、苏州、杭州等地为通商口岸。日本在华之地位，始与列强同等。俄而订中日通商行船章程，许日汽船，得航行于长江及其他内河；中日之贸易渐盛。中国败后，清廷之腐败无能，昭著于世。李鸿章既利用俄国，干涉还辽，旋与之订立丧失主权之密约，各国闻而惊起。一八九七——八九八年之间，德、俄、英、法，各占据我国土地，分割之议遂起，乃有势力范围之划定。势力范围者，始于法国之要求海南岛，清廷许以不得租借或割让于他国；于是英俄诸国，继之而起。日本且以台湾逼近福建，要求总理衙门，不得割让福建于外国。于是各国瓜分之势既成，戊戌维新之政又败，国民排外思想，无所发泄，遂猝然盲动而不可遏，因有一九〇〇年拳匪之乱。当时各国公使，困于北京，势甚危急；而联军犹踌躇不进。其原因虽复杂，然欲待拳匪，屠杀公使，然后有所借口，可以餍其欲望，固不可讳之事实也。日本地近中国；英国以有非洲乱故，乃劝日本出兵，更照会俄德诸国，担认其军费。日本派军一师团，向大沽出发。联军旋攻陷天津，复逼北京。日

图 19-3　1900 年，法国画报登载的彩色石印画，描写义和团活动

军攻朝阳门，城坚守固，猝未能下。英军乘虚，不战而先入城。时清帝已逃，德、俄、法各军，遂大肆淫掠。斯役也，日军应战最力；及城破，于其管辖之地，维持治安，保护住民，日美二国皆为联军最。既而俄军占据东三省，联军恐其复进，驻兵严守山海关以防之。及和议告成，日本得银三千三百七十余万两，当全数百分之七点七；较之俄、法、德、英，其数为少。

美国倡议开放中国门户　自中日战后，李鸿章深恨日本，乃结俄国，议订密约，以致列国纷纷占据要地，已述于前。一八九八年，俄国已强租旅顺大连湾；拳匪之乱，俄又逞其野心，亟欲兼并满洲。英谋抗俄，结德自固；而德忽背约。俄国益横，迫令中国缔结丧失满洲主权之密约。各国知

图 19-4　八国联军在北京进行巷战

之，先后警告中国，且曰："中国若批准该约，无异自开瓜分之端。"俄国无奈，申明废之。先是一八九九年，美国倡议开放中国门户，意在维持列强在华经济上之机会均等。盖其时列强方谋瓜分中国，划定势力范围；而美国独未有尺寸之地，深恐以此妨害其在华之贸易。其国务卿蒋斯该 Johns Hag 因致通牒于列强，述门户开放之旨，列强许之。中国因列强在华利害之冲突，未即于亡，满洲地方之危急，抑可知矣。

英日两国缔结同盟　当是时，英日以防俄故，外交政策相同，两国渐相亲近。先是英国已首许日本改约；拳匪之乱，复劝其出兵；及战，日军勇敢，纪律严明，大为英人所赞称；而俄国方欲囊括满洲，兼并西藏。俄有满洲，或将大伸势力于中国，破坏英国商业上之利；有西藏，则英属之印度且危。十九世纪之末，英国尝以防俄为事，其占威海卫，亦自以为防俄故也。日本已以朝鲜满洲利害关切之故，须与英国合作，久有与之订立同盟之意。

主其事者，则驻英大使林董也。林董于一九〇〇年至英，先以其意见告新闻记者；舆论赞成其说。又以其外交才能，深得英国政府之信任。明年，德国驻英大使，提议三国同盟。林董以私人名义，陈述德使之意见于英国外交大臣，适首相他往，未有结果；乃电告本国政府，旋得其认可之训令，惟令以私人接洽。既而英国驻日公使归国，谒见林董，提议同盟。林董数商于英外相，益相接近。九月，小村寿太郎为外务大臣，始令林董正式协商条约；林董数谒外相，会商其事。十一月，英国提交同盟约文于林董；林董以其全文电告政府；政府令其会商伊藤博文于巴黎。时伊藤托言养病，游历诸国；已至美国，接受耶鲁大学之博士学位；方将之俄。盖伊藤尝以日俄地位相近，意欲亲俄，与之缔结条约，俄得处置满洲，日得处置朝鲜。及其抵法，二人会晤，深疑内阁之外交政策；盖结英亲俄，根本相反，决无可以调和之理。林董返英，伊藤径往俄京；英外交大臣，深起疑虑。林董示以政府训令，英始释然。伊藤抵俄，俄优待之，意许其请；但政府要人，除伊藤井上而外，皆主联英。十二月，开御前会议，天皇否决亲俄之议；乃议英日同盟约文，修正者三。一九〇二年一月三十日，约成；由二国签字。

英日两国盟约重要条款　德国初欲三国同盟而终未加入者，德国大使，自初言及同盟，其后绝未提及；德皇意素轻日，又不欲助英抗俄以撄强邻之怒；英尝谋与德国缔结同盟条约，德皇不许；时值英国非洲战后，其仇德之心，辄未泯除；及议约文，英谓德国于远东利益，无重要关系，因不愿与商。约成，始通告德国，德亦无表示。二月，二国公布同盟约文。其重要条款，厥有三端：（一）英日互相承认其在华利益。英认日本于韩，有政治经济上之特殊利益。二国利益，若受侵害，各得执行必要之手段以保护之。（二）缔约国之一面。因保护其利益，与敌国交战，其同盟之国，遵守中立，努力宣传，以防第三者加入，出兵助敌。（三）交战期内，其他一国或数国加入敌国，其同盟之国当即出兵，协同战斗，共同议和。此同盟条约，期为五年。综观两国所得之利益，日本则增进其国际上之地位，借贷利率低微之外债，终敢对俄宣战；英则素以独立自诩，今始结日以巩固其极东之权利。后又赖同盟国之助，战败其数十年之大敌。一国之外交，其关系之重大何如也！

【注】

①当时台民吸鸦片及开烟灯者，皆须领照。政府借此能知有瘾人数及鸦片量数，又高其价，以寓禁烟之意。其无瘾者，不得吸烟；终乃禁绝。

第二十篇

日俄战争

（1904—1905）

俄国不肯撤满洲驻兵、日俄猜忌渐深　俄国自干涉还辽以来，经营中东铁路，据有旅顺大连；一九〇〇年，更进据满洲，强胁清廷，缔结密约，攫取种种权利。由列强抗议，俄始宣言废之。一九〇二年，中国与俄，缔结满洲撤兵条约，分十八月为三期，尽撤满洲驻兵。第一期至，俄国如约，撤退锦州辽河左近之兵。第二期至，俄不撤兵，提出新约，要求中国承诺，意将封锁满洲门户，而使其为俄国保护下之特种范围地也。美以其违反门户开放之旨，倡言不可。日英二国，亦提出抗议。然俄终不肯撤兵；又于鸭绿江附近之地，托言保护伐木公司，遣送军队，侵入朝鲜。其公司股份，俄皇皇后及皇族大臣，皆尝投资，但假托营业名义，从事远东之侵略；因强租要地于韩，自筑炮台；增多驻军，改其地名。日本以俄不仅以占据满洲为满足，其所力谋并吞之朝鲜，逼处强邻，危险殊甚；且自中日战后，人口数增，工业发达，倘韩折入俄人势力范围，即出口米谷一项操于俄人之手，其于日本利害，已至重要。于是全国上下，主张开战，尤以大隈之进步党为最烈。未几，俄国陆军大臣克鲁巴金来游，留住东京四日；日俄邦交，终未进步。克鲁巴金回至旅顺，开重要会议；决定于远东增加驻军。俄皇因特设远东总督，以素主侵略之亚历气哲福充之，与以远东外交行政及军事上之大权。盖将根据满洲以对待日本也。

日俄开战前之邦交态势　日俄之邦交严重。一九〇三年七月，日本外相小村寿太郎令其驻俄公使，协商二国特殊利益于俄；俄国许之。日本提出草案：（一）尊重中韩两国之独立及其领土之完全。（二）俄认日本对于朝鲜之特殊利益；日认俄国对于满洲之特殊利益。俄国外相训令其驻日公使，会商于远东总督。结果复文尽去尊重中国独立等语，只就朝鲜言之，且于日本权利加以限制。小村接收复文，会商俄使，欲解决满洲问题，但毫无进步。小村更提交修正草案于俄国公使，而其远东总督亚历气哲福，态度强硬，恃其兵力，意轻日本。盖方自信战争和平，唯视俄国之所欲；不知日本之坚决，卒出于一战也。至日本之所以敢出于战者，盖以其时俄国除法国外，美以其违反门户开放之宣言，英以与日本同盟及商业之关系，德以其于自身利害无甚重要关系，无愿助之者。及交涉破裂，日本毫无所惧，由天皇开御前会议；议决召回驻俄公使。一九〇四年二月六日二国之邦交断绝。

旅顺仁川之海战　俄国军舰驻于东方者，分为三队：一在旅顺口，一泊仁川，一驻海参崴。势分而力弱，又不设备。七日，日舰分二队出驶：一向旅顺，一往仁川。俄舰以旅顺一队为最强；八日夜间，日舰施放水雷，破伤其战舰二驱逐舰一，皆俄舰中之大者，其势渐弱。明日，交战，俄舰受伤，逃回港内。其驶至仁川者，炮击俄舰，俄舰三艘，无得逃者。十日，二国宣战。时日本已握海上交通之权，急输军队，来至仁川；及已登岸，即直趋形势雄壮之平壤，据之。初，战端已启，日本遣派军队，驻守汉城。朝鲜深感俄国之横，又以日本宣战诏书有保全其领土之语，即视为仁义之师。日使林权助与韩廷缔结条约，韩接受之，与以军事上之便利，日本且保障韩国之独立安全；于是韩廷宣布废弃俄韩间之一切条约。八月，日韩二国又缔新约。日本得荐财政外交顾问各一于韩廷，赞理事宜；朝鲜实已不啻为其属国。至中国以深恶俄之侵略，战争初起，一部分人心理，比较表同情于日。但以东北壤地辽阔，国内无备，竟不能驱逐他国势力于国外。时列强皆谓中国，应守中立。美、英、德诸国又通告日俄，除满洲交战区外，应尊重中国之领土中立。中国乃发通牒，划辽河以东为交战区，其西为中立地。盖河以东之地，俄国驻兵不肯撤退，事实上已无可如何。中国宣言；日俄二国，皆承认之。

鸭绿江之战　日军前队，进据平壤，援军来会者，共三师团，因编成第一军，由大将黑木维桢帅之。俄宣战后，命陆军大臣克鲁巴金为总司令，于三月二十七日，始抵哈尔滨。当黑木统军前进，俄军守鸭绿江者将退，忽接克鲁巴金之命，坚守防地。黑木分军，先攻下游之敌；复以重炮掩护工兵架桥梁七，遂渡河。俄驻重军于九连城，分守安东。日军攻其要垒，陷之。是役也，日军人数，多于俄军，黑木作战计划，尤周密谨慎，夺获军器甚多，士气大振。欧洲人士，始知俄国遇劲敌矣。

金州南山之战　俄舰伏于旅顺港内，乘间而出，犹能妨碍黄海上敌船之输送军队。日军乃谋封锁旅顺口，使其不得出港，历三次始告成。当其招集将卒驱之塞港也，应者争集，数过定额，尝至三十倍以上。明知将死而趋之若骛，终收其效，宜其受人赞叹为勇敢爱国也。旅顺既塞；五月五日，大将奥保巩所帅之第二军，自貔子窝上陆。其地驻有俄军，进击破之；更分军进攻金州，余守要害，以防自辽阳南下之俄军。其攻金州者，先陷其险要，转战城下，卒被攻破；遂乘胜而进，围攻南山。南山者，旅顺之门户也，俄军设有炮台，驻重兵严守。日军冒炮火而上，鏖战十六小时；又得海军之助，破敌右翼，遂攻下南山，获其重炮。斯役也，俄军死者一千余人；日军死伤者四千余人，遂得大连。时大将乃木希典所帅之第三军组织已成，专攻旅顺。第二军更转战而北。辽阳旅顺之交通既绝，克鲁巴金之作战计划，将听俄军困守旅顺，俟援军大集，然后反攻救之。乃其远东总督误信日本军力，将破旅顺，劝克鲁巴金遣军往救；会其计划得陆军参谋部之赞同，俄皇遂令克鲁巴金出援。克鲁巴金派大军三万三千人，于六月十四日，遇奥保巩之第二军于得利寺。其地在盖平南山之间；俄军沿铁路进攻，为第二军所大败，旅顺之援遂绝。日军追之，攻陷盖平。

旅顺之第二次海战　日本舰队，泊于旅顺港外，以防俄舰逃出。会六月十五日，大雾，战舰二艘，触水雷沉没；驱逐舰一艘，自撞而沉。日本有战舰六艘，忽去其二，损失甚巨。同时俄舰在海参崴者，潜出游弋，数沉日船。既而日舰队遇之，沉其驱逐舰一，重伤其三；俄舰不敢复出。八月之初，旅顺围急，俄军舰困于港内者，奉命逃出。十日，俄舰自旅顺驶出。日本海军总司令东乡平八郎，率舰队围之。交战五小时，未有胜负。俄而旅顺舰队之司令，饮弹而死；俄舰大乱，势渐不支，多数迁归港内余四分散。于是远东舰队不能再战，屏伏港内。

辽阳之战 第一军自鸭绿江战后，略取凤凰城等，转战至摩天岭。第二军则沿铁路北进，其势不能相应；乃命大将野津统率第四军前进，借谋第一二军之联络。七月，总司令大山岩移其司令部于满洲，令三军会攻辽阳。第一军为右翼，出辽阳东北；第四军为中军，攻其正面；第二军为左翼，出其西北。克鲁巴金统军二十二万人拒之。战线延长一百余英里。俄军于形势要害之地，皆筑炮垒，深掘战壕，据之以战。日军自八月二十三日进攻，交战数日，俄军固守不退。三十日，黑山之第一军突破守军而进。克鲁巴金惧敌断其归路，改取攻势以迎之，鏖战三日，不能取胜，下令各军退守奉天城。其退也，军队不乱，毫无损失；克鲁巴金固良将也。俄军既退；日军进据辽阳。是为辽阳之战，前后历九日。

辽阳之反攻 俄军退守奉天，西比利亚铁路之兵车数增，援军大集，其势甚锐。十月二日，克鲁巴金下令反攻，恢复辽阳，分三路而进。五日，两军相逼，交战历四日，至九日，终为日军所阻。盖其时俄军逾越险阻，备历辛苦，人马困惫，势力渐衰。明日，大山岩令全军反攻。第一二军同时并进，俄之东路重兵，为所击败。克鲁巴金之大军退至三河。十六日，两军复会战，俄军死者四万余人，日军仅及其半；克鲁巴金之进攻计划，全归失败，其损失之巨，为日俄战争以来所未有。说者谓气候严寒，途中积雪，不便于大规模之攻击也。

旅顺被攻下 大将乃木自陷南山后，专攻旅顺。八月—十月之间，大举进攻者三。俄军据有炮台，拒战勇猛，炮火威烈；日军不顾死伤之多，逼进不已，军力渐薄，不克再进。十一月，援军大至，又复进攻。五日，占领高地，依为根据，轰击炮垒，死亡益多。十二月，次第占领诸山。明年一月一日，转攻旅顺背面之炮台。旅顺守将，知不能守，遣使议降。其将校誓不再加入日俄战争，而欲归国者，许其返俄；士卒皆为俘虏。明日，出降，将校八百七十八人，兵卒二万三千余人。日军获大炮五百四十六尊，快枪三万五千余支，弹药无数，马一千九百余匹，战舰四艘，驱逐舰二，水雷艇及汽船甚多。斯役也，历时六月之久，死伤极多。

奉天大战　旅顺降后，克鲁巴金改变计划，乃取攻势。一月八日，俄将率骑兵潜渡辽河，侵犯中立区域，突击日军，欲断其交通，不成。二十五日，克鲁巴金统大军二十余万，败日第一军于浑河右岸之黑沟台。日军退守，俄军不能再进。俄而日军援至，击退俄兵；克鲁巴金之计划复败，其伤亡者，约二万人。然俄军虽败，其来援者益多，俄皇且命波罗的海舰队，驶往远东。大山岩谓久待不击，将贻大患，因主张亟战，请发援兵。及援兵大集，乃木之第三军亦加入前线。二月，开始大战，大山岩令第五军自鸭绿江先发。第五军者，大将川村所统之后备军也，初至战线，其势甚锐。克鲁巴金分四军御之，因误信第五军为乃木之第三军，将攻海参崴者，悉令预备军队往援。于是日本之第一二四军同时进攻，恶战十日，相持不决；而乃木之第三军已潜渡辽河浑河，绕道北进。三月一日，直抵新民，西出俄军之后，断其退路。俄军力扼乃木之进路，自四月九日迄十六日。日军各路之攻击益猛；俄军渐不能支，终遂向后败退。日军追之，占奉天城。斯役也，两军兵力，凡七十万人。大山岩报告俄军死者二万六千，伤者十一万；日军获其军需无数；日军死伤者，数约四万余人。战争之烈，固二十世纪大战之一也。克鲁巴金以战败辞职。俄皇命大将代之。克鲁巴金位在其下，赞助军事。日军进击，次第占领铁岭开原等地。

波罗的海舰队丧失　自俄舰败后，旅顺围急，俄始决意派波罗的海舰队驶往远东，以求最后之胜利。一九〇四年十月，舰队出发，过北海，绕非洲，日需煤三千吨，非得法国殖民地之供给，固不能至远东也。明年四月，过马来半岛之麻剌甲海峡。五月，驶往黄海，将归海参崴。日本海军总司令东乡，知其不敢冒险驶过对马海峡，统率舰队，俟之于对马岛西之朝鲜海峡口。二十七日午后，俄舰过朝鲜海峡。东乡下令前攻，海上之大战遂起。日舰久有所备，临战不乱，发炮辄能命中，俄舰渐不一致。及暮，日舰更施水雷击之；俄舰多沉，余遂四逃。明晨，战终，俄国战舰八艘，沉者凡六；巡洋舰九，击沉其四；海防舰三，击沉其一；驱逐舰九，击沉其五；其他邮船等，或沉或降。日舰与战者，战舰五艘（一不能战），巡洋舰十八，驱逐舰二十，海防舰一，水雷艇六十七；共获战舰二，海防舰二，驱逐舰一，武装轮船二，病院船二；所丧失者，仅三水雷艇耳。于是俄国战胜之希望全失，二国议和于美，并未休战。日本遣兵至库页岛，占据其半；又派军队至黑龙江下游。二军相持于满洲，无大胜负。俄而和约告成，二国撤兵。

日军战胜之原因　自开战以来，日本海陆战争，几无不胜。夫以拿破仑之将才，统帅全国之师，且为俄人所败；今乃以强大之俄国，败于蕞尔之日本，其故何耶？曰：日本久知俄国之一意侵略，欲阻其进行，惟有一战。

图 20-1　反映日俄战争的版画，鲸代表日本

图 20-2　1900 年代俄国要将日本消灭的宣传画

故于战争之先，陆军改组已成；扩张海军，又不遗余力。其编制组织，陆军盖取法于德，海军乃取法于英；器械精利，将校皆尝受军事教育，士卒皆精壮之国民也。朝鲜之得失，为日本经济生存之问题，议会尝以责问内阁之外交，不守常例，致被解散；国民尝组织对俄同志会，主张开战；其同仇敌忾之心，又举国上下之所同也。至于交战之始，日本海军已握海上运输之权，国内汽船输送军队，绰绰然有余力，固不若俄国输送之困难；而国民之赴战者，父勉其子，妻励其夫，相率效死，誓不回顾，其武士道之遗风，犹有存者。若其内阁总理大臣，为一精明果敢之军阀桂太郎，陆军大臣寺内正毅，海军大臣山本权兵卫，又皆战将，留学欧洲，精通军事；故于战争之时，处置一切，有条不紊。议会又协助政府，凡提出之预算，皆得通过。二年之内，增至十七亿元。其统兵大将大山岩乃木等又皆名将也。至在战域以内，满洲居民或恶当前俄军之横，聊求快意而为日军耳目。相传满洲胡匪，尝乘隙毁俄铁路，焚其辎重，克鲁巴金至遣重军护铁路以防之云。

俄军失败之原因 更就俄国言之，训练之精兵，多在欧洲。俄自联法，又以巴尔干半岛问题，深遭德奥之忌。二国与俄毗连之地，皆密设铁路，为后日进兵之计。故当日俄战时，俄国数败，终不敢尽撤其欧洲设防之精兵而至满洲。又俄军在欧者，其来远东，惟恃单线之西比利亚铁路，道路遥遥，行程近月，殊非行军之利。且其军队，设备不完；统兵将校多不称职；士卒多高加索人，不守军律，无日人爱国之心；克鲁巴金虽帅大军，其能指挥自如者，不过数月，欲其战胜，得乎？至于俄国人民，知战争由于军阀之野心，固不欲战者多；其反对政府者，或欲举兵，时致纷扰。政府为国内安宁计，须驻军防之，益不能竭其全国之军力，以与日军一战。然陆军虽不能胜，海军舰多，实有可胜之势；乃分军舰为四队，势不连络，致使日人握海上交通之权。设其合为一队，游弋海上，日军殊无用武之地，固不知鹿死谁手也。克鲁巴金尝深咎海军之失败。其以此欤？

日俄议和，签订《朴资冒斯和约》 奉天大战之后，法国承俄国之意，倡言议和，未有效果。及海军战后，日皇致书于美国总统罗斯福，请其调停。六月九日，罗斯福劝告日俄政府，息战议和。日先许之，俄国继焉。日本派外相小村寿太郎为和使，俄亦命首相微德为和使，于一月后相继抵美。小村拙于宣传交际；而微德乃接见记者，身赴宴会，借以促进美俄之好感。俄侨未忘祖国，更宣传助俄；终以黄白人种之别，美国舆论亦渐趋近亲俄。罗斯福因定会场于朴资冒斯，借免受外界影响也。八月十日，和会开幕，微德请许记者旁听，小村不可。盖外交惯例，非大败不能再战之国，其议和必经双方让步，无接受条件全部之可能。苟许记者旁听，则讨论之程序及条件，将公布于报纸；和使上为国家尊严，下以人民监察，必难有所退让，和议势将决裂。（其故将消息传出者，另有作用，不在此例。）所谓外交公开者，特于和议成后，公布其所订之条约，非若密约秘而不宣也。微德知其必为小村所不许，故假此以博报界之援助，美国报界遂多袒俄。

会议之中，关于朝鲜满洲问题，次第解决。其最困难者，厥为割让库页及赔偿战费。初，微德自俄出发，俄皇训令不偿战费不割土地。及小村提出要求，微德拒绝，谈判几将破裂。赖罗斯福为之调停，双方让步；小村旋接政府之训令，放弃赔偿战费。九月一日，议决休战。五日，条约告成，二国签字。是为《朴资冒斯和约》，其重要条款如下：（一）俄国承认日本于韩有政治军事经济上之特殊利益，日本有指导保护监理韩国之权。（二）俄让旅顺大连租借权及长春旅顺间之铁路于日。（三）俄割库页北纬五十度以南之地于日，许其享有西比利亚沿岸之渔业权。

日本愿意议和原因分析　综观俄国所让与之权利，多其侵略所得者。日本对于此役，共耗战费十五亿元；将卒死伤者十余万人，皆其国内壮士；自宣战迄于议和，海陆大战，日无不胜；而结果如此，固由美国舆论袒俄，小村非微德之敌，抑日本政府何竟愿和耶？盖当是时，日本常备预备后备兵役，均已召集，加入前线；人民直接间接与战者，数约二百万人；国内男子工作者，不过一千万人；其不能久战也明甚。又战时国债，增至十七亿二千万元；日本国贫，国内公债，仅及其数之半；战争持久，将必募之于英、美、德诸国，额数增多，利息愈重，其所得之权利，徒间接付诸债主而已。俄国陆军虽败，终未失其战斗能力，援军源源而来，将士益慎，军气渐振；其欲和者，迫于大势，非国内军阀之所欲也。设使和议破裂，彼将有所借口，号召国人，一致应战；胜负之数，犹不能定。日本元老内阁，深悉其情，决计让步，和约故能成功。

日人对于外交失败之愤激　当日本让步，条约将成之时，人民愤怒，舆论哄然。九月一日，各地报纸，皆有所揭载，或谓外交降服于俄，或请拒绝批准。其明日，纷扰渐起。又明日，激烈之报纸，公然主张暗杀元老阁员；议员自相集会，通过要求内阁辞职案。又明日，报章纷纷登载阁员之污秽行为，尤以对于总理大臣桂太郎为甚。五日，更于东京公园召集市民大会，内务卿先命警察闭门，群众大怒，夺门冲入。及夜，激烈分子拥至内务卿之邸，伤其仆人，且纵火，幸警察来救驱散之。乱民益怒，乃焚警署，毁岗位，袭击维持治安之官署。内务卿因引咎辞职。明日，扰乱益甚；警察乱民，时致巷战；东京岗位，几无存者。乱民更扰及交通，火焚电车，一时东京全入于无政府状态。七日，政府宣布戒严，纷扰渐定。斯变也，人民死者十一人，伤者五百四十七人，被捕者三百余人；警察伤者四百七十一人，人民恨恶之心，未能全忘。迨小村归国，防卫极严；桂太郎内阁终不能久安于位。

和约批准交换之后，十二月，日本以《朴资冒斯和约》所生之中日关系，遣小村来至北京，缔结中日《满洲善后协约》。中国于承认俄国让与日本之权利外，又许其在安东奉天间所筑之军用铁路，得继续营业，满洲之地，依然为日俄两国角逐之场所，此固非一朝一夕之故矣。至日本则借铁路之便，伸长其势力于我国之东北，又以朝鲜为其属国，实其所欲得之利益之大者。溯其本源，皆维新之功也。

第二十一篇 明治末年国势之膨胀

（1905—1912）

西园寺内阁　《朴资冒斯和约》成立，国人以外交失败归罪于桂太郎内阁，下院各党，因要求其辞职。桂太郎知难恋栈，辞职而去。一九〇六年一月，天皇命政友会总裁西园寺组阁。西园寺召集党员，演说内阁之政绩，惟赖财政，请其合作，通过预算。盖时当战后，国债累累，利息增多，办理善后，需款孔亟。且以时间迫促，内阁径提交桂太郎所拟定之预算于议会，凡六亿余元；卒由议会通过。三月，政府谋收铁路为国有，外相加藤高明谓其强买人民之私产，违背宪法，徒增国家之担负，且以对华困难，自辞职去。报纸复攻击内阁；政府概置之不省。未几，众议院通过铁路收归国有之议案；贵族院又略加修改，复交众议院；内阁因承认其修改，劝党员赞成。议员反对者，争论不已，继起扭斗，伤者数人。及至投票，反对者知为少数，各自离席；下院遂得全体通过。收买铁路之款，计共四亿余万元，约倍商人原有建筑之费；政府发行五分利息之公债；防其跌价致令商人受亏，于五年后，始交与之。又定一九〇一——一九〇三年平均所得之利为公司之盈余，以后凡二十年，每年仍如数与之。其优待商人，奖励实业，亦云至矣。十二月，议会复召集。明年，政府提交预算案，计六亿一千余万元，海陆军费，几占三分之一，仍由议会通过。然人民之担负益重，怨者渐多。会交通大臣要求扩张关于铁路之费，大藏卿初拒其请，后乃双方让步，减额与之。元老井上馨负有理财之名，谓其额过大，大藏卿办理不善，内阁将全体辞职；天皇因诏准财政交通二大臣辞职，其事始已。一九〇八年，议员四年期满，于五月举行选举。政友会议员共得一百八十九人，占议席多数。而总裁西园寺忽于七月托疾辞职，举桂太郎以自代。其辞职原因，说者谓因财政困难，及外交备受批评之故。

桂内阁减轻公债息改订关税率　桂太郎得西园寺之助，与政友会合作，起而组阁，身任总理大臣，兼大藏卿。因监于前阁之失败，厥为赋税繁重，人民怨望，编成预算，减少一亿元。明年，政府拟加官吏俸金，较上年预算，增加一千七百万元，提交下院。政友会主减田税百分之一，其不敷之数，则减增加俸金之半及其他经费以弥补之；政府不可。桂太郎与党魁相商，互相让步，结果稍减田税增加俸金。报纸代表商人利益者，因攻击政友会，以其但知代表地主农民，为其争利益也；政府财政问题，终未解决。一九一〇年二月，政府召集银行代表，议换战时所发之国内公债为四分利息公债。银行尝赖政府之助，与内阁关系至密，因得其赞同。政府又改订海关税率，借以保护国内未甚发达之工业，且裕收入；其明年实行，原夫各国改约，允许日本于一九一一年关税自主也。其外交则于是年兼并朝鲜；益思巩固其在我满洲之地位。惟时桂太郎在位已久，专横益甚，屡借天皇诏敕，解除一切困难，大为识者所忧。同年八月，忽自请辞职，盖知人民恶其政策，而政党又不易操纵也。天皇许之。

西园内阁整理财政计划 于是西园寺继桂太郎组阁，整理财政，以银行家山本达雄为大藏卿。山本言于议会曰："财政因循，势将破产。整理之法，在提倡工业，增进人民纳税之能力，借以减少苛税，奖励商业，免令国内专以有限之现金还债，致生产事业，不能发达。"政府为节省费用，特组织委员会；西园寺自为会长，审查各部官吏人数，及其账目；其无职者，悉罢免之。山本又减削海军扩张之费，拒绝陆军增加二师团之议，颇招军阀之忌。十二月政府召集议会，提交预算，节省七千余万元。明年，议会通过预算。俄而期满闭会，重行选举，政友会复得胜利；政府将欲实行其整理财政计划。七月，明治天皇忽遘疾，政府初甚秘之；既而知其不起，始许发表。天皇得疾，一周而崩；在位凡四十有五年（一八六七——一九一二）。明治知人善任；方其践位之初，信任大臣，委以政事，大臣得尽其力，终收维新之效。一九〇〇年之后，元老之党争渐烈，天皇亲予取决，所赞助者尤多。日本向为列强所凌辱之一小国，自维新后四十余年之中，经二次大战争，遂为世界强国之一，其于日本天皇之功诚有不可泯者。明治既死，举国人民皆深悲悼；大将乃木至自杀以殉。政府治理丧事，建筑神社，费用甚巨，武士道崇拜英雄之精神，备见于此。

军阀反对西园内阁、议会反对桂内阁　明治死后，元老山县有朋，亟欲报复内阁拒绝增兵之议，遂于十二月，令其属下之陆军大臣辞职而去。西园寺商于各陆军大将中将，请其入阁；无愿就者。盖元老山县身为陆军参谋总长；其下大将中将，多其同乡之长人，尝隶山县属下，为其所登庸者；前任已承意去位，继者尤不敢贸然就任。于是西园寺内阁全体辞职。当是时，举国舆论，皆非军阀；政友会复与他党相结，合力抵抗；井上山县等，皆不敢组阁；天皇乃命桂太郎为总理大臣。初，桂太郎游历欧洲，考察政党，或谓其将与德俄缔结条约。及抵俄京，明治天皇病笃，召之回国。及归，明治已死，山县等忌之；朝命为宫内大臣。未几，奉诏组阁；掌握海军之萨摩军阀，不肯合作。天皇诏令前海军大臣不得去职，内阁始成。及议会开会，倡言反对内阁。天皇数下诏敕，令其停会；又诏西园寺调停；议员终不改其仇视之心。其党谋与对抗，势终不敌。东京群众，又复示威，几致流血。善于操纵之桂太郎，终于失败以去；民选之下院，声望大增。

日本谋韩益急　内政之趋势方渐向于内阁议会之合作；而外交则自兼并朝鲜，扩张势力于满州，连结英、法、俄等国，渐招美国之忌。先是朝鲜自结日韩协约，日本在韩之势力大增。一九〇五年，英日同盟之新约、朴资冒斯之和约，皆认日本于韩有特殊权利；负指导监督保护之责。其十一月，驻韩日使林权助更与韩缔结新约，韩许日本设统监府于汉城，管理外交事务等。于是天皇任命伊藤博文为统监，且分设理事厅于要地。明年三月，伊藤就职，首禁浪人入境；亟谋整理腐败之政治，紊乱之财政，苛酷之刑法；又建筑铁路，二年后成六百余英里，日本所费者，七千余万元。韩廷大苦统监之干涉内政，其愤政权旁落者，群起图谋恢复。一九〇七年，有自称韩使者，赴海牙和平会，借求列强援助，不得。日本舆论大哗，其军阀益主扩张统监之权，遂由统监迫令韩王让位于太子。七月，二国另订新约，韩王许以其政治受统监之指导。伊藤谓韩军虚设，徒耗库金，请予解散；韩王许之。军队不服，逃遁抵抗，历二年始定。日本报纸初为甘言表同情于韩者，至是皆变论调。军阀欲即并朝鲜，而伊藤固倡言日韩亲善者也，因于一九〇九年六月，辞职归国；朝命副统监代之。十月，伊藤漫游满洲，抵哈尔滨车站，韩国志士安重根杀之。日本大哗，军阀兼并之谋益亟。

日韩合并　日本之灭韩，韩人有助之张目者，实惟一进会，当是时，日本方碍于屡次宣言扶持韩国独立，其徒乃首倡日韩合并，为之演说于国中，曰："合并之后，韩民遂为强国之民。"明年，统监托疾辞职，朝命陆军大臣寺内正毅代之。寺内主张亟并朝鲜之军阀也。七月，渡韩，会商朝鲜总理大臣，议订合并条约；韩廷君臣，不敢复持异论。八月二十日，公布约文，韩王让其统治权于日皇，日本保全朝鲜皇室之尊称威严，岁给经费。于是废统监，置总督以统领军队，总理政务；天皇即令寺内任之。并通告各国：（一）废除韩国之一切旧约，适用日本现行之条约。（二）海关税率，将于十年后改订。当时英为日本同盟，俄因满蒙利益，美总统罗斯福素亲日本，德法邦交严重，不欲开罪于日，皆无异言。一般舆论有谓朝鲜一隅之地，其政府腐败，不能有为，酿成中日、日俄之战，因失各国之同情，而自取灭亡。吾人今按其合并之程序，日本之窥伺朝鲜，实已久具决心。迨事势已去，韩国君臣，虽固拒之，必不能变其政策。而一进会之徒，必欲自屋其社，以助日人，究不知其何心也。

中日间之满洲交涉　日俄战后，中国承认俄国让与日本之权利。一九〇五年，日本设南满铁道株式会社（即有限公司），经营南满铁路，又置总督府于关东州。关东州者，即旅顺大连租借地也。其总督以大将或中将任之，总理当地之政务，且保护铁路，监督会社之营业。于是中日逼处，采伐森林，抚顺煤矿，间岛主权，铁路交涉，种种利害问题次第发生。森林在鸭绿江右岸，材植甚富，日本争之，中国许以合资采伐，其事始已。抚顺煤矿，在奉天城东五十余里，日本谓其尝为中东铁路之附产，要求开掘；中国不可，相持未决。间岛在图们江北部，其初居民希少，韩人有私自移居其地者。一八八三年，华官尝令其退去。日俄战后，伊藤始设理事厅于间岛。中国请其退出，日本答谓保护韩民，不可。其尤感困难者，厥为铁路问题。初，日本贸易于满洲者，势力日增。英商嫉之，劝说中国，借债于英，建筑新民法库门间之铁路，以减日本经济势力；而日本抗议，谓满洲善后会议之记录，有南满铁路不得建筑竞争线之语。俄而美商以锦（锦州）齐（齐齐哈尔）铁路借款之策进，未能成功。清廷复请日本撤去南满铁路之营口支线，日本竟覆文拒绝。一九〇七年，日本驻华公使林权助与清缔结铁路借款条约，奉天、新民、吉林、长春间之二铁路，皆借日款建筑。明年，又借款于日，建筑辽河以东之京奉铁路。未几，日本更要求延长吉长铁路，迄于延吉厅南，得与朝鲜之铁路联络；中国不可。日人因谓其政府对华外交失败，二国之邦交日恶。会安奉铁路之交涉起。安奉铁路者，日俄战时日本所筑之军用铁路也，中国曾许其营业及改筑路线。一九〇九年，日本请于清廷，同派委员，会勘路线。勘定，日本将收买田地，清廷因委其事于东三省总督。总督昧于外交，欲变更其路线。日本即提交严重抗议，责其违背条约；卒乃发最后自由行动之通牒于清廷。清廷力不能抗，所有悬案，皆因一纸之通牒而解决，除间岛外，中国多许日本之要求。

美国提议国际共同管理满洲铁路　满洲悬案解决之后，美国虑日妨碍其商业发达，违反门户开放之旨，其国务卿罗克斯致通牒于中、日、英、俄、法、德，提议共同出资收买日俄在满洲之铁路，由国际委员管理。中国许之；日俄拒绝；英法以同盟国之利益，亦不赞同；德国孤立，不欲独持异言；美国主张，全归失败。初，一九〇五年十月，美国铁路商人赫业门，以其收买南满铁路之策商于总理大臣桂太郎，又欲购买东清铁路于俄。会外相小村归自美国，极力反对，乃拒其请。一九〇九年，赫氏说俄，未成而死；美国务卿之提议，盖本其意也。于是日俄不肯放弃满洲之权利，转而相亲。

日英缔结新约　自英日同盟，二国皆受其利。《朴资冒斯和约》未成之先，英日复缔结新约，其异于前约者凡四：（一）伸其范围于印度。（二）英认日本于韩有政治、军事、经济上之特殊利益，又有执行指导监理保护之权。（三）同盟国之一，苟因其条约上之利益，受其他一国或数国之攻击，至于战争，其他同盟国，当即加入，协同作战。（四）同盟期限为十年。综观以上条款，其主旨在英承认日本在韩之利益；而日本助英保护印度之安全。万一英俄冲突，日本必将助英作战；其所得者，国际及经济上之援助耳。其后日美之邦交渐恶，战谣甚盛。战端若启，依据约文，英应助日。然英美同种，加以利害关系，助日战美，非英所愿；而日本在满洲之势力，又招英国之忌。一九一一年，英乃与日本改订同盟新约，其异于第二盟约者二：（一）同盟国之一，苟与第三国缔结仲裁条约，在条约期内，不负与第三国交战之义务。（二）约文中未言及朝鲜。约成，日本舆论，谓其政府之外交失败。盖同盟约文所云仲裁条约之第三国，即指美也。英已不负助日战美之义务；而日本对于印度之责任，未尝减少。至其合并朝鲜，列强亦已默认，固无须约文载明也。

旧金山禁止日童入学之原因、日美协定《绅士同意》及对华条约　在日俄战争以前，美国以条约上之义务，数助日本，解决争论；美人之传教于日者，常设立学校，输入西方知识。日人德之，二国邦交，最为亲善。日俄战争之初，美国舆论犹尚亲日。及议和时，始转而袒俄；和使深受不良之印象而归，日人渐有攻击美国之干涉者。一九〇六年，旧金山地震，损失甚巨。日本捐款，救济灾民，除美国而外，多于其他列国之总数。未几，旧金山之教育会，忽禁日童入其公学。日人方自夸为世界强国之民，而旧金山之美人不以平等之地位待之，自觉其点辱国家之尊严，舆论大哗。政府向美抗议，谓其违背条约。美国舆论，亦自谓教育会处置不当。总统罗斯福乃致公文于国会，谓当遵守条约，依据宪法，力保日人在美之生命财产及权利等。既又与日协定所谓《绅士同意》[①]：日本不发工人入美之护照；其本在美归国者，许其复去；工人之父母妻子，亦得至美；官吏商人学生，不受《同意》之拘束。旧金山之教育会，乃去前禁。盖其禁日童入学，根本原因则种族经济之关系也。初，一八八二年，美禁华工入境；当时日人在美者，其数无几，未禁及之。其后日人移居于美者渐多；至一九〇〇年，共有二万四千余人。原以日人容貌肤发，饮食衣服，习惯风俗，皆与美人异趣，渐被歧视；又以种族界限，少结婚同化之机；而日人之居其地者，练习技艺，渐为良工；性又勤慎，愿减工资；其有积蓄者，更置买田地，大启白人嫉忌之心。故工人首先发难，农夫从而和之；报章记载，时以猜忌之辞，煽惑人心，势力骤盛。及订《绅士同意》，其事始暂已。旋因日本急急谋伸势力于满洲，美以门户开放为辞，时启交涉；而日本亦深疑美国之政策在伸长势力于亚东。美自一八九八年，并夏威夷，据菲列宾群岛，固已展其骥足于太平洋中。其初犹轻视日本；及见其胜俄，始重忌之，日本政策，益为其所注意。二国报纸，又多夸张挑拨之辞；罗斯福又于其时忽令大西洋舰队，周行世界，集中于太平洋上，大起世人之疑。一九〇八年，驻美日本大使，以私人名义，言及日美对华条约；罗斯福许之。大使转告政府；外相小村因会商伊藤于朝鲜。伊藤深非大使未得训令，擅言条约；又谓美国拒绝协商侨民入境问题，议订条约，徒为多事。而小村谓大使亦已言之，训令拒绝，将启美国之疑；乃卒许之。由二国互相照会，申言遵守对华利益平等，维持中国独立；猜忌之心，辄未泯除。

日法、日俄缔约　日俄战时，法为俄国同盟，对于波罗的海舰队，曾有所供给。战后，日人无仇视法国之心，二国之邦交，渐相接近。然法犹虑日本有所不利于其属地，又为孤立德国外交之计，倡与日本缔约。一九〇七年六月，二国缔结维持现状之条约；已成，外相小村，深受反对者之批评。其重要理由，盖谓法国于华之利益殊小；与之缔约，进其在华之地位，与日本同等，至为不智。七月，日俄二国又缔结遵守条约。初，俄使微德于美国议和之时，即以日俄在满洲之利益关系，主张本于亲善合作之旨，议订和约，电告俄皇。是时政府方谋报复，训令不许。后以相持非计，欧洲之势又急，乃订此约。及至美国提出收买铁路国际共管之议，日俄大惧，益相接近，共谋拒之。一九一〇年二月，二国发表新约，维持其所得之利益；若遇受迫之时，二国当协定办法，随时相商。当斯时也，日本国势膨胀，外交进步，国际上之位置巩固，邻之厚，国之薄也，满洲之供人鱼肉久矣。

【注】

①《绅士同意》*Gentlemen's Agreement*，若译为条约，殊为欠妥。盖美国宪法载明条约必须经参议院通过，方能有效；否则皆非条约。《绅士同意》之条款，二国皆甚秘之。

第二十二篇　最近日本内政之嬗变（1912—1925）

日本自明治崩后，迄于今日，凡十有三年。其间内阁迭更，不得议会之助者，在位皆不能久。兹更就其首相为现今人物之代表者，略述其个人政治生涯，于以见其政治上之趋势。

山本权兵卫组阁　自一九一三年，桂太郎辞职，海军大将山本权兵卫继之组阁。山本初卒业于海军学校；由政府遣往美德学习海军。既而还国服役，功勋昭著，进为海军次长。一八九八年，任为海军大臣。在职八年之中，关于海军之扩张，组织之计划，多所规定。其为人也，沉默寡言。尝奉敕命至美，谒总统罗斯福，亦无多言。故在议会，遇有答辩，或解释草案，语极简单。其组阁盖得政友会之助；当以时间迫促，采用前阁西园寺之预算；仍由议会通过。山本在职，一年有余；以海军舞弊案去职，大隈继之。

大隈首相言行之矛盾　一九一四年四月，大隈组阁。大隈自组党阁失败而后，势力渐衰。其再起组阁者，或谓以其曾许军阀，建筑战舰三艘，并增加陆军二师团之故。然大隈于日，深得人民信仰，尤有二原因：（一）大隈曾创立早稻田大学。其教授多激进之学者，学生卒业后，服务社会占据要职者甚多，时或为之鼓吹；大隈遂为社会所敬仰。（二）大隈曾组织政党，设有机关报纸，攻击内阁。其所持言论，虽近于不负责任之理想计划，动于主义之青年，辄易崇信之。大隈又时接见新闻记者，向之发表意见。及其在位，乃特设一室，备记者来见；大隈则纵横论议，每见或历一二小时。然其言行，常不免矛盾。最显明者，则为反对军阀之扩张军备，而以增加陆军案解散反对之议会。

日本对德宣战　是年八月，欧战爆发，战争之烈，为前此所未有。日本舆论，偏于亲德；而英国政府，依据同盟约文，请日援助。于是由元老会议，本于同盟国之精神以助英。十五日，日致通牒于德，要求其舰队，即时退出远东，或解除武装，并交胶州湾于日；期以八日答复。德国置之不理。二十三日，日本对德宣战，遂出兵二万余人，会同英国舰队，进攻胶州湾，陷之：其明年，更以继续德国权利问题，提出《二十一条》之要求于中国（详见下篇）。然日政府虽已宣战，不欲深启德人之恶感，其报纸甚有攻击英国政策者；英法诸国，颇疑日本。盖自战端启后，欧洲列强国内之报纸皆为其政府之宣传机关；德人在敌国者，咸失其自由，待遇如囚；而在日本不然，其报纸又如是，是以见疑。

日人对华之舆论　大隈内阁以增加军队二师团，受议员反对，否决预算，天皇乃下诏解散议会。一九一五年三月，举行选举，结果反对党失败。五月，日本政府迫令中国承认其所要求《二十一条》之四章（章或作号）。国内军阀，怂其侵略之野心，犹以其重要之第五章未得中国承认，谓其政府外交失败。其表同情于中国者，则反对之，谓其将增二国之恶感，徒为日本之害。政友会领袖原敬，曾与其党员提出不信任内阁案，但终属少数耳。大隈进行扩张军队原议，内务大臣，至贿赂议员，冀其通过。事闻，舆论大哗。日本惯例，阁员全体共同负责，已成不文宪法，大隈因欲辞职。但元老山县有朋，知非大隈不能扩张军队，仍予以援助，使得改组内阁；惟内务大臣及外相加藤高明终辞职而去。加藤大隈党也，时为宪政党总裁。于是政府复为超然内阁；大隈所鼓吹之责任内阁，归于失败。

元老不满意于大隈　一九一六年十月，大隈自请辞职，举加藤高明代己。其原因传说不一，表面则但谓年老力弱耳。初，朝鲜总督寺内正毅，应山县之召而归国，说者谓山县将欲荐之为总理大臣。大隈因劝说寺内，欲其与加藤合作，共组内阁；寺内不可。大隈辞职后，意甚不适。记者谒见，叩其辞职之故；大隈转言他事，益为人所疑。盖大隈素重卫生，尝自言寿当百岁，何遽自诿为老。推其辞职之故，大抵由于元老不满意于其政策耳。既而元老推举总理大臣，山县果荐寺内；寺内遂受命组阁。

寺内军阀内阁主借款于中国　寺内幼年从军，十九岁迁为将校。西南之乱，尝统兵力战，至左手伤废。一八八二年，政府遣之至法读书，遂精通名学。及归，迁陆军参谋次长，精明勤劳，桂太郎器之；及其组阁，遂以为陆军大臣。寺内在位十年；其治军也，极重操练；陆军组织，多其所订。日俄战时，寺内输送军队，有条不紊，愈益显其才能。一九一一年，天皇命为朝鲜总督，至是见召始归。其组阁也，阁员无一政党领袖，报纸诋为军阀，暴民有欲暗杀阁员者。寺内遂施其军事手腕，高压舆论，大捕社会党人。惟当就职之初，协约国谓其亲法，将出兵助战；寺内终未遣兵。其外交政策，但主借款于中国而已。当是时也，英法诸国，竭其全国之力，从事战争；日本货物，在市场中，无与竞争者。因之商业工艺，发达迅速；国中生活程度，随之增高。会一九一八年，国内大灾，米食缺少，价值腾贵，生活维艰。社会党因鼓动工人，为示威举动，纷扰大起。寺内迫而辞职；天皇命政友会总裁原敬组阁。

原敬内阁改定枢密院之律令　原敬起自平民，深究法律。初卒业于大学，出为新闻记者，鼓吹自由宪政，攻击藩阀政府。既而变其态度，受官报主笔之聘；旋入宦途，为井上馨下属。精敏忠谨，井上爱之；原敬因娶其继女。一八八四年，出为天津领事；不久归国，渐居要职。一九〇〇年，伊藤组织政党，原敬赞助之，遂为政友会干事。后三年，西园寺继伊藤为总裁，其人好静，事务多委原敬治之；及其组阁，遂以为内务大臣。一九一二年，西园寺辞职，脱离政治生活，推原敬为总裁。原敬之为人也，忠诚廉洁；自知其责任，不敢稍怠；一大政治家也。其政绩最著者二：（一）改枢密院所订之律令，文官得任属地总督，退职之大将中将可为陆军或海军大臣。先是西园寺第二内阁时，陆军大臣隐受山县之命，拒绝合作，内阁因迫而去职。其继起组阁者，复以海军军阀不肯赞同，几不得成立。大隈尝得天皇许可，其阁员陆军或海军大臣，得以退职之大将中将充之。至是原敬订为律令，其制与法国相同。至文官所以得任总督者，以朝鲜台湾等地，属日已久，无所用其统兵大将；而时势所趋，民族自决之说大倡，因欲借此以安属地之民心。（二）减选举人之纳税资格。依一八九〇年之法令，凡纳直接税十五元者，有选举权。其后五年，下院通过议案减少元数，为上院所否决。三年后，伊藤提交修正案，仍无效。至一九〇〇年，始改十五元为十元，选举之人数大增。一九二〇年，原敬提交纳税资格改十元为三元之草案；反对者更进而主张普通选举。原敬因解散下院，重行选举。结果政友会大胜，遂通过草案；选举人数，增至三百万人。计当时三元之价值，仅当一八九〇年初选时一元而已。其不废除纳税资格者，盖以国内政党之党纲，语意空泛，群众无选举经验，一旦悉为选民，其危险殊多也。

华盛顿会议期间原敬被刺 原敬之政友会，占下院多数，又得贵族院之助，政局颇安静。一九二一年，美总统哈定，召集华盛顿会议，提倡限制军备，解决太平洋问题；日本与焉。会议之初，暴徒刺杀原敬；其影响及于日本者，损失至重。元老国人，不欲改变其外交政策，群望西园寺组阁，不得，天皇命大藏卿高桥是清继之，以原敬将死时，曾推高桥继已为总裁，故有是命。高桥已组阁，原有之阁员，皆未变动。但高桥无如原敬统驭之才能，内阁自起纷扰，政友会势将分裂，议案又有为上院所否决者。高桥自谓威信坠地，奏请辞职。

加藤内阁撤回西比利亚驻军 高桥去职，元老推举出席华会之代表加藤友三郎为首相。加藤，海军大将也，久任海军大臣。其组阁曾得政友会之助，依据华会之精神，更动军官，裁减海军人员；撤回西比利亚驻军，除库页岛外，无一留者。先是一九一八年，日军会同美军，进驻西比利亚。迨美军撤归，而日军不去；俄国请其撤回，又不许。至是一九二二年十一月始召归。其对中国所谓山东问题，亦本于华会议案，与中国代表，议决一切；又订中日邮便条约，许于一九二三年，撤废其在华所设之邮局。惟以英法等国，未肯放弃其邮务长及副邮务长之专权，日本亦要求中国，任用日员，中国不许；其在南满铁道区域之邮政，则俟日后再议。十二月，枢密院忽上奏，谓内阁外交失败；下院少数议员复谋提不信任案。国人大哗，评论枢密院之失常；多数议员，未为所动。加藤意欲辞职，赖摄政太子优渥之谕，其事始已。一九二三年八月，加藤病死。

山本内阁时之大地震　加藤殁后，山本权兵卫组阁，招集各党总裁，请其入阁；除小党外，皆拒绝之。就职之初，九月一日，东京横滨地震，房屋倾圮，死伤众多，电线走火，化学用品，同时爆发，警察力不能救。政府即令在京军队，出卫皇宫使馆，保护公共建筑物，施行救火等事。兵士毁屋以断火势；铁路电报电话水厂，皆已毁伤，交通断绝，惟赖飞机以传信息。大乱之中，海啸骤发，风雨继至。人民无家可归者一百余万人，皆无饮食，兵士以其军粮食之。俄令左近驻军入京；舰队来集，颁戒严命；兵士从事修理铁路电报电厂水厂，输运粮食救济灾民。于是治安交通，次第恢复；人民死于难者，十余万人，损失约五十亿元。先是乱时，人心惶惑，谣传韩人放火，辄怒杀之，竟累及华民，日本政府，几于不能维持治安。惟东京有一监狱，其中囚徒，曾由监长率之外出，救济难民，无一逃者。说者谓其人格较为可钦佩云。

皇太子被刺不中　地震之后，天皇拨内帑一千万元，并由政府支出库金以为赈济。各国皆捐助巨款。于是内阁设复兴院，筹划兴复，减少预算一亿四百余万元，以海军费为最多。首相更召集地方长官会议，谋撙国用，提倡农业，振兴商务；又以保险公司无力赔偿，议减赔款至百分之十，由政府贷款助之。十二月，天皇召集特别会议，政府提交本于兴复计划之预算。政友会因生内讧，欲借一致对外以谋团结，竟攻击政府，改减预算；并谓将否决贷与保险公司之款。山本出席解释，毫无效果；但以灾民待赈孔急，不欲解散下院；报纸有诋其庸弱无能为内阁所未有者。二十七日，召集常会，摄政太子专乘汽车赴会，宣读敕文。中途有凶徒出枪击之；不中。太子镇静，终事而回。太子生于一九〇一年；欧战之后，尝游历英法。一九二一年，其父大正天皇，身罹重疾，诏令摄政。凶徒自供社会党人，下院议员之子。斯变也，至尊无上万世一统之皇储，几遭不测；内务大臣警察总监，上书辞职，山本亦以非常之变，共同负责；于是内阁全体辞职。枢密院长清浦奎吾，奉命组阁。

清浦内阁解散议会 清浦组阁，阁员多贵族院之议员。下院三大政党宪政党、政友会、革新俱乐部，连合反对，诋其违宪。于是政友会之内讧日甚。党员之一部分，谓前助内阁，而今反对清浦，诋其违宪，殊无理由；遂脱离党籍，另组新党，号曰政友本党，凡一百四十余人，力助政府。其反对内阁者，则益相团结，气焰大张；东京群众，更游行示威，报纸又复助之。会三党领袖，乘车远出，途遇障碍，或谓政府故谋覆车；议员遂借以为攻击责问之具。及议会开会，内阁出席，首相演说政策；议员大嚷，责问覆车之谋。既复有暴徒数人，闯入会场，喧声四起，秩序大乱。议长不能维持，暂告休息；而内阁即议决解散下院。及解散诏下，议员惊愕，因不知内阁即借此为解散理由也。报纸皆非议清浦之轻举。于是政府采用上年预算；不待议会之协助，贷金于保险公司。枢密院起而反对；内阁谓灾民情急，特负责借之。又以收入短少，借外债于英美，实收九二点五，年息六分半，以偿到期四分半息之外债；余以兴复首都。国内舆论，谓其利率过大，重诋内阁政策。俄而美国国会通过排斥亚洲民族入境之议案，国人大愤。于此外交失败纷扰之中，议会举行选举；结果宪政党得一百五十五人，政友会一百一人，革新俱乐部二十九人，政友本党一百十九人。其他小党，无助内阁者，护宪三党，占议席多数。清浦迫而辞职；宪政党总裁加藤高明继之组阁。

加藤高明内阁之政绩 加藤卒业于东京帝国大学；其妻富商女也，声势赫然。初出仕于外交省，为大隈秘书，得其信任。一八九四年，升为驻英公使；后入阁任外交大臣者二。一九〇六——一九一三年之间，出为驻英公使。及还，桂太郎组织政党，加藤佐之；桂太郎死，继之为党魁。一九一四年，大隈组阁，加藤率其党助之；日本之要求中国承认《二十一条》，正其为外交大臣时也。一九二四年，其党为下院中之大党，加藤遂受命组阁，政友会总裁高桥及革新俱乐部总裁犬养毅皆入阁。革新俱乐部之党员虽少，以犬养毅精敏明达，善于演说，所影响于政治者甚大。二党以护宪之故合作，政局初甚安宁。近者高桥犬养毅皆辞职去；政友会以税制问题，拒绝合作，内阁改组。加藤内阁，自成立以来，其成绩较著者，则为增加奢侈品税，成立普通选举案，及缔结日俄协约也。

政党党纲之空泛 日本政党，以党纲空泛，名分数党，实无重要相异之点，较之美国政党，盖为尤甚。美人尝征文于杂志，求民主党与共和党之别。其得首奖者，乃谓民主党执政，则共和党非之；共和党执政，则民主党非之。其言虽或过于其实；然以批评日本政党，固甚当也。又其党员得自由脱离党籍，或加入他党，或另组新党；故国中政党名目繁多，不时改易，吾人但知其一二大者而已。其所以然者，日人素漠视党纲，重视候选人员，其被选者，并不受党纲之约束，况其本相类似，无甚差异者耶？近者政友会总裁高桥是清辞职，陆军大将田中义一代之。田中扩张党势，不遗余力；因合并革新俱乐部，仍其名曰立宪政友会。以军阀而加入政党，足证其自知力不能敌，超然内阁，已不可行。前此山本，清浦，未得政党之助，备受困难，清浦终至辞职，无非以此之故。盖日本政治，今昔之情形迥异：昔者选民，始而不足五十万人，继而一百余万人，其后将近三百万人；下院议员为三百万人之代表，军阀固不敢撄其怒也。近者普选案，废除纳税资格，亦已通过，选民将逾一千万人，日本乃始近于民治国矣。民治国云者，其含义至广；就政治言之，即人民由其选举代表，掌握政权，或居于监察指导之地位是也。是以英国虽属君主立宪，实为民治之国；而号称民主之美国，犹逊一筹。日本政治学者，皆以民治为其政治之正鹄；吾人惟愿其能早成熟而已。

欧战后日本经济状况 以上言其政治，兹复略及经济教育属地等事。财政自日俄战后，负债累累，殊觉困难。及至欧战，工商各业，发达神速。一九一二年，全国资本三百二十亿元；至一九二一年，达八百七十余亿元。同时国内预备现金，由三亿四千万元达二十亿元。其外债，英欠一亿八千五百万元，法欠一亿五千七百万元，俄欠二亿四千万元，中国欠约二亿元。英债虽已归还，而法债犹未偿清，俄债未能解决，中国则反增。至其工商现状：有工场数逾二万，机器二万三千，马力一百十六万，工人一百三十万，其中妇女八十万。工业最盛者，首推纺织：工厂约一百七十；平均计算，各厂资本在百万元以上；其需用之棉花，则赖输入，据前统计，印度供其百分之六十，美国百分之三十，中国百分之八，埃及百分之二；出品价值三亿元。磁器、玩具、纸等，亦甚发达。土货输出者，厥为丝茶，畅销于美国。贸易价额，明治初年，一千余万元；欧战时，其数大增，后又稍衰；一九二四年，凡三十五亿元。往来贸易之国，为中、美、英、法、德、俄等；其最盛者，首推美国，中国次之；他日犹可推其市场于印度、安南、南美、南非等地。国中商人，近谋与外商直接贸易，借去其经理之弊，惟尚无明显之效。矿业进步亦速。一八七五年，矿物出产二百五十万元；近增至六亿三千五百余万，其中以煤为最。然实业之进步，多赖运输便利。国内铁道，凡六千五百余英里，商有者仅及二百余里。航业亦极发达，每年造船，近六十万吨。

教育之进步　教育，注重实用。儿童年在六岁十二岁之间，必须入学。小学卒业者，投考高等小学；其入学试验殊严，不及格者，约有半数。五年后卒业，可考中学或专门学校。中学，教授普通学科，为入大学之预备。专门学校，教授专门技能，为入社会谋职业之计。大学国立者五，学生五千余人；私立大学，亦甚发达。人民受教育者虽多；其于文学，无甚贡献，明治四十余年，几无有永久价值之著作。报纸杂志，殊发达；其所讨论者，一时之问题也。近时著作极多，尝受外国文学之影响。

台湾收入之丰　属地台湾，其居民有华人三百五十万，土人八万，日人十六万。一九一九年，文官始得为总督。总督之下，有各部长官；其下有顾问院。顾问由长官聘委，其中有日人华人，皆得陈其意见。台地工商各业，发达甚速。其初年贸易价值，仅二千万元。一九二一年，达二亿八千六百余万元。一九〇五年后，收入已能自给；其后渐能辅助帝国财政。

盖由政府建筑铁路，修浚海港，提倡实业，奖励贸易，所致也。其成绩最著者，厥为卫生事业。初以其地炎热，瘴气郁积，不宜居民；今其国家建筑，美人认为优于美国各邦及菲列宾岛。更就岁入言之，菲人一千一百余万，仅三千二百余万元，台民三百余万，竟多至五千万元。日人更提倡教育，奖励日语，然华民固未能遽忘其祖国也。

日本改良韩人待遇　朝鲜物质之进步与台湾相似。一九一九年，民族自决之说，传至其地，韩民争谋独立，所在皆是；然不久即平。于是天皇下平等待遇韩民之诏，由原敬内阁改委文官为总督；去法律上之歧视；凡韩人仕宦者，享受同等之俸金及其他之荣誉；总督又尝召负重名之韩人，来至汉城，令陈述意见；设地方会议，议员三分之二，由民公选，其余则由长官委任；更改组警察，归于地方。又为联络韩人之感情计，国内重要会议，皆请其参与；又奖励日韩人民之交际。顾韩人经济状况，虽优于前；但以痛心亡国，不服者多。其在外者，急谋独立自主。惜犹自分党派，互相仇视耳。

总上所述，于最近十三年内，日本下院之权力渐盛，政党之声威大张；国内教育工商等业，同时发达，属地亦显呈异象。其外交则以复杂之故，载于下篇。

第二十三篇

日本最近之外交政策

（1912—1925）

日人赞助中国革命　日本自于亚洲大陆得有根据地后，亟欲扩张其势力，攫取种种之利益。会中国内部政治主张未能一致，日人更乘机侵略。一九一一年，中国革命爆发，党人颇得日本之助。初，孙文提倡革命，党人举事失败，多逃之日，渐与留学生接近，组织机关，努力宣传。及康有为维新失败，乘英舰，抵新加坡；孙文欲见之，先谒英国长官。英长官询其革命运动；孙文答辞，曾谓日本之公司，为其利益起见，将以其一份余利，赞助革命。[①]英长官竟不许其谒康氏，令即离港，并电告香港总督，禁止其登岸；孙文乃至台湾。一九一三年，孙文演说于大阪，亦谓神户为其革命机关所在地。方革命事起，日本售军火于党人，价值三百万元。时清廷及南方政府，皆聘顾问于日。日本不意革命成功之速，难于应付，遂皆遣之；政策自相矛盾，报章有倡干涉者。其政府之居心，吾人不能尽知，或则以为赞助中国革命者乃其党人而非政府也。

中国二次革命与日本　革命告成，袁世凯掌握大权，剪除异己。一九一三年，党人不服，举二次革命于南方。日人助之，大为北京政府所

图 23-1　孙文

图 23-2　康有为

恶。既而张勋率兵，攻陷南京。有日商三人，持日旗奔往使馆，兵士杀之于途中。事闻，日本大哗，要求张勋亲至使馆谢罪，及建筑满蒙五铁道之权；经中国承认，其事始已。明年八月，欧战爆发，英国驻日大使，以英日同盟，请日援助。日本因对德宣战，出兵二万余人，来攻胶州湾；英军二千余人助之。德军拒守者，一万余人。日军自龙口登岸，途遇大雨，进攻甚难。是时中国划龙口莱州为交战区域，声明区域以外，严守中立。而日军借口“断绝德人接济”，竟占据胶济铁路，直逼济南。既由中国抗议；日本又谓其为德国财产，与中国无关。十月二十二日，开始围攻；越十六日，德军屈服。斯役也，日人谓其共需军费，三千万元；中国请其撤兵，日本竟不许。

日本对中国之二十一条要求 欧战正烈，列强竭其全力，借求战胜，无暇及于远东；美国虽守中立，其舰队陆军，未必能胜日也。日本久患欧洲各强国之侵略亚洲，得此千载一时之机会，急思逞志于中国。而中国自革命后，内争未息，贫弱如故。袁世凯时为总统；其人尝于朝鲜之役，仇视日

图 23-3 张勋

本，日本尤忌之。当青岛降服后，中国因请其撤兵不可，乃宣言取消划定交战区域。明年一月九日，日使覆文谓中国独断，没却国际情谊；帝国政府，不胜惊愕愤懑，决不令山东之帝国军队，受此等取消之拘束。十八日，日使又破坏国际惯例，不经外交部，径向袁世凯提出《二十一条》之要求，隐寓挟制袁氏个人之意。初时二国皆守秘密；直至三月，列强始有知之者。原文共分五章：第一章凡四条，关于山东之权利。第二章凡七条，要求日本在南满及东部内蒙古之优越地位。第三章凡二条，关于汉冶萍公司之权利。第四章一条，要求中国不得将其沿岸之港湾岛屿割让或租借于他国。第五章凡七条，关于聘用顾问、合办警察、建筑铁路及传教权等。外相加藤知第五章难于实现，训令驻华日使："陈说中国政府，劝其按照提议中所定前四章之方针，与帝国政府订立条约及合同。……至于第五章所提出者，虽不过帝国政府一种之愿望，然亦望勉进行。"二月二日，开始会议，中国代表陆征祥曹汝霖驳复日本之要求。日使因至外交部声明，谓奉本国训令，须贵国对于《二十一条》，全行提出修正案，方能开议。于是袁世凯更命代表让步，重复会议，久争不决。四月二十六日，日使更提出二十四条新约，谓为最后之修正。中国旋加以修改，于五月一日，转交日使，谓为最后之答复。越六日，日本竟致最后通牒于中国，其要旨谓："中国要求日本，无条件交还胶州湾，担任各种损害之赔偿，及认中国加入将来之日德和会，皆为日本所不能承认。南满洲与东部内蒙，于地理政治工商上，皆与日本有特别关系；今所拟出之条件，中国政府，乃辄任意改窜。至于聘用顾问等，与条约并无抵触，中国数以为言，几无继续协商之余地。兹为维持和平圆满了结起见，将原案第五章各项，除关于福建业经两国代表协定外，其他五项（日本亦已撤回中日合办警察之议，故余五项），可认其与此次交涉脱离，俟日后协商。期以五月九日为圆满答复之期；否则将执必要之手段。"所谓第五章中之五项，系指聘请顾问，学校病院地基，南方铁路，军械兵工厂及传教权也。其时袁世凯且欲帝制自为，又不能利用国民对外之同情，虽曾开军政特别会议，卒以无力抵抗强暴，不能不忍辱承认。及期，许之。二十五日，缔结中日条约。其关于山东者三条，关于南满东部内蒙者八条；关于矿产福建者，皆以照会申明。中国政府又颁沿海不得割让之令；至于第五章，则以“容日后协商”了之。

日本不顾中国民情 综观日本之要求，固遵欧洲列强侵略中国之故智，抑且较为进步。自昔德据胶州湾，俄侵东北，法倡势力范围，英人监督海关协理邮政，中国之为人鱼肉，已非一次；日本之要求，直乃总括或引申列强之侵略政策于一约文中耳。其为世界舆论所共恶者，以中国民智已开，乃以种种丧失主权之条约，加诸其身。若各强国以利益不能相容之故，批评日本之外交政策，固亦不能服其心也。

寺内内阁与段祺瑞 中国政府订约之后，舆论大哗；日本亦犹未忘其所深恶之袁世凯。会袁世凯谋称帝，日本代理公使小幡酉吉，约同英俄二使，口头拒议，警告者二。是后中国亦成为南北对峙之局矣。既而寺内继大隈

图 23-4 段祺瑞

为首相，又变其对华政策。初，美国加入欧战，中国舆论，多主中立。段祺瑞欲借外交问题，解决内政，隐结军阀，与德绝交，终不能弭南北之战。是时北方需款孔亟；而日本自欧战以来，国内富力骤增二十亿元，争谋投资于外。段氏因向借款，练军参战，建筑铁路，整理交通银行及政府费用等，凡一亿三千余万元；省政府借日款一千六百余万元；公司商人借款三千四百余万元；合计一亿八千余万元。及寺内辞职，原敬继之。适欧战告终，中日二国，各遣代表参与巴黎和会；对于山东问题，双方相持不决。卒以英法受密约之拘束，遂许日本享有德国在山东之权利。中国代表因不肯签字。

华人主张国民外交之失败 初，日本尝宣言交还胶州湾。五月七日之通牒，附言中国承认最后之通牒，则交还胶州湾之声明，依然有效。日本之政策，为欲得德国在山东经济上之特权；其夺之于德而声明归还者，盖以避列强之忌，及表示亲善中国耳。至是中国人民，激于爱国热忱，学生罢课，游行演说，重惩国贼，排斥日货。一九二〇年，日使致山东直接交涉之通牒于中国。中国置之未复；日本又致第二通牒。中国舆论，倡言“国民

图 23-5 美国总统哈定

外交”，请拒其议；政府复文拒之。日本又致第三通牒；中国仍不覆，暂为悬案。一九二一年，美总统哈定发起华盛顿会议“国民外交”拒绝“直接交涉”，竟归失败。明年，中日二国，各遣代表，开委员会议于北京，解决山东问题；由中国分期出款三千万元（华币），收回胶济铁路，日本撤军，交还青岛。于是山东问题告终。

山东问题解决后日人对华注重之点 山东问题，虽已解决，一九一五年之中日条约，依然存在；中国国民仇日运动，迄未尽止。日本虽自寺内而后，盛倡中日亲善：废撤邮局；退回庚子赔款，作为文化事业用费，及补助留日学生；又于大学组织日华协会等；而中国人民，则以此种丧失权利之条约，痛恨已深，何能遽忘？更就实际言之，青岛归还；汉冶萍公司，日人投资过其总额之半，握其实权；福建为日本势力范围，久已承认；第五章之五条，原在保留之中；则夫日本之所注重者，专在旅顺大连安奉铁路等之租借期限，展至九十九年耳。一九二三年，中国国会，议决取消该条约，由政府致通牒于日者二；日本复文拒绝，世界舆论，无甚助我者。原夫国际惯例，缔结之条约，签字批准之后，则当遵守；若欲修改，必经双方同意；其一面废约者，时或出于战争，非强国不敢为此。若以威迫承认之故，即能宣言取消，则所有一切不平等之条约，皆可自由废除，外交固无若是之易也。故政府此举，手续不无失当，仅为人所嘲笑而已。至于取消办法，盖有二途：（一）直接交涉。缔约国之一面，直接与他方协商，取消条约；或以比较上不丧主权之他约代之。其非直接交涉者，外交因受仲裁而让步，功多归于仲裁之国；缔约国之邦交，不能进步。至让步之国，其国民又往往谓受仲裁之威迫而成，势将攻击政府，政治家不敢行此下策。此鲁案所以直接交涉也。（二）中国可谓一九一五年之条约，关于世界和平，请求国际法庭公判。惟其辞必须和平，毋深触他方之忌；肆意诋击，徒唱高调，固无补于事实也。比较上述二种办法，前者较为易行。但吾人尤当深知国际交涉，多以外交、政治、经济上之利害为断，固无所谓人道主义也。

日美对华宣言 日美邦交，自明治崩后，未尝进步。及欧洲战起。日本侵略中国，破坏平等之贸易机会。一九一五年，美国致通牒于中日，不认妨害美国政府及其在中国条约上之利益等；日本置之不理。明年，美国大增军舰，其国会辩论之理由，谓以防守太平洋也。一九一七年，美国已对德宣战，日本为去二国误会，及协商作战事宜，遣子爵石井菊次郎等赴美，述其政府外交未违门户开放之旨，倡言亚洲门罗主义。石井已会商美国务卿兰辛，交换照会；终由二国共同宣言，大旨无论何国，不得侵犯中国独立与领土保全，美认日本之实际地位，日认美国之机会平等。中国初恃美国之助，及闻其共同宣言，大惊，遂亦宣言："嗣后他国有以文书交换，互相承认之事，中国政府，丝毫不受其拘束。"国之不竞，徒恃人援，结果往往失望，亦可哀也已。

美参议院保留《凡尔赛和约》中之要案 美既对德宣战，出军援法；德人谋竭其全国之力，于援军大集之先，一战败之，终不能克。既而联军反攻，渐占优势；德军虽未大败，而战胜之望殆绝。会革命军起，新政府成立，德人以误信和平条约，将本于威尔逊之十四条宣言，开始议和；终乃被迫而承认一九一九年不平等之《凡尔赛和约》，威尔逊所主张之人道主义不知何往。又以和约允许日本享有山东权利，中国代表拒绝签字。美国共和党员，固威尔逊之反对党也，占参议院多数，议决保留和约中之要案；山东问题，亦为其中之一。是时朝鲜之独立运动虽失败，而排日盛行于加州，美日二国之感情益恶，战谣哄传于世，于是有华盛顿会议。

华盛顿会议 美总统哈定初以教会之请，又得英国同意，召集华盛顿会议，中、日、英、法、意、比、荷、葡诸国皆被请与会。一九二一年十一月十二日，会议开始，重要之议案凡三。（一）限制海军。由华会议决各国主力舰队之比例，英美各五，日本当其三；期限十年。惟以法国反对辅助舰之限制，日意助之，其比例未议。（二）缔结日、英、美、法四国协约，借代英日同盟；其内容承认太平洋之现状，若遇交涉严重之时，则由四国会议定之。（三）议决九国协约，载明门户开放之意义，于是门户开放，遂成为国际条约。又会议之时，日本允许撤退西比利亚之驻兵，复议定山东直接交涉之大纲。其明年二月七日闭会。在此会议之中，英美之外交政策相同，互相援助，日本未免孤立。国内舆论，因批评政府之外交失败，谓合英美海军，与日本乃十与三之比例，其将合作以御日也。

美人排日运动 于此有堪注意者，华会始终未曾议及日侨入美问题。先是自《绅士同意》成立，此问题暂时解决，二国以可免除困难，皆遵守之，俨如条约。一九一三年，加州议会通过地律，凡不能入美国籍之外人，不得购买或暂租土地过于三年。其国籍法，则载明白人及在美之黑人，得入国籍，其初盖为华人设者也。及地律案通过，其所据之理由，则为日人数增，任其购买，加州将成日本之殖民地。但揆之事实，或未必然。依一九一〇年之调查，日人在加州者，其数占加州人口百分之二，有地九万九百亩，价值六十万元；而加州之地，共二千七百万亩，价值三亿一千七百万元，比例甚微。于是日人闻之，大愤，谓其侨民之地位，乃不如在美之黑人；由政府提出抗议。总统威尔逊遣国务卿，来至加州，谋废地律；不成。既而诉之大理院，判谓地律合于宪法。一九一九年，地律益严，日本大哗，嘲讥威尔逊之人道主义；政府再提抗议。美国中央政府，许偿日侨之损失；日本以其非根本解决，表示不满。未几，太平洋沿岸之各州，共谋排日，势力寖盛；其所持之理由，则谓日人不能同化；其生于美国者，依据宪法，得为美民，而又为日本臣民，有服兵之义务；日人之生活较低，许其入境，与美人竞争，则美国之生活程度，将日低下。日本已知排日运动之势盛，为免美人借口，谋改国籍法令；而排日运动，辄未稍止。盖此运动，实非国籍经济问题。就实际言之，日侨生于美者，未尝召回入伍，其生活状况，亦未必劣于欧洲中部之白人；乃后者见许，而前者见斥，其根本原因，固以黄白人种之不同，有种族之见存于其间耳。

一九二四年美国之移民律 一九二四年，美国下议院通过移民律，禁亚洲人民入境，转交参议院。按亚洲人民，除日人而外，久已禁其入境，律文之意，盖指日人也。于是日本驻美大使埴原正直，提交抗议书，谓其违背《绅士同意》，碍及日美邦交，措词强硬；参议院谓其含有恫吓之意，遂通过禁律。旋由填原解释，谓无恫吓之意，美国务卿休士，亦表同情于日。但参议院复议，结果维持原案；美总统又以移民律全部之关系，不肯加以否决。日人因而大哗，举行示威，排斥美货，仇视教会，致电美国，表示反对；甚有剖腹自杀，以促美人反省者。美国舆论，颇非国会之所为；伦敦《每日新闻》，谓其违反国际友谊，及华会条约精神；而印度诗人泰戈尔，更批评美人——谓其侮辱亚洲民族。日本抗议者再，皆无效果；加藤内阁，乃请于美国，容后再议。

日本在欧战和会之目的 明治末年，英日之邦交渐疏；但以英国忌德，亲善法俄，而日本已与法俄相亲，此数强国，遂得竭其全力，攻击德国。当时英之印度等地，俄之西比利亚，法之安南，皆无重兵。日本接受英国之请，攻据胶州湾，遣派舰队游弋，保护英国太平洋印度洋之商船，又尝命舰，输送澳大利亚新西兰之军队于欧。英人殊赖其力；首相路易乔治，深谢日本。及美国宣战，日本又遣船六十六艘，共五十余万吨，助美输送军队。卒以日本在亚洲之地位与其所施行之政策，咄咄逼人，英法诸国，自不能无疑。一九一五年，英、法、俄、日始宣言，战争和平，诸国共同议之。旋列强议分德属殖民地，日本乃要求英、法、俄、意，许其享有山东权利，及赤道南太平洋中之德属群岛，四国许之。其后德国屈服，日本和会代表西园寺等，出席于会议，席上慎不发言。盖其时日本国际上之地位方孤立；西园寺之威望，又不如威尔逊、路易乔治、克勒蒙梭；加以日本之对德宣战，原无重大活动，不为英、美、法所重视；欧洲问题，又与日无关；其代表之目的徒为山东而已。及国际联盟成立，日本得为永久行政委员，代治德属赤道南之太平洋中群岛，日人于其南方之势力，不可谓无进步。至其于和会有足引起世人注意者，厥为提议人种平等案。各国代表，本于道德上之观念，多赞成之。而美国反对最力，议案未得全体通过，不能成立。抑亦各国间民族之关系显有差异，利害不能从同，自无一致之可能也。英日之邦交既疏，及同盟期限将终，英属殖民地之政府，遂主张废除条约，英固以日美之邦交严重，不愿继续同盟，华会乃以四国协约代之。澳大利亚则以种族及经济原因，禁止日人入境；英国政府复建筑新加坡军港。此军港之计划，虽为防守而设；其不信任日本政府之友谊，不能谓绝无其事，无怪日本之疑之也。英国而外，法自战胜后，侵略德国，要求无厌，渐觉与英不合。日本利之，二国渐亲。一九二四年，安南总督来游东京，议订条约，与日人以贸易之特权；二国为避免孤立计，益相接近。德自败后，批准和约，日德之邦交，于是恢复。二国更议订通商条约，日人求学于德者渐多。

欧战后之日本与俄　日俄初以满洲之利害相同，缔结条约，俄因无远东之虑，转求发展于欧洲。及塞尔维人杀奥太子，交涉严重，俄隐袒护之，先发全国动员之令。德皇谓其攻德，限令取消，大战遂起。俄军数百万人，其无军械者，三分之一，因请日援助。日本供以军火，在一九一五年中，价共一亿余元；除炮而外，枪凡七十五万支；又贷以巨款，凡二亿余元，二国之邦交益亲。一九一七年，俄国革命，建设苏维埃政府，单独媾和；废除旧约，否认前债，实行其共产主义；且谋宣传之于世界，势力大盛，浸及西比利亚，其地之德奥俘虏，起而应之。俄旧党因谋抗拒，乃请援于日。日本初视俄患，固甚于洪水猛兽，商于英法，谓将出兵。法国许之，英则始尚犹豫，后亦许之。卒由内阁会议，多数主张暂不出兵。一九一八年，有捷克斯洛伐克军，逃至西比利亚。其人原属奥国，以谋独立，投降于俄，转攻德奥，约五万余人。及德俄媾和，捷克余军因逃去，红军追之入西比利亚。捷克军因请于协约国援之出险；由威尔逊商于日本，共同出兵援救，日本遂接受其请，出军二万余人。俄而捷克军出险，送往欧西战线；日军乃进驻西比利亚，占据要害，隐助旧党。及美国撤兵，又托言保护侨民，不肯退去。一九二○年，俄国农民起兵，设立临时政府于海参崴，为苏俄之附属；以请日本撤兵，不许，遂相仇视。日军警告临时政府，致哀的美敦书，要求不得阻碍日军之行动，禁止秘密结会；其党人不得宣传反对日本之文字于满洲朝鲜。临时政府逾期许之；日军竟收俄军枪械，迫令履行日本之条件。于是党人大愤，潜之尼港（或作庙街）。尼港在黑龙江口，有日军六百余人，驻守之。党人既至，愤恨之余，遂屠杀日人。日本大哗，举国认为国耻；日军因借口复据其地，更进占库页岛之北部，驻守西比利亚沿海要区；将于贝加尔湖右近，设立缓冲国。一九二一年，俄国农民设立远东共和国。其明年，日本始撤回西比利亚驻兵（库页岛除外）。

日俄缔约　自一九二○年以来，日俄开始交涉。其所难解决者，厥为尼港谢罪，库页权利，宣传主义，履行旧约，偿还前债等问题；会议者三，皆归失败。一九二四年，中俄之邦交恢复；日俄二国皆有谋和订约之意，因开会议于北京。一九二五年，订定条约，于一月二十日签字。大旨俄国承认《朴资冒斯条约》，不作妨害政体之宣传，与日以采办石油煤矿之利，且谢尼港之罪；日本承认俄国政府，撤回库页驻兵，允许旧债将来与他国同样解决。综观约文，日本维持其已得之利益，又获库页石油矿产，得经营西比利亚，扩张商业；俄则借日本之承认，与夫经济之援助，增进其在国际上之位置。此条约之所以能成功者，良以二国在外交上处于孤立之地位，而壤地相近，关系密切，不得不急求解决困难，而趋于亲善。

日本最近十余年中之外交，始则扩张其权利，俨然以亚洲之主人翁自命，因而大遭美国之忌，丧失英人之同情。于是国际上之地位渐形孤立，急思改变方针，已倡言中日亲善，又复亲法联俄。一国之外交，各有其自身利害之关系，彼日本政治家何尝一日忘之哉？

【注】

①见 A. M. Fooley: *Japan's Foreign Relations* Pp .56—59

第二十四篇

结论（日本对于世界之贡献及其国内问题）

日人对于世界文明之贡献 于读本史之后，读者苟以日本对于文化上之贡献见询，其可无辞以对耶？夫由狭义言之，上下古今，国家之能对于世界文化有所贡献者，其数不能十；虽以欧美今日之文化，仍不过由埃及之科学、希伯来之宗教、希腊之思想、罗马之法律等推演而成。由广义言之，英、美、法、德，因其民族、环境、政教、思想、美术、宗教等种种不同之点，亦各有其所贡献。吾人兹于日本，苟舍其严格之狭义批评，自不能武断其一无所贡献也。因略述如下：（一）日人忠于天皇，除少数激烈之社会党员外，此种心理，辄未改变。人民由其尊上之精神，转而敬重长官，颇能服从法律。夫自由服从，譬犹车之两轮，互相为用，皆为民治国所不可缺之精神；近人偏重自由，日人或能纠正其弊。（二）日本吸收中国、印度、欧洲之文化以屡改革，遂跃而为世界强国。其收效在能自知其短，而补以他人之长，终又适合于其环境。故其成败得失，不啻为世界文化之会合大试验。（三）东西文化，于精神物质，取途迥不同。东方之人，难于了解西方；西方之人，对于东方亦然。日本兼采东西文化。其所知于中国者，西方之人，固远不如；其所知于欧美者，中国之人，尤愧不如。日本学者尝以解释东西之思想为己任，固伟业也。（四）日本于维新后四十年内，战败中俄。以蕞尔小国，而政治教育工商各业，发达进步之速，世界各国，无能与之比者。是足证明立国于地球上，苟力为之，转弱为强，易如反掌。（五）日本族制，美术，初皆采于中国，其进步有足观者；而日人尚武，对于公斗，毫无畏怯，尤为美德。前者根本与中国无异；后者乃与欧洲中世纪之武士相似。得失之间，可以取鉴。

政治上重大问题 上就其所贡献而言，兹复述其国内之问题，以作结论。日人之视天皇，俨若天神，系数千年历史上之迷信习惯。国民受高等教育者，对于神话，渐不之信；其根本观念，将能久而不变欤？防患于未然，实为急务。深思之士，颇谋采取英制。英国虽尊，而无统治实权，不负责任，以为全国人民之表率；天皇其愿若是乎？天皇之下，元老隐握大权，其人初享大名，位极尊荣。及年已老，脱离政治，不为荣誉利害所系；但身为天皇顾问，其职权范围，殊难确定。凡组阁者，必经其推举，或承认。又往往偏于守旧，不能适应潮流，为激进之青年所不满意。近年存在者，惟西园寺一人较有声望耳。欧美学者，以元老为共所无，疑其当废，且攻击之；日本学者，则谓其有功于国，应仍存在；西人固不知东方所谓元老也。至元老所推举之首相，苟无议会之助，近已不能在位。下院之政党，占议席多数者，他日必握政权。自普选案成立，投票人数，将近一千四百万人，视一九二四年增至五倍；下院为全国人民之代表，终非军阀所能制。惟普选案虽去纳税资格，犹限年龄二十五岁者，始得选举，妇女不能投票，将来皆应修改。至于上院，就宪法言之，其权与下院相等；但其议员，非人民所公举，渐形失势，改革之议，久已喧传于国中，其将改组，殊无疑问。

军事与人民生活问题　日本经二次战争，跃为强国，结果究于人民何所利耶？当一八六八——一九一四年间，人民直接担负之战争军备，凡五十亿元。其死伤之青年，固为永久之丧失；募集公债，则又减少活动之财力，妨碍产业之发达，而增高物价。故日俄战后，经济不良之状况，直至欧战后始已。承平之时，人民强迫入伍者，二十万人；为国家之存亡计，自应不惜举有用之光阴，耗之于训练，然既增国家之担负，又赖家庭之供给。据前调查，其军备关于制造经费，年近八千万元。一九二一——一九二二年之预算，为十五亿八千五百万元；就中陆军二亿六千三百万元，海军五亿二百万元，几占总数二分之一。夫战而胜，其所得者，于人民之生活，无直接蒙利之影响；名为强国之民，而担负增加，困苦随之。一旦不幸而败，又将何如耶？此种问题，日本深谋之士，固当早计及之。

教育与固有道德问题　日本以文部管辖教育，小学之功课严重，假期短少，常妨碍学生身体之发达。其卒业于小学高等者，以中学校少，半数不能受高等教育，人才废弃，自不能免。教科书籍，必经文部审定，偏于划一而无变化；其弊徒使读者知识，囿于文部之成见，束缚个人之思想。故如美国学校，课本饶有变化之可能，数里之隔，所用书籍，或不相同；其利远过日本。而日本所以若此者，缘彼文部注重保全国民固有之道德观念，又尝借宗教之力以辅助之。其神道教固隶属于政府，佛教与政府之关系亦密切，惟耶教之势力稍衰。地震之后，山本首相深叹道德之沦亡，尝召宗教首领谋所以挽救之；其能成功欤？

工商业原料器械与妇女问题 日本工商发达，虽足惊人，然以与英国之富力相较，相差远甚；盖英国平均每人三千五百元，日本每人一千五百三十九元。又英国国债，每人一千八百元，日人仅六十五元；英国贸易，每人二百六十十元，日人仅三十元。更就输入输出比较之，日本除欧战时期外，输入货物之价值，超过输出；英固不如是也。夫以工商立国，煤、铁实为必需之品。日本出产之煤，现尚足用，而铁则缺乏；其所以力争汉冶萍公司者，未始不由于此，然犹不敷供给。故当美国对德宣战时，禁铁出口，日本所计划之军舰，遂不能如期造成。况其工场器械，多购自欧洲，又将若何解决困难耶？国中妇女作工于工厂者，八十万人，所得之工资不能维持其相当之生活。既夺其家庭之乐，又弃其教养幼孩之责，日人素重家庭，他日之问题必多。

资本集中与社会主义问题 自工商进步，资本集中，社会主义，随之而至。其宣传最力者，片山潜也。片山固农家子，尝为印刷工人；后至美国，半工半读；归国后乃提倡社会主义。大隈之徒，从而和之，谓其尝行于江户幕府之世；又谓帝国宪法适合于社会主义。青年学生，乐闻其说，势稍稍盛。尝于日俄战中，反对战争；其后更鼓动罢工，渐为人民所恶。一九〇七年，组织政党。激烈分子，主张改变社会制度，普通选举，反对武力，废除宗教，缓进者与之分离；政府始重视之。其明年，党员有自狱中出者，二党开会欢迎，忽举红旗，高唱革命歌曲；警察因捕其领袖，定罪下狱，报纸指为社会之敌。一九一一年，国中捕杀激烈领袖；片山渡美。但社会党人，多属青年；为领袖者，数尝下狱，备受困难，毫无恐惧，因渐得工人之信任，大为资本家所嫉。一九二三年，国中又搜捕党员，约近百人。当地震之纷扰中，陆军将校，更杀素负盛名之社会党员大杉荣全家；党人之势，卒未尝稍衰。一九二四年，议会通过治安条例：凡人民结会，希图推翻帝国宪法或破坏私产制度者，定罪下狱，不得过于十年。此条例之成立，实以贵族院枢密院之反对普选，欲借此为协调，双方互相让步。一九二五年，日俄约成，俄国更承认不为破坏国体之宣传。然治安条例，固以专防激烈派之社会党人者也，其能久而不变欤？

人口增加问题　于上所述而外，其尤难解决者，厥为人口问题。据一九二〇年之调查，日本人口共五千五百九十万；女子年未十五而结婚者大减。虽一九一一——一九一八年间之生产略少；但其比例，已较欧美为高。人口增加，土地有限，失业者多，自难维持其相当之生活。其移居于属地者，为数约三十八万；而属地居民，亦日增加，不足以弥此缺憾。至如日人侨居于外者，澳大利亚、美国、加拿大，已拒其入境；往南美墨西哥者，又渐启美人之疑。若我中国以农立国，非若英、荷等，赖其贸易工业，维持人民之生活；故就农夫所耕之地而言，中国人口，久已满矣；欲增加其收入，至能维持相当娱乐之生活，实不可能。满洲等地，如能开垦，尚自觉其不足；日人谋至其地者，更欲何为？（或谓中国人满，为其贫穷战争之根本原因，其说良然。）今虽与俄国通商，侨民可至西比利亚；但此等旷地，移居者多，终不能容无限制之日人。就根本言之，日本传嗣观念，来自中国，辄未改变。“不孝有三，无后为大。”古义深入于人心。婚姻以传嗣为重；父母年老，政府特免其独生之子入伍，其意显然可见。有美国宣传节制生育之山额夫人，谋至日本，颇感受困难；及既抵日，市民无甚欢迎其说者。政府奖民生子，此种政策，若犹未知人满之患，其心殊不可问，殆将驱之于战场耶？抑节制生育，久已行于欧美中等阶级之家庭；中日二国之人民，苟欲解决困难，将必有取于此矣。

属地同化问题 台湾朝鲜，外人之游其地者，颇羡其物质之进步。其记述台湾者，有谓“属于中国数百年，不如属于日本之短时期”。吾人对此，未尝不丧气叹息；然此固不可掩之事实，徒作愤语，亦复无益。抑台民三百万人，实未尝忘中国；其谋独立自主者，时不乏人；政府虽严禁之，未能降服其心。朝鲜一九一九年，倡言独立，至于流血。其人与日人共事，相处虽善，言及日本民族，辄不愿屈服其下。现状若此，属地人民，其果能同化欤？此政治上之重要问题也。

中日亲善问题 外交自寺内而后，对华政策，已略改变。中国以一九一五年之条约，愤怨已深，于其对华外交，皆以侵略怀疑之。故其退还庚子赔款，作为文化事业用费，吾人对此，有指其“议会通过”之文为侵犯主权者。平心论之，英美退还庚子赔款（英犹未能实行），无不经国会通过，此其国会所应有之权也。更就根本言之，一九一五年之条约不废，中日亲善，其势终不可能。至于经济绝交，虽能行于一时，实非持久之办法。凡货物之能畅销者，必其价廉物美，拒而不用，将受经济上之损失。中国尝排美货，日本尝斥美货，印度尝焚英货，究其结果，皆为失败；非其无爱国心也，为其非办法也。至华工东渡，虽无护照之繁，验身之苛，但必先纳百元，始得入境；学生留学，多受刺激，尝推代表回国，宣传排日。其热心国事，至堪钦佩，惟亦无较善之具体办法耳。总之，中国以内争时起，国际上之地位益卑，常不免为人所侮；非去内争，而自振作，无济于事。深思之士，固当自勉也。

美日开战问题 近年以来，日美猜忌，辄未泯除。美国舰队，集中于太平洋，举行大操；又设防于夏威夷岛；保护巴拿马运河。日本则减少陆军，扩充航空飞机，增造辅助舰。二国将战，此种神经过敏之宣传，为日已久；其果终出于一战乎？今日战争之胜负，非徒军队之训练；且恃军实之充足，器械之精利，财力之雄厚。日本常备预备后备军队，数逾三百万人。美国陆军，为志愿兵，组织复杂，训练远不如日；但器械飞机，则日不如美。战争若启，陆战方面，仅有攻击菲列宾耳。据欧战观之，每兵子弹，年需三一三点八吨之钢铁，有兵一百万，应需铁约三百八十万吨。日本钢铁半数，购自美国；战时则来源将绝。竭日本朝鲜南满之铁矿，以之专造军需，数犹不足；其他工业又将若何耶？且日军欲攻陷菲列宾，殊非易事；苟相持不下，则往来欧洲之航路，将为美舰所断。盖其重要战争，尤在海上也。日本战舰，其力不能及美；需用之煤油，四分之三，来自美国；欲其战胜，至为不易。惟美舰远攻日本，途无供给用煤可资驻泊之岛；日本则有在赤道南太平洋中之群岛足以防之，此为日本优越之点耳。至天空战争，日本飞机，犹未发达；其工场不能制造毒气，又不必论。假令二国相持，不分胜负，而日本工商势将破产。盖与日本贸易最盛之国，必先推美，棉毛铁油，赖其供给，生丝茶叶，赖其推销，战争一启，不啻绝其经济之生路。他如战争期内，英以同种之故，其加入战争与否，虽非吾人所能预断；然舆论将必袒美，可无疑义。俄若利用时机，宣传其共产主义，于日本将有大影响。中国之现状，势必宣言中立；日本不能得我国原料上之援助，将不能胜；若破坏中立，又将撄列强之怒。故其国中深思之士，虑其危险，政府外交数次让步。近者议会通过外人租地法案，许外人享有日人同等之权利；惟曾歧视日人之国，诏敕得以同样之待遇待之。其意盖谋报复美国也，而识者谓其不能实行。至美国方面，亦知战争有百害而无一利，筹谋解决种种问题，以去误会。要之，二国冲突之原因甚多；其重要者，厥为从经济上侵犯中国，争夺权利，如无线电台之争，事甚明显。中国为列强经济竞争逐鹿之场，外交政策，至关重要，决不能复施其昔日“以夷制夷”之惯技。盖其终局，徒然引狼入室，李鸿章之联俄，菲列宾之独立，皆其前车之鉴，补牢之计。吾人应自振作，增进实力，以光明正大之态度，维持太平洋上之和平，其有功于世界，至大且远。呜呼！此我国民之天职也。

附录

参考书目

1. J. Murdoch：A *History of Japan* 1911　此书共二厚册，分述古代之政治制度等，至为详晰，读之能知日本当时之状况；现得此书甚难，余仅得其第一册读之。

2. Capt. E. Brinkley：*A History of the Japanese People* 1915　此书详叙日本之人民政治风俗等，材料丰富；惜其略于近代发达史耳。

3. W. E. Griffis：*The Mikado's Empire* 1913　此书共有二册，叙述日本发达历史，迄于明治末年。材料尚丰，颇有价值。

4. David Murry：*Japan* 1919　此书记载日本历史，迄于大正初年。文殊简洁，义甚明显。

5. Joseph H. Longford：*Japan* 1923　此书略记古代及维新期内之历史。其述近时日本之经济状况较详。

6. K. S. Latourette：*The Development of Japan* 1920　此书叙述日本发达历史，文虽简略，内容尚丰。

7. K. Hara：*An Introduction to the History of Japan* 1920　此书系日人所著。内容事实甚少，但能推阐其故；盖近于历史哲学也。

8. L Hearn：*Japan an Interpretation* 1913　此书解释日本现状之所以若此，有足为参考书用者。

9. E. W. Clement：*A Short History of Japan* 1920　此书简记日本历史，材

料殊不丰富；惟其年表，或有助于读者。

10. Joseph H. Longford: *The Story of Old Japan* 1910 此书记述维新前之日本历史，偏重故事，无甚价值。

11. J. H. Gubbins: *The Progress of Japan* 1853—1871 1911 此书系演说稿文，详言幕府末年之状况，及归政之原因。

12. J. H. Gubbins: *The Making of Modern Japan* 1922 此书详记日本维新期内之进步，甚为明晰。

13. R. P. Porter: *Japan, the Rise of a Modern Power* 1918 此书略述日本古史之大纲，及维新后国内之进步。其记日俄战争甚详，有足观者。

14. W. W. Mc Laren: *A Political History of Japan dunng the Meiji Era* 1867—1912 1916 此书详叙维新期内之政治，解阐明透；但多攻击之辞，不免间有偏论。

15. G. E. Uyehara: *The Political Development of Japan* 1867—1909 1911 此书详论日本政治制度，证以事实，殊有价值。作者身为日人，留学于英时之博士论文也。

16. W. M. Mc Govern: *Modern Japan* 1920 此书详述维新后之政治军备工商业等，甚有价值。

17. Alfred Stead: *Japan by the Japanese* 1904 此书系日本名人所著之稿，关于维新后之发达历史；由 Stead 编纂而成。

18. A. S. Hershey: *Modern Japan* 1919 此书分述明治维新时之社会教育工商等业之情形；间有可作参考书者。

19. E. W. Clement: *A Handbook of Modern Japan* 1909 此书叙述维新初年之政治教育等之发达；历年虽久，欲知当时之状况者，尚可读之。

20. R. Fujisawa: *The Recent Aims and Political Developments of Japan* 1923 此书由编纂演说稿文而成。作者日人，演说其国内最近之政治于美。惟其材料并不丰富。

21. Y. Takenobu：*The Japan Year Book* 1924 一 1925 1925 此书详述最近时期之日本政治及各业之现状。其记述一九二三年之地震甚详。

22. Barness A. D' Anethan：*Fourteen Years of Diplomatic Life in Japan* 1912 此书系比国公使夫人之日记。夫人记其一切宴会及与政治家之谈话。读之，间有能见日本国内之情形。

23. J. w. R. Scott：*The Foundations of Japan* 1922 作者游历日本，约有四年，本其所见，著成此书，详述日人近时之生活状况。

24. J. I. Bryan：*Japan from Within* 1924 此书记载日本最近之政治、教育、工商等，至为详晰；材料丰富，近时之杰作也。

25. A. M. Pooley：*Japan at the Cross Roads* 1917 此书论述日本之内政，多攻击之辞。其叙政治发达历史，极有价值。

26. J. Rein：*Japan，Travels and Researches* 1884 作者为德国著名学者，奉政府之命，考查日本之地理动物植物等。其关于日本人种之言语，颇有价值。

27. D. C. Holton：*The Political Philosophy of Modern Shinto* 1922 此书详言神道政治之关系。其所持议论，极有根据。

28. R. Nitobe：*Bushido，the Soul of Japan* 1905 此书分析武士之道德观念，甚为详明；历年虽久，尚有价值。

29. The Department of Agriculture and Commerce：*Japan in the Beginning of the 20th Century* 1904 此书系日本农商省所编。其记一九〇四年前之农工商业之进步甚详。

30. G. Ogaw：*The Conscription System in Japan* 1921 此书首叙日本征兵之历史，继详论其利害得失。

31. G. Ono：*Expenditures of Sino-Japanese War* 1922 此书首述中日交涉，继载战争，末论其于日本之财政社会及工商等业之影响。

32. G. Ogaw：*Expenditure of Russo-Japanese War* 1923 此书记载日俄战争军费及其战后不良之影响甚详。

33. U. Kobayashi：*Military Industries of Japan* 1922 此书系叙日本制造军备之第一作品，详论得失，附表甚多。

34. G. Ono：*War and Armament Expenditures of Japan* 1922 此书详述一八六八—一九一四年之军费。作者分之为四期，证之以表，至为明晰。

35. U. Kobayashi：*War and Armament Loans of Japan* 1922 此书详论军事借款之影响，推阐其得失甚确。

36. U. Kobayashi：*War and Armament Taxes of Japan* 1923 此书专论日本税制受军事影响而增者。其编纂之法，与前作相同。

37. Sen Kalayama：*The Labor Movement of Japan* 1918 此书系日本首倡社会主义之片山潜所著，述其发达，叙其党派。

38. K. Ogata：*The Cooperative Movement in Japan* 1923 此书首叙日本古时农民之合作精神及近时之合作运动。作者述其组织种类，甚为详晰。

39. R. Kawbe：*The Press and Politics in Japan* 1921 此书详论日本之报纸与政治之关系。读之，可知舆论之影响及报界之性质。

40. T. Dennett：*Americans in Eastern Asia* 1922 作者研究美国关于东方之公文及纪录等，著成此书。其叙述十九世纪中国、日本、朝鲜之交涉，至为详尽。

41. A. M. Pooley：*The Secret Memories of Count Tadasu Hayashi* 1915 此书系编日本外相林董之日记而成。其叙英日同盟之历史，最为精确。

42. S. K. Hornbeck：*Contemporary Politics in the Far East* 1916 此书分述中国、日本等国之政治。其言日本，尚可一读。

43. K. K. Kowakami：*Japan and the World Peace* 1919 此书论述日本最近时期内与各国之关系。作者日人，不免时有为其政府辩护之辞。

44. A. M. Pooley：*Japan's Foreign Policies* 1920 作者深恶日本，论其外交，时有根据于偶尔之证，读者幸自察之。

45. H. B. Morse：*The International Relations of the Chinese Empire* 1918

此书共有三册，详言清时外交，其叙中日之交涉虽简，但极可信。

46. M. J. Ban: *The Foreign Relations of China* 1922 此书分叙中国与各国之交涉，其关于日本之言论，可以代表中国人民之心理。

47. W. W. Willoughby: *China at the Conference* 此书系报告中国于华会之情形。其记中日交涉，足为参考书之用。

48. W. E. Griffis: *Corea, The Hermit Nation* 1905 此书略叙韩国历史。其述日韩之交涉较确。

49. Joseph. H. Longford: *The Story of Korea* 1911 此书略述韩史，迄于属日之时。其中详记日韩之关系。

50. Kuropatkin: *The Russian Army and Japanese War* 1909 此书共有二册。系俄大将克鲁巴金所著，详论日俄战争失败之故，多有辩护之辞。

51. B. L.P. Weale: *Trace in the East and Its Aftermath* 1907 此书记载日俄战后之东方情形，历时已久。惟其叙述二国媾和，尚可参阅。

52. Leo Pasvolsky: *Russia in the Far East* 1922 此书详言俄国近世之远东外交。其述日军驻于西比利亚之经过甚详。

53. P. J. Treat: *Japan and the United States* 1853—1921 1921 此书系演说稿文。作者论断日美关系，多无成见，殊可凭信。

54. H. C. Bywater: *Sea Power in the Pacific* 1921 此书详述日美海军及二国猜忌之故。

55. *Conference on the Limitation of Armament*, Washington 1922 此书系美国政府所编之华会记录，以英文法文记之；内容至为详尽。

56. 石村贞一:《日本新史揽要》此书译成七册。石村氏撮其国内之古史而成。材料虽丰，但以有统系之历史名之，则殊欠妥。

57. 黄遵宪:《日本国志》黄公殚其在日之精力，著成此书。其编纂之法，盖仿我国古史；详于地理刑法等，而忽于历代大事，殊为可惜。

58. 江楚编译局:《日本史纲》此书略述历代大事，迄于中日战争。文尚明晰，惟不免于疏忽耳。

59. 青木武助:《日本历史》此书记载日本国内大事，失之于简。译文又陋，殊无价值。

60. 西林三郎:《日本维新慷慨史》此书记载忠君爱国之志士。文为传记体，读者当以传记读之。

61. 博文馆:《日本维新三十年史》其书叙述明治三十年内之内政、外交、工商等甚详，殊有价值。

62. 大隈重信:《日本开国五十年史》大隈编纂元老长官及名士所著之关于开国后之发达历史，备载内政外交军备财政法制教育实业等，足为参考书之用。

63. 穗积八束:《宪法说明书》此书详论日本宪法，分叙政府大纲，至为明晰。惟间有辨护及曲解之辞耳。

64. 日日新闻社:《明治政党小史》此书叙述明治初年之政党，及议会内阁之冲突，读之可见政党之梗概。

65. 民友社:《伊藤博文》此书略述伊藤事业，迄于中日战后，多当时攻击伊藤之辞。

66. 刘庆汾译:《日本维新政治汇篇》此书汇集明治维新时之制度章程，研究当时政策之材料也。

67. 谢晋青:《日本民族性底研究》此书论述日本之民族性。作者分类及引用古史，不免间有失检；盖一时一地之民性，固不能代表全体之民族性也。

68. 林乐知:《中东战纪本末》此书共有三编。其所采录之文，间有与战事毫无关者。其关于战时前后之电报公文，多为有价值之史料。

69.《日俄战纪》此书盖编纂当时之电讯等而成。余所见者，共有五册；可为研究日俄战争之史料。

70. 刘彦:《中国近时外交史》此书分述近时之外交大事，我国惟一较有统系之外交史也。作者深责外人，其叙中日交涉，读者幸细读之。

71. 刘彦:《欧战期内中日交涉》此书痛论日本侵略之野心，事实间有失检之处，固不失为爱国之宣传书也。

72. 朴殷植:《韩国独立运动之血史》此书记述日本并韩之经过，及韩人最近之独立运动。作者为谋复祖国之计，书中自有宣传之性质。

73. 汪洋:《台湾》汪君奉公至台，本其所见所闻，著成此书，略记欧战前之台湾内政实业。

74. 周守一:《华盛顿会议小史》此书根据美国报章所载之材料而成。其述中日交涉，有可观者。

75. 龚德柏:《日本侵略中国之罪案》书中翻译胜田主计之《日本对华经济政策》，较有价值。该篇详载寺内内阁时之中日借款。

杂志记载日本现状及问题者甚多，兹录其较有价值或常载日本状况者如下(指中国美国杂志而言):

1. *The Trans-Pacific*, A Weekly Review of Far East Political Social and Economic Developments.

2. *Current History*.

3. *The China Weekly Review*.

4. *Foreign Affairs*, An American Quarterly Review.

5. *Foreign Affairs*, A Journal of Intelnational Understanding(Monthly).

6. *Asia*.

7. *The Far Eastern Review* (Engineering, Finance and Commerce).

8. *The Living Ages*.

9. *The Literary Digest*.

10. *The World's Work*.

11. *The Independent*.

12.《东方杂志》。

图书在版编目（CIP）数据

日本全史／陈恭禄著. —北京：中国工人出版社，2017.12
ISBN 978-7-5008-6857-6

Ⅰ.①日… Ⅱ.①陈… Ⅲ.①日本—历史 Ⅳ.①K313.0

中国版本图书馆CIP数据核字（2017）第307913号

日本全史

出 版 人	芮宗金
责任编辑	傅 娉
责任校对	董春娜
责任印制	黄 丽
出版发行	中国工人出版社
地　　址	北京市东城区鼓楼外大街45号 邮编：100120
网　　址	http://www.wp-china.com
电　　话	（010）62005043（总编室） （010）62005039（出版物流部） （010）62379038（社科文艺分社）
发行热线	（010）62005049 （010）62005042（传真）
经　　销	各地书店
印　　刷	北京美图印务有限公司
开　　本	710毫米×1000毫米 1/16
印　　张	18
字　　数	247千字
版　　次	2018年7月第1版 2021年1月第2次印刷
定　　价	45.00元